ラクに楽しく1時間

中学数学ラクイチ授業プラン

ラクイチ授業研究会 編

学事出版

まえがき

「ラクに楽しく１時間」をコンセプトにした「ラクイチ授業プラン」シリーズ。中学国語、中学社会、中学英語、小学校編に続いて、中学数学編をお届けできることになりました。

教師生活をしていくと、明日の授業準備が追いつかない、次の１時間を何とか乗り切らなければならない、といったピンチに陥ることがあります。その原因は様々ですが、急に授業の代行をお願いされた、部活や行事の担当で忙しい、生徒指導に時間を取られてしまった、などがよくあるケースでしょう。

このシリーズは、まさにそのような場面で役立ててもらうことを意図して企画されています。準備の手間は少なく、様々な切り口から１時間を実りあるものにできる授業プランを集めてあります。

ラクイチ授業プランの条件は以下の３つです。

1　１時間で完結する
2　準備に時間がかからない
3　誰でも実践できる

そして今回の数学編では、このコンセプトや条件をふまえつつ、「数学を楽しむ」ということに重点がおかれています。

ドリルのように問題演習を繰り返すだけにはしたくない、もっと生徒に数学の楽しさや奥深さを感じとってほしい。今回執筆された先生方には、そういう強い思いが共通してありました。その思いが、本書に掲載されている授業プランには詰まっています。

このシリーズの特徴を、よく食べ物にたとえて説明しています。

１つは「非常食」としての役割です。普段は職員室に置いておき、いざ時間がない、となればこの本を開いて、使えそうな授業プランを探してみてください。何かヒントが見つかるはずです。

もう１つは「レシピ集」としての役割です。本書に載せている授業プランは、あくまで一例。掲載された事例をもとにして、さらにアレンジを加えることができます。すべての授業プランのワークシートは、学事出版のホームページからデータのダウンロードができるようになっており、クラスの実態に合わせて編集してお使いいただけます。新しい料理（授業）づくりにもぜひ挑戦してみてください。

ピンチのときだけでなく、生徒と一緒に数学を楽しめる授業づくりに、ぜひ本書をご活用ください。

ラクイチ授業研究会代表　関　康平

“数学編” まえがき

> 今日の１時間は、このワークシートをみなさんで楽しんでください。
> 考えれば考えるほど、面白い数学の問題が提示してあります。
> 問題の解き方を考えたり、問題の解決に悩んだり、他のアイデアを浮かべたり、一人で考えたり、仲間と考えたりして、数学そのものを楽しんでほしいのです。
> このワークシートの問題を上から下まで、全部解くことが目的ではありません。
> 一番上の問題だけで１時間を費やしてしまっても、あなたが数学の問題を解くことを楽しんでくれたのなら、私たちは嬉しいのです。
> どうやって考えたらよいのか困ったら、ぜひ仲間に聞きましょう。
> もちろん、答えを聞くのではありません。解き方のヒントを教えてもらってください。また聞かれた人は、その人が困っている状況を聞いて、その人に合わせたヒントを出してあげてください。
> 解決ができた人は、他にできた人と考え方の交流をしてみたらどうでしょう。数学の解き方は一つではありません。「なるほど！そのような方法があるのか」と驚くことがあるかもしれません。

これは、本書を使った授業の「はじまりの言葉」として考えたものです。ワークシートを配布するときに、生徒に呼び掛けてほしい言葉として考えました。

本書を使用していただく先生の主たる仕事は、ワークシートを印刷して配付することです。

「まえがき」にもあるように、“数学編”では、

「ラクイチ」＝**「数学を楽《ラク》しむ１《イチ》時間」**

という視点を重視しています。

そのために、生徒の「ラクイチ・数学を楽しむ１時間」で期待する具体的な生徒の姿として、「**新しい数学に出会う**」姿、「**数学への見方を広げる**」姿、「**数学への理解を深める**」姿を想定しました。

本書は、次のように構成してあります。

序章では「数学を楽しむ」ことについての私たちの考えを示すとともに、１章から３章のワークをよりよく活用していただくために本書の構成と使い方について示しています。

１章から３章は実際のワークシートとその解説（手引き）です。

巻末にはワークシートに対する解答例を載せました。複数の解答が存在したり、オープンエンドであったりしますので、あくまでも解答の一例です。

私たちが作成した授業プランを実践していただくことで、多くの生徒たちが数学を楽しむ１時間を体験することができたら幸いです。

ラクイチ授業研究会 「数学」編著者一同

中学数学 ラクイチ授業プラン

—もくじ—

序章

① 数学を楽しむことについて

「1時間の授業で数学を楽しむ」これが本書のコンセプトです。

「楽しむ」と一口で言いますが、どのような「楽しむ」を想像しますか？

「楽しむ」を英語で思い浮かべてみると、

fun　amuse　enjoy　interesting　exciting　等

…があります。それぞれから想像される楽しむ姿は違います。私たちは、いろいろな「楽しむ」があってよいと考えます。しかし一方で、数学を楽しむのは、fun や amuse ばかりでなく、問題解決・ワークに取り組むことで excite すること、わくわくすることだと考えます。それらすべてが、本書で期待する「数学を楽しむ」生徒の姿です。

「数学を楽しむ1時間」ですので、ワークは基本的には1時間の取り組みで終えるものです。生徒にとっては、予習・復習を必要としない活動を考えています。しかし、ワークを機として生徒が進んで数学的追究をすることを拒むものではありません。むしろ、生徒がそのような活動をしたならばとても嬉しいことです。数学を楽しむ活動の継続です。

「数学を楽しむ1時間」ですので、誰でも活動に取り組めるワークシート作成に努めました。数学が得意、数学が好きという生徒しか取り組めないワークではありません。もっとも、数学が苦手、数学好きでない生徒のことばかり考えて、退屈をする生徒が出てきても困ります。学力差はどの場面でも教師が苦慮することですが、本書ではすべての生徒が何らかのワークに取り組めることを心掛けてワークシートを作成しました。しかし、すべての生徒の取り組みがすべて等しく同じであることを期待するものではありません。生徒一人ひとりが、それぞれに「数学を楽しむ1時間」であること、これこそが私たちの一番意図するところです。

そこで、その「数学を楽しむ」姿の具体化として、3つの楽しさを想定しました。

① 数学に“出会う”楽しさ

知らなかった数学に出会うことで得られる楽しさがあります。

はじめて数学パズルに出会いわくわくして解く楽しさ、学校での学習から離れこのような数学もあるのだと知る楽しさ等、その数学に出会うことで得られる楽しさです。

例えば、プラトンの学校「アカデメイア」の入口の門に「幾何学を知らぬ者、くぐるべからず」との額が掲げられていたという逸話に出会ったとき、「数学って古くから、哲学者からも大切にされていたんだ」とわくわくした人もいるのではないでしょうか。

② 学んだことを“深める”楽しさ

学んだことをもとにして、さらに深く追究することで、新たな発見ができたり、深い理解を得られたりすることができます。ここに数学の楽しさがあります。

例えば、星形5角形の先端にできる5つの角の和が180°であることを学んだあと、星形6角形、7角形、8角形、…n角形の先端にできる角の和はどうなるだろうと追究すると、どんな時にも使える補助線を見つけたり、180°×(n－4)という一般式を見つけたりしたとき、学びの深まりにわくわくします。

③　学んだことを“広げる”楽しさ

学んだことを、身近な事象や社会事象への活用を考えることで、数学を身近に感じたり、その有用性を感じたりすることで、数学への理解を広げることができます。ここにも数学の楽しさがあります。

例えば、グランドにコートを作成するために先輩に言われるまま巻き尺を持って立ちラインを引いていたことが、三平方の定理を活用していたことだと理解したとき、教科書から離れた場で数学の活用を実感したとき、学びの広がりに嬉しくなります。

１章から３章の各授業プランには、どの楽しさを主としたものかを示しました。ですが、それは目安ですので、他の視点から数学の楽しさを生徒に伝えていただくことも、私たちとしては嬉しいことです。

◇2◇　数学を楽しむ１時間と日々の学習指導との関係について

本書のワークシートは、１時間で完結するワークですので、どうしてもトピック的になりがちですが、この「数学を楽しむ１時間」と日々の数学の学習指導の関係を考えます。

数学科の目標は、数学的な見方・考え方を働かせ、数学的活動を通して、数学的に考える資質・能力を育成することにあります。そして、それを（1）知識及び技能、（2）思考力、判断力、表現力等、（3）学びに向かう力、人間性等の三つの柱に基づいて示されています。その中の数学的な活動については下のイメージ図を用いて説明されています。

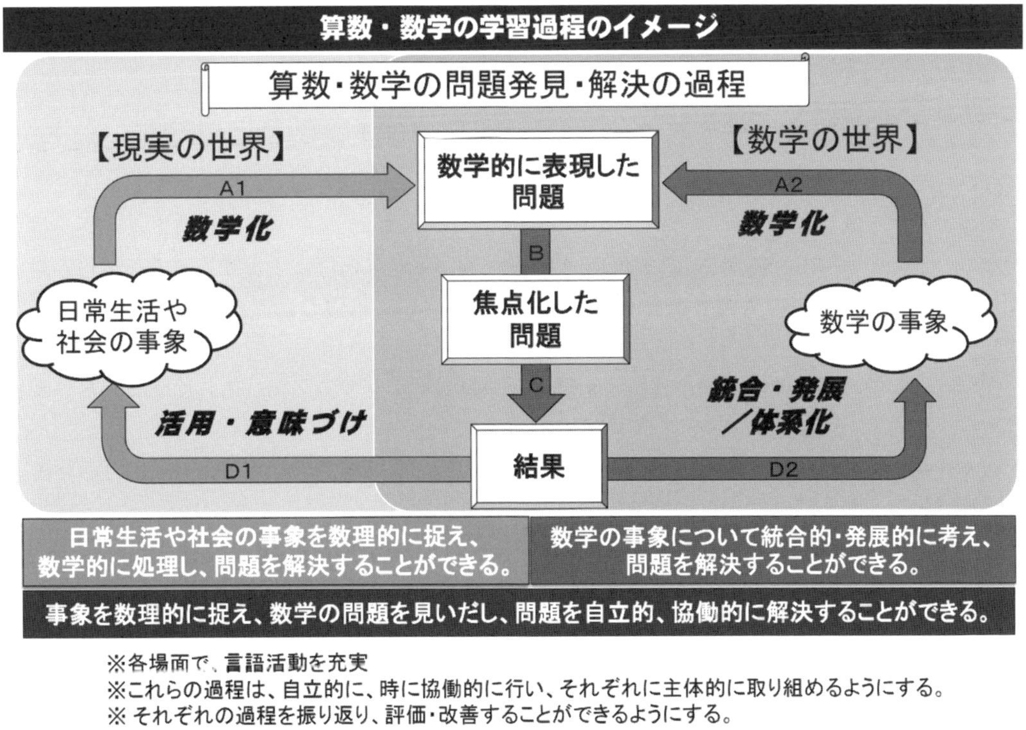

図　学習指導要領解説で示されている算数・数学の学習過程のイメージ

本書の活動の多くは、この算数・数学の学習過程に適合するものです。「②　学んだことを“深める”楽しさ」は、主に図の右側の活動となります。「③　学んだことを“広げる”楽しさ」は、主に図の左側の活動となります。さらにいえば、日々の数学の学習指導で得られた結果をD1、D2へと回す活動をしているといえます。この学習過程のイメージでは、サイクルを2度、3度と回すことが重要ですが、それがなかなか実現できていない実情があります。本書はその部分を現出することに役立ちます。そして、活動に取り組む中では、数学的な見方・考え方を働かせるものが多くあります。目標の（3）には、「数学的活動の楽しさや数学のよさを実感して」という言葉が用いられています。数学を楽しむことは、数学的活動の楽しさを実感することです。また「問題解決の過程を振り返って」と振り返りの重要性を示しています。そのことを踏まえ、ワークシートの多くには《今日の授業の振り返り・感想》の欄を設けています。1時間で完結する授業ではありますが、振り返りを大切にし、次につなげられるように、日々の学習指導に還元できるようにしています。

③　本書の構成と使い方について

1章から3章では、各学年領域順に、見開き2ページで1時間の題材を示しています。

右ページに、そのままコピーして使うことを前提としたワークシートがあります。実際の授業では、右側をコピーして使用してください（本書の1ページはB5版ですが、A4版、B4版の紙に印刷されることを想定しています。そのため、右ページが左ページに比べ、字が小さくなっている場合があります）。また、すべてのワークシート（Wordデータ）はホームページからダウンロードが可能です（詳しくは巻末のページをご覧ください）。

左ページには、右ページのワークシートを1時間で指導する上での標準的な展開と、指導のポイントならびに教材の背景等の解説を示しています。

以下はそれぞれの意図です。

〈左ページ〉

①領域×数学を楽しむ姿

左ページの1行目に、授業プランの内容と関係が深い領域ならびに主とする観点を示してあります（便宜上その学年に入れてあるものの、どの学年でも取り扱うことができる題材もあります）。

領域は、中学校の4領域「数と式」、「図形」、「関数」、「データの活用」もしくは単元名で示してありますので、選ぶ際の参考にしてください。

数学を楽しむ姿（観点）の具体化として、3つの楽しさを「出会う」「深める」「広げる」という言葉で表し、主となるワークの特徴を示してあります。

出会う：	その単元や領域にかかわって、新たな数学に出会うことを意図した活動
深める：	その単元で学んだことをもととして、理解を深める、追究を深めることを主に意図した活動
広げる：	その単元で学んだことを、身近な事象や社会事象への活用を考えることで、理解を広げることを意図した活動

②タイトルとねらい

この活動のタイトルを一言で示しています。ワークシートにも同じタイトルが示してあります。その下に、活動のねらい・内容を端的に示してあります。教材を選ぶときに、参考にしてください。

③準備するもの

教師と生徒を区別して、準備すべきもの、準備しておくとよいものを示しています。

④授業展開例

それぞれの授業場面（SCENE）に分け、生徒の活動を端的に示しています。

⑤先生方へ

教材のよさ、面白さを示しています。【授業展開例】の解説が示されている場合もあります。

「ラクイチシリーズ」のコンセプトとして「誰でも実践できる」がありますが、授業をよりよく行うための解説でもあります。ワークシートを使うことを決めたら、是非一読してください。

⑥参考文献・先行実践

より詳しく知りたい方のためになるべく紹介するようにしていますが、該当するものが無い場合は欄自体を省略しています。

ワークをさらに発展させたい、目の前の生徒に合わせて改善したい、実践事例を知りたいと考えらえられた先生方が参考にできるようにという観点で選びました。

〈右ページ〉

⑦キャラクターと吹き出し

生徒が活動に取り組む中で、ヒントを与えたり、励ましたり等を、生徒役のねずみのキャラクターと教師役のくまのキャラクターが伝えます。

⑧振り返り・感想

今日の活動の振り返りができるよう多くのワークシートに《今日の授業の振り返り・感想》コーナーを設けています。授業を１時間で完結するために、生徒の側からは日々の学習へ結びつけるという意図、教師の側からは事後点検に役立てるという意図があります。

〈解答例〉

ワークシートの解答例を121ページ以降に掲載しています（あくまでも一例です）。

本書を活用した数学授業は、普段の数学の授業とは違います。先生が一方的に授業を進めるのではなく、生徒がワークシートを楽しんでいる様子を見ながら、数学に触れ、数学を深め、広げている生徒の状況を、楽しんで見ていただけばよいのです。

ひょっとしたら答えを聞きたがる生徒がいるかもしれません。答えの確定も生徒に任せてはどうでしょう。また、少々騒がしい数学の授業時間になるかもしれません。生徒が数学を楽しんでいれば、むしろ認めてあげてはどうでしょう。

最後に活用の留意点を一つだけ示します。生徒の取り組みの様子を眺めてください。そして、もし仲間と交われない生徒がいたら、ぜひその生徒を仲間とつながるようにしてあげてください。それが、本書を活用していただくための要点となります。

〈実例１〉

①学年は３年生、領域は「関数」で、数学を楽しむ姿は「深める」であることを示しています。

②タイトルは「表を完成させよう！」です。タイトルの下に活動のねらいを示しています。ここから、ワークを行う時期は「関数$y=ax^2$」の学習後がよいことがわかります。

③準備するものは、ワークシート、グラフ用紙とグラフを作成し、表示ができるICTですが、どのように使用するかは⑤先生方へにあります。

④授業展開例は３つのSCENEに分けて示しています。ここに書かれた内容を踏まえていれば、「誰でも実践できる」が実現できます。

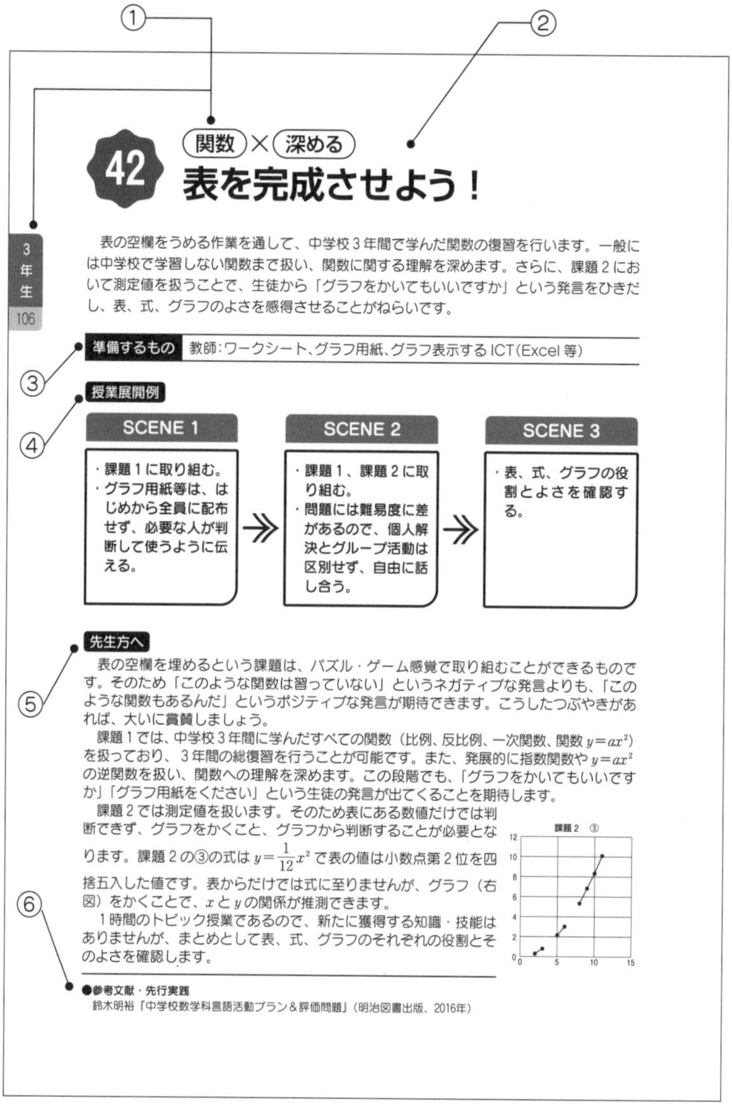

①　②

関数×深める

42 表を完成させよう！

3年生 106

表の空欄をうめる作業を通して、中学校３年間で学んだ関数の復習を行います。一般には中学校で学習しない関数まで扱い、関数に関する理解を深めます。さらに、課題２において測定値を扱うことで、生徒から「グラフをかいてもいいですか」という発言をひきだし、表、式、グラフのよさを感得させることがねらいです。

③ 準備するもの　教師：ワークシート、グラフ用紙、グラフ表示するICT（Excel等）

④ 授業展開例

SCENE 1	SCENE 2	SCENE 3
・課題１に取り組む。 ・グラフ用紙等は、はじめから全員に配布せず、必要な人が判断して使うように伝える。	・課題１、課題２に取り組む。 ・問題には難易度に差があるので、個人解決とグループ活動は区別せず、自由に話し合う。	・表、式、グラフの役割とよさを確認する。

⑤ 先生方へ

表の空欄を埋めるという課題は、パズル・ゲーム感覚で取り組むことができるものです。そのため「このような関数は習っていない」というネガティブな発言よりも、「このような関数もあるんだ」というポジティブな発言が期待できます。こうしたつぶやきがあれば、大いに賞賛しましょう。

課題１では、中学校３年間に学んだすべての関数（比例、反比例、一次関数、関数$y=ax^2$）を扱っており、３年間の総復習を行うことが可能です。また、発展的に指数関数や$y=ax^2$の逆関数を扱い、関数への理解を深めます。この段階でも、「グラフをかいてもいいですか」「グラフ用紙をください」という生徒の発言が出てくることを期待します。

課題２では測定値を扱います。そのため表にある数値だけでは判断できず、グラフをかくこと、グラフから判断することが必要となります。課題２の③の式は$y=\frac{1}{12}x^2$で表の値は小数点第２位を四捨五入した値です。表からだけでは式に至りませんが、グラフ（右図）をかくことで、xとyの関係が推測できます。

１時間のトピック授業であるので、新たに獲得する知識・技能はありませんが、まとめとして表、式、グラフのそれぞれの役割とそのよさを確認します。

⑥

●参考文献・先行実践

鈴木明裕『中学校数学科言語活動プラン＆評価問題』（明治図書出版、2016年）

⑤「先生方へ」には、この題材のポイントが具体的に示してあります。よりよく授業を展開するためのヒントとなります。ICTを使ったグラフの例が示してあります。

⑥この題材を扱った事例が示されている参考文献です。

⑦

表を完成させよう！

クラス（　　　　）　番号（　　　　）氏名（　　　　　　　　　　　　）

パズルみたいな問題だね！

課題１　次の表は、それぞれ関数関係を表したものです。
空欄をうめて表を完成させましょう。

①

x	-2	-1	0	1	2	3
y	8	4	□	□	-8	□

②

x	-2	-1	0	1	2	3
y	-3	-1	□	□	5	7

③

x	-2	-1	0	1	2	3
y	2	$\frac{1}{2}$	0	$\frac{1}{2}$	□	□

④

x	-2	-1	0	1	2	3
y	$-\frac{1}{2}$	-1	□	□	$\frac{1}{2}$	$\frac{1}{3}$

⑤

x	0	1	2	3	4	5
y	□	2	4	□	16	□

⑥

x	-12	-6	-4	-3	-2
y	□	4	□	8	12

⑦

x	-3	-2	-1	0	1
y	3	□	□	1	$\frac{1}{3}$

⑧

x	-3	-2	-1	0	1
y	-6	$-\frac{8}{3}$	□	0	$-\frac{2}{3}$

⑨

x	-2	-1	0	1	2	3
y	5	2	1	□	5	□

⑩

x	1	4	9	16	25	36
y	1	□	3	4	□	6

課題２　次の表は、それぞれ実験を行った測定値です。
空欄にあてはまる適切な数は何でしょうか。

①

x	2	3	4	5	6	7	8	9	10	11	12
y	0.3	0.5	□	0.8	1	□	1.3	1.5	1.7	1.8	□

②

x	2	3	4	5	6	7	8	9	10	11	12
y	3	2	□	1.2	1	□	0.8	0.7	0.6	0.5	□

③

x	2	3	4	5	6	7	8	9	10	11	12
y	0.3	0.8	□	2.1	3	□	5.3	6.8	8.3	10	□

測定値だから
誤差があるよね。

⑧

《今日の授業の振り返り・感想》

※右ページはA4版、B4版の紙へ拡大して、そのまま印刷して使えるように作成しています。そのため、右ページが左ページに比べ、字が小さくなっている場合があります。

⑦生徒役のねずみのキャラクターが、意欲づけてくれます。

　また時には、教師役のくまのキャラクターが、問題解決における注意事項やヒントを示してくれます。

⑧授業のまとめ（SCENE3）において、表、式、グラフの役割とよさを確認しているので、《今日の授業の振り返り・感想》においても、よさへの言及を期待したところですが、数学を楽しむ一時間という観点から、「表の穴埋めを考えるのが、パズルのようで楽しかった」というような感想でもよいでしょう。生徒一人ひとりが振り返ることができる場を確保することが目的です。

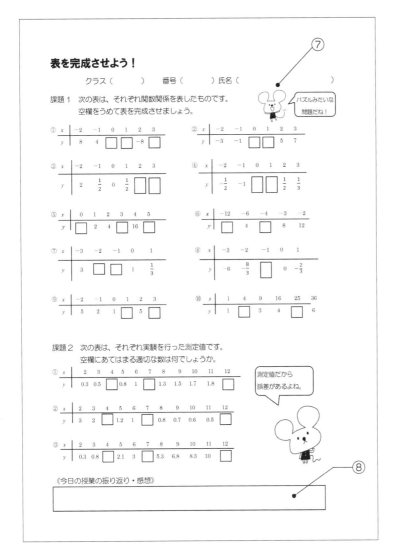

〈実例 2〉

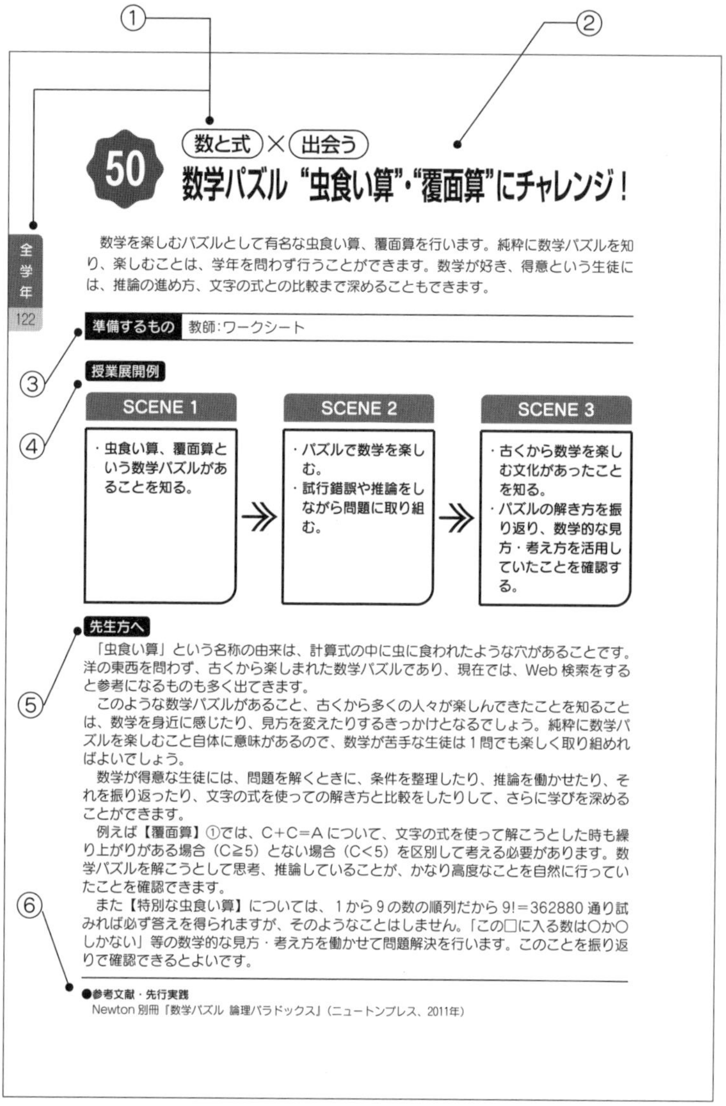

数と式 × 出会う

50 数学パズル“虫食い算”・“覆面算”にチャレンジ！

全学年 122

数学を楽しむパズルとして有名な虫食い算、覆面算を行います。純粋に数学パズルを知り、楽しむことは、学年を問わず行うことができます。数学が好き、得意という生徒には、推論の進め方、文字の式との比較まで深めることもできます。

準備するもの 教師:ワークシート

授業展開例

SCENE 1	SCENE 2	SCENE 3
・虫食い算、覆面算という数学パズルがあることを知る。	・パズルで数学を楽しむ。 ・試行錯誤や推論をしながら問題に取り組む。	・古くから数学を楽しむ文化があったことを知る。 ・パズルの解き方を振り返り、数学的な見方・考え方を活用していたことを確認する。

先生方へ

「虫食い算」という名称の由来は、計算式の中に虫に食われたような穴があることです。洋の東西を問わず、古くから楽しまれた数学パズルであり、現在では、Web 検索をすると参考になるものも多く出てきます。

このような数学パズルがあること、古くから多くの人々が楽しんできたことを知ることは、数学を身近に感じたり、見方を変えたりするきっかけとなるでしょう。純粋に数学パズルを楽しむこと自体に意味があるので、数学が苦手な生徒は1問でも楽しく取り組めればよいでしょう。

数学が得意な生徒には、問題を解くときに、条件を整理したり、推論を働かせたり、それを振り返ったり、文字の式を使っての解き方と比較をしたりして、さらに学びを深めることができます。

例えば【覆面算】①では、$C+C=A$ について、文字の式を使って解こうとした時も繰り上がりがある場合（$C\geqq5$）とない場合（$C<5$）を区別して考える必要があります。数学パズルを解こうとして思考、推論していることが、かなり高度なことを自然に行っていたことを確認できます。

また【特別な虫食い算】については、1から9の数の順列だから $9!=362880$ 通り試みれば必ず答えを得られますが、そのようなことはしません。「この□に入る数は○か○しかない」等の数学的な見方・考え方を働かせて問題解決を行います。このことを振り返りで確認できるとよいです。

●参考文献・先行実践

Newton 別冊『数学パズル 論理パラドックス』（ニュートンプレス、2011年）

①章は3年生の中にありますが、全学年で取り組めるワークです。領域は「数と式」となっていますが、数学パズルとの出会いですので、特定する単元はありません。

②タイトルは「数学パズル“虫食い算”・“覆面算”にチャレンジ！」です。

③教師がワークシートを用意し、生徒は筆記用具があれば取り組めますので、準備するものはワークシートのみです。

④授業展開例として3つの SCENE を示していますが、数学パズルでは、1時間かけて1問に取り組む生徒もいれば、早く解けてしまう生徒、途中であきらめてしまう生徒もいますので、生徒の様子を見て判断してください。

⑤「先生方へ」では、虫食い算・覆面算を発展的に扱う方法についても示してあります。どこまで扱うかは生徒の様子で判断するしかありません。個々への対応も考えられます。

⑥虫食い算・覆面算に関する参考文献を示しています。

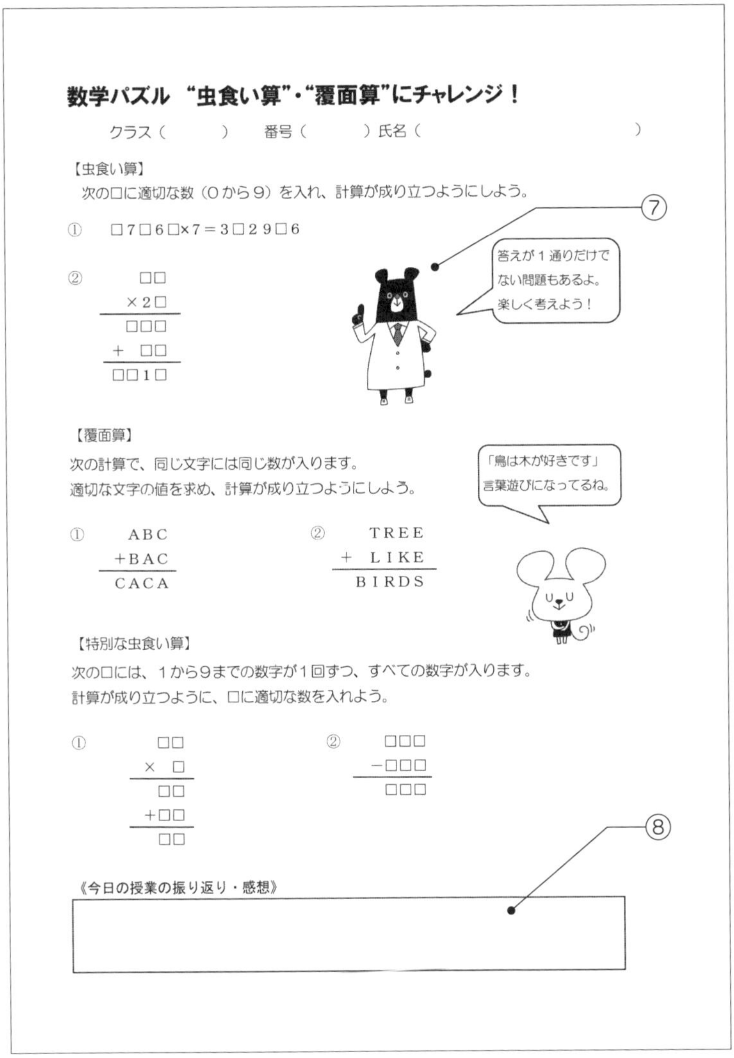

⑦

⑧

数学パズル “虫食い算”・“覆面算”にチャレンジ！

クラス（　　　）　番号（　　　）氏名（　　　　　　　　　）

【虫食い算】

次の□に適切な数（0から9）を入れ、計算が成り立つようにしよう。

① □7□6□×7＝3□29□6

②
□□
×2□
□□□
＋ □□
□□1□

答えが1通りだけでない問題もあるよ。楽しく考えよう！

【覆面算】

次の計算で、同じ文字には同じ数が入ります。
適切な文字の値を求め、計算が成り立つようにしよう。

①
ABC
＋BAC
CACA

②
TREE
＋ LIKE
BIRDS

「鳥は木が好きです」言葉遊びになってるね。

【特別な虫食い算】

次の□には、1から9までの数字が1回ずつ、すべての数字が入ります。
計算が成り立つように、□に適切な数を入れよう。

①
□□
× □
□□
＋□□
□□

②
□□□
－□□□
□□□

《今日の授業の振り返り・感想》

※右ページはA4版、B4版の紙へ拡大して、そのまま印刷して使えるように作成しています。そのため、右ページが左ページに比べ、字が小さくなっている場合があります。

⑦教師役のくまのキャラクターが、解答が1つでない場合があることを明示し、別解を考えることも示唆しています。

生徒役のねずみのキャラクターが、問題に隠れている面白さを示しています。

⑧出会いに対する《今日の授業の振り返り・感想》であるので、「パズルを解いて楽しかった」でもよいです。「他の虫食い算や覆面算をWebで調べて、もっと解いてみたい」という振り返り・感想が引き出せたなら、次の活動へとつながることでしょう。

コラム①　「教師を辞めろ！」

❖金髪の少年が座っている

私が30数年前に数学授業の指導助言者として関わった研究会でのことです。授業はコンピュータ室で行われました。入室直後に気づいたのは、ひときわ体格が良い金髪の少年が座っていたことでした。

そうした少年がいると授業はやりづらい、と誰もが思います。しかも、多くの先生方に見てもらう授業です。

❖お地蔵さんのように動かない少年

コンピュータを活用した授業が始まりました。生徒たちはコンピュータで提示された課題を解決しようと考え始めました。コンピュータ上で図形を動かしながら、法則を見つけようと活動している生徒もいます。

ところが金髪の少年は、まったく動こうとせず、キーボードに触れません。鉛筆も持ちません。お地蔵さんのようにじっと黙って座ったままなのです。時折、目をつぶります。おそらく参観者の目が気になっているのでしょう。

無事、授業は終わりました。少年はいち早くコンピュータ室から出ていきました。彼は、どのような気持ちでこの授業を受けたのだろうかと想像したのですが、その心情を察することはできませんでした。きっと長い50分間だったと思います。

❖「教師を辞めろ！」という怒濤の怒り

研究協議会が始まりました。指導助言者は二人でした。私の方がもう一人の方より若いのですが、市外から招かれた、いわゆるゲストであるため、最後に助言することになりました。

当時はコンピュータを活用した数学授業は珍しく、授業者の果敢な挑戦を褒める言葉が相次ぎました。もちろん誰一人としてあの少年のことを話題にしませんでした。だれもが、あの少年を指導することの大変さが想像できるからです。

いよいよ指導助言の場面です。隣席の助言者が立ち上り、授業者に向かって怒鳴りました。

「教師を辞めろ！」

私ばかりではありません。その会場にいた全ての方が、何が起こったのかわからず、凍り付きました。

その助言者はトーンを落として語り始められました。「あなたはあの少年に一言も声をかけなかった。この課題は、あの少年には解けないと決めつけていたのではないか。確かにそうなのかもしれない。しかしだ。一言も声をかけないというのは、どういう教師だ。他の子どもは教師の言動を見ているのだ。あの少年のようになったら、先生は見捨てるのだ、声もかけないのだと、他の子どもに教えたのと同じだ。そんな教師は辞めろ。厳しいことを言ったが、あなたのような教師が多く、残念でしかたがない。しかし言葉が過ぎた。申し訳ない」

このあと、私が助言する場面でしたが、「お話しできるようなことはありません」と頭を下げるのが精一杯でした。教師の在り方を心底から学んだ研究協議会でした。

（玉置崇）

1章

1年生

1 正の数・負の数×出会う
いろいろな民族の昔の数字を学ぼう！

古来、様々な民族が考案・使用してきた数字を紹介し、その数字の読み書きを体験します。この活動を通して、現在当然のように世界中で利用されている「アラビア数字」の素晴らしさを実感し、数の歴史や0の発見の偉大さ、奥深さを感じる学習です。

準備するもの　教師:ワークシート、図を大きく提示できるもの(ICT 等)

授業展開例

SCENE 1

・古代エジプト、バビロニア、ローマで使われた数字を知る。
・記数法の成り立ちを読み取る。

≫

SCENE 2

・個人で、3つの民族の数字を読み取り、全体で確認する。
・個人で、1965を3つの民族の数字で表し、全体で確認する。

≫

SCENE 3

・現在世界中で使われているアラビア数字のよさを確認する。
・なぜアラビア数字が簡潔に表現できるのかを考える。

先生方へ

まずは、昔の3つの民族が使っていた数を表す文字（記号）の表から、記数法の原理を読み取ります。その上で課題1に各自で取り組み、3種類の数の読み取りを行います。困っている生徒のための情報交換や、班で答え合わせをするのもよいでしょう。

課題2では昔の数字を書かせます。読む際には簡単に思えた古代の数も、記述する際には手間も時間もかかることを体感させます。生徒により時間差が生じるので、早くできた生徒には板書させたり、課題3を考えさせたりするのもよいでしょう。

アラビア数字のよさを実感したところで、なぜアラビア数字が優れているのかについて考えます。生徒の発言で、その理由にたどり着ければ素晴らしいですが、ここは教師が語ってもよい場面かもしれません。以下が、アラビア数字が優れている理由です。

他の民族の数字は、位を表すマークがあり、さらに位の数だけマークを書く必要があります。記数法自体は理解しやすいのですが、利用する際には、読むのにも書くのにも時間がかかります。一方アラビア数字は、0～9の10種類の文字で、どんな大きな整数も表記できます。その決定的な差は、通常は書く必要を感じない、無いものを表す記号「0」を発見・決定したところにあります。これにより、位を表すマークから解放され、限られた文字数で、無限にある整数の表記が可能になったのです。

●参考文献・先行実践
ジョルジュ・イフラー『数字の歴史』（平凡社、1988）
武藤寿彰『中学校数学科　学び合い授業スタートブック』（明治図書、2015）

いろいろな民族の昔の数字を学ぼう！

クラス（　　　）番号（　　　）氏名（　　　　　　　　　　　　）

古代、それぞれの民族が、数を表す文字（記号）を考案し、利用していました。

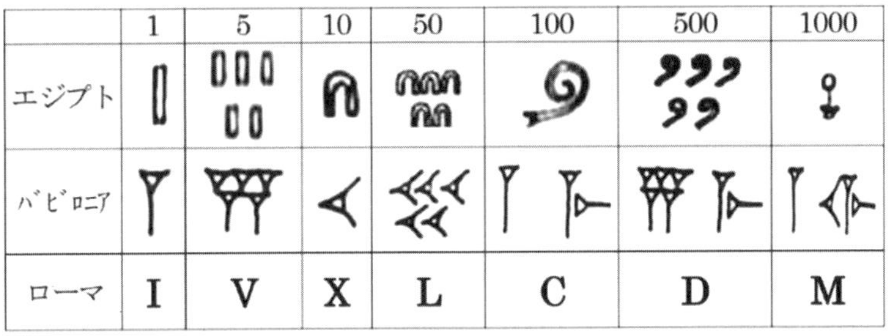
1
5
10
50
100
500
1000
エジプト
バビロニア
ローマ
I
V
X
L
C
D
M

（「数字の歴史」　ジョルジュ・イフラー著　平凡社 より）

課題１　次の数が読めるかな？

(1)
(2)

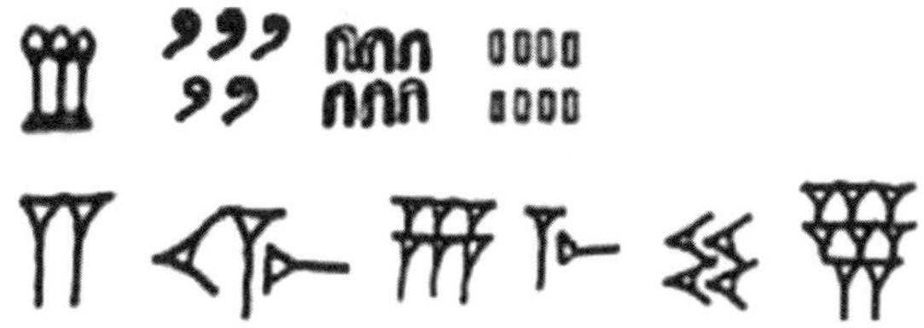

(3) MMMDCCXXVIII

(1)

(2)

(3)

課題２　１９６５を、それぞれの民族の文字で表してみましょう。

(1) エジプト

(2) バビロニア

(3) ローマ

課題３　現在世界中で使われている「1、2、3…」の数字は、アラビア数字と言います。なぜ世界中でアラビア数字が使われているのでしょうか。いろいろな民族の数字を使ってみて、あなたが感じた理由を書いてみましょう。

《今日の授業の振り返り：新たな気づき・新たな疑問・感想など》

正の数・負の数 × 出会う

2 長方形のナゾを解け！

算数から数学へと教科名が変更になって間もない時期に学習することを想定しています。正方形を並べて長方形を作る課題を通して、因数分解するよさに気づいたり、素数に出会うことをねらいとしています。

準備するもの 教師：ワークシート、磁石付き正方形の紙（3×3を40枚） 生徒：定規

授業展開例

SCENE 1

・黒板に書かれた課題1を考える。
・全体で確認後、配付したワークシートに改めて記入する。

≫

SCENE 2

・個人で課題2を考える。
・気づきを発表し合う。
・課題3はいくつかの例をもとに考える。

≫

SCENE 3

・課題3で約数を考えたことから、課題4を考える。
・素数について理解する。エラトステネスのふるいを知る。

先生方へ

本授業プランは、「算数」での学び（約数と倍数）を振り返りながら、「数学」との素敵な出会いを意図した活動です。

「正方形を並べて長方形を作る」という活動を通して、縦や横の長さは、面積の約数を探せばよいことに自然と気づいていきます。また、縦や横の関係を表にすることで、反比例に気づく生徒が出てくることでしょう。こういった生徒の気づきは積極的に取り上げて、価値づけしたいところです。

課題2までは、小学校での学びを振り返りながら表を完成します。課題3では、数を分解して考える生徒が出てくることでしょう。この考えを全体に紹介すれば、困っている生徒へのヒントにもなります。素数や素因数分解に出会い、最終的には容易に約数を見つける力を育てていきたいものです。

素数を学習したら、エラトステネスの篩《ふるい》に取り組みます。素数の倍数は素数ではないことに気づき消していく生徒の発見を大いにほめます。

ちなみに、令和3年度からの学習指導要領では、素数は小5から中1の内容へ、素因数分解は中3から中1の内容に変更となっていることに留意してください。

長方形のナゾを解け！

クラス（　　　）番号（　　　）氏名（　　　　　　　　　　　　）

課題１　１cm^2の正方形を 12 個全部並べて長方形を作ります。考えられる長方形をすべて作り、縦と横の長さをそれぞれ答えよう。

<例>縦３枚、横４枚並べると…

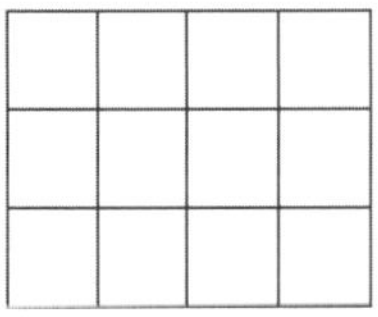

縦（cm）						
横（cm）						

課題２　１cm^2の正方形を 40 個全部並べて長方形を作ります。考えられる長方形をすべて作り、縦と横の長さをそれぞれ答えよう。

縦（cm）								
横（cm）								

縦と横の関係はどんなことが言えるかな？

課題３　１cm^2の正方形を 165 個全部並べて長方形を作ります。考えられる長方形をすべて作り、縦と横の長さをそれぞれ答えよう。

縦（cm）								
横（cm）								

課題４　100 までの素数を求めてみよう。時間があれば、100 以上の素数を探してみよう。

1	2	3	4	5	6
7	8	9	10	11	12
13	14	15	16	17	18
19	20	21	22	23	24
25	26	27	28	29	30
31	32	33	34	35	36
37	38	39	40	41	42
43	44	45	46	47	48
49	50	51	52	53	54
55	56	57	58	59	60
61	62	63	64	65	66
67	68	69	70	71	72
73	74	75	76	77	78
79	80	81	82	83	84
85	86	87	88	89	90
91	92	93	94	95	96
97	98	99	100		

素数とは「１とその数自身しか約数をもたない数」ですね。ちなみに、１は素数ではありません。課題４で素数をさらに考えてみましょう。
エラトステネスの篩《ふるい》と言います。

3 素因数分解 × 深める
「ビリヤード台」の法則を見つけよう

様々な大きさのビリヤード台に、玉の軌跡となる線を引くことで、全ての正方形のマスを通るかどうかや、どのコーナーで終わるのかを調べ、法則性を発見したり、理由はわからなくても、楽しさ、美しさ、不思議さを感じたりすることがねらいです。

準備するもの 教師：ワークシート、図を大きく提示できるもの（ICT 等）

授業展開例

SCENE 1	SCENE 2	SCENE 3
・長方形ＡＢＣＤのＡから出発した球の動きを例で確認する。	・各自が WS にある様々な長さの長方形で試し、すべての正方形のマスを通る場合と、到達するコーナーの位置についての法則を発見する。	・発見した法則が正しいことを、いくつかの場合で確かめる。 ・法則が成り立つ理由を考える。

先生方へ

まずは、縦３、横４の長方形のビリヤード台で、玉の動きのルールを確認します。

〈ルール〉

頂点Ａからスタートし、斜め45度に動く。壁に当たれば90度でバウンドし、ＢＣＤいずれかのコーナーに到達したら終了。

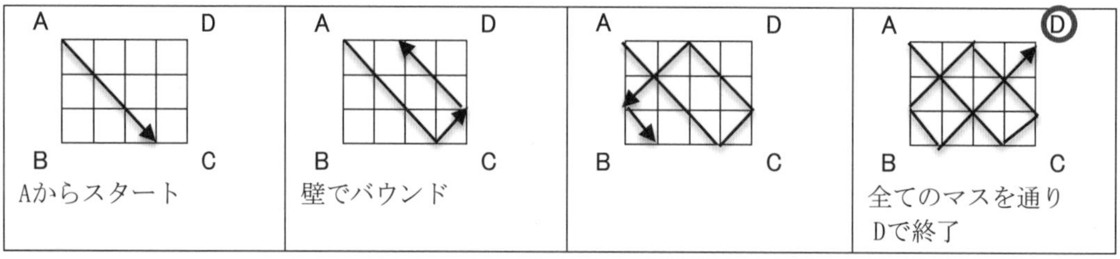

上の例は、全てのマスを通ります。また D で終了するので、D に○が付きます。WS で、様々な長さのビリヤード台で試し、①②についての法則を探究します。

困っている生徒には、他の例を示したり、数を多く試すことで法則が見えてくることを伝えるとよいでしょう。早く解けた生徒には、玉の軌跡の長さや、バウンドする回数なども、法則探究の対象になります。

〈法則例〉

①すべてのマスを通過するのは、縦横が互いに素の場合（公約数が1の場合）

②到達するコーナーの位置は、縦と横の最小公倍数を P とすると、

$\frac{P}{縦}$が奇数で$\frac{P}{横}$が偶数⇒Ｂ、$\frac{P}{縦}$が奇数で P 横も奇数⇒Ｃ、$\frac{P}{縦}$が偶数で$\frac{P}{横}$が奇数⇒Ｄ

「ビリヤード台」の法則を見つけよう

クラス（　　　）番号（　　　）氏名（　　　　　　　　　　　　　）

頂点Aから45度の方向にビリヤードの玉を打ちます。玉は壁で同じ角度でバウンドし、B、C、Dのコーナーにきたら終了です。様々な長さのビリヤード台で①②を調べ、法則を発見しよう。

①球がすべての正方形のマスを通るのは、縦横がどんな場合？

②終了する場所は？（終了するB、C、Dに○を付けよう）

〈例〉 縦3、横4の場合

スタート

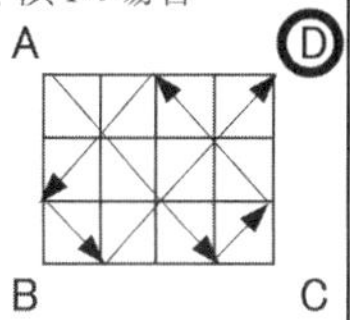

すべてのマスを通りDで終了

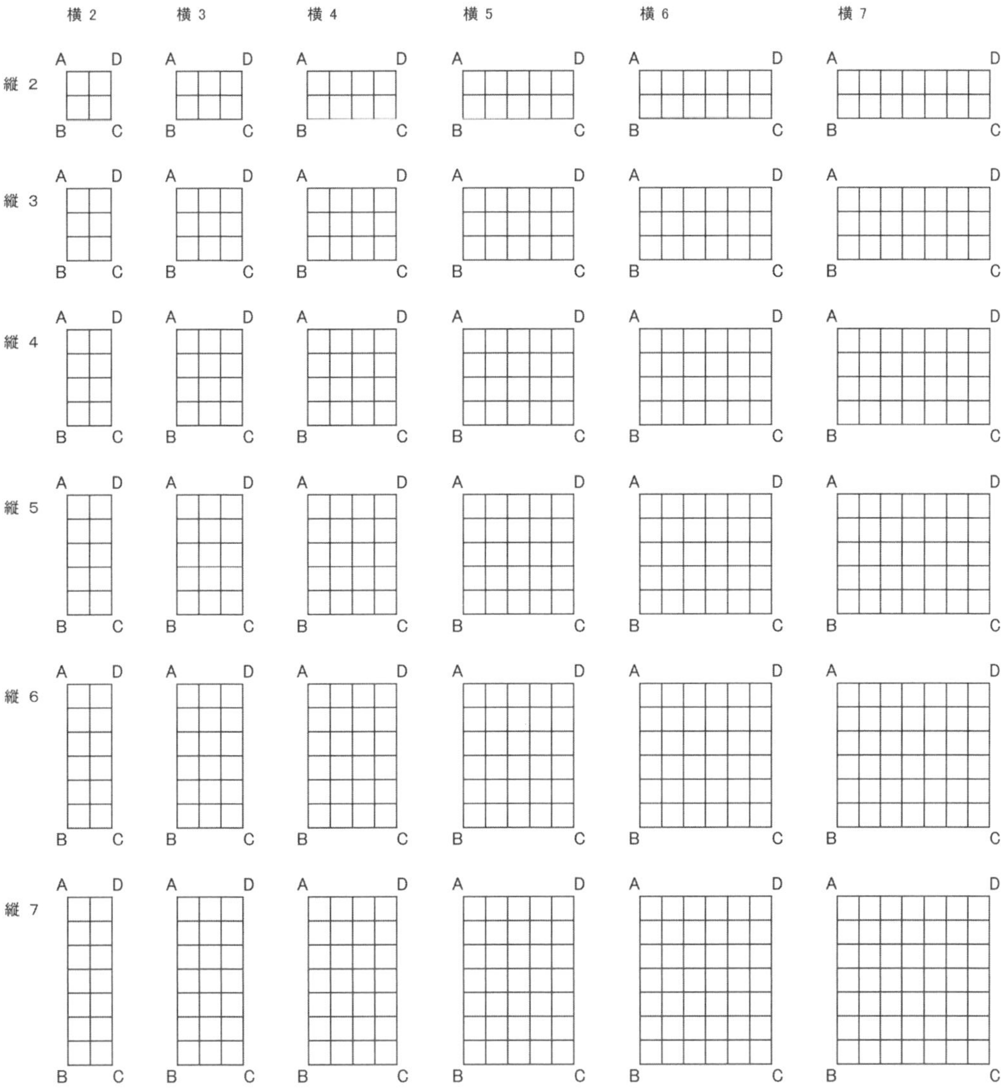

発見した法則を書こう。

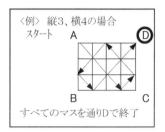

4 正の数・負の数 × 深める
「指数マニア」を目指せ！

$2^{\square}$ の□にいろいろな数をあてはめたらどうなるのかを考えさせることで、数に関する理解、特に指数に関しての理解を深めることがねらいです。

準備するもの 教師：ワークシート

授業展開例

SCENE 1

- 指数の定義を確認する。
- 2の□乗の□には、どのような数があてはまるかを考える。

→

SCENE 2

- 2の1乗～10乗を求め、その関係性から2の0乗の値を類推し、確かめる。

→

SCENE 3

- 2の0乗の値が1であることを確認する。
- 2の－1乗はどうなるかを考える。
- 疑問に思うことなどを出し合い、次の課題を考える。

先生方へ

この授業プランでは、数の範囲を負の数まで拡張し、これまでと同様に四則計算が成立することを理解したり、その計算を習熟したり、様々な場面で活用したりすることを体験します。

指数の定義を知るだけでなく、具体的な数値から $2^m \times 2^n = 2^{m+n}$ という性質に気づきます。また、振り返ることで、指数はかけ合わす個数であるという定義からこの性質が自然に理解できます。

さらには、「□に自然数以外をあてはめたらどうなるのか」という疑問をもつ生徒を育てたいものです。そのため、課題1で指数に関する共通認識をもたせ、課題2では、次に考えるべきことがらを提示し、その結論を予想した後に、それを筋道立てて説明できるようにさせます。課題3は、さらに次に考えるべきことがら（□が負の数）を広げていく流れとしています。したがって、□に0を入れて考えたことを強調し、「次は何を考えるとよいでしょう？」と投げかけるとよいと思います。このような活動を通して、指数に関する理解が深まり、興味も高まります。

「指数マニア」を目指せ！

クラス（　　　）番号（　　　）氏名（　　　　　　　　　　　　）

課題１　$2^{\square}$ の値を求めよう。

$2^1=$　　　$2^2=$　　　$2^3=$　　　$2^4=$　　　$2^5=$

$2^6=$　　　$2^7=$　　　$2^8=$　　　$2^9=$　　　$2^{10}=$

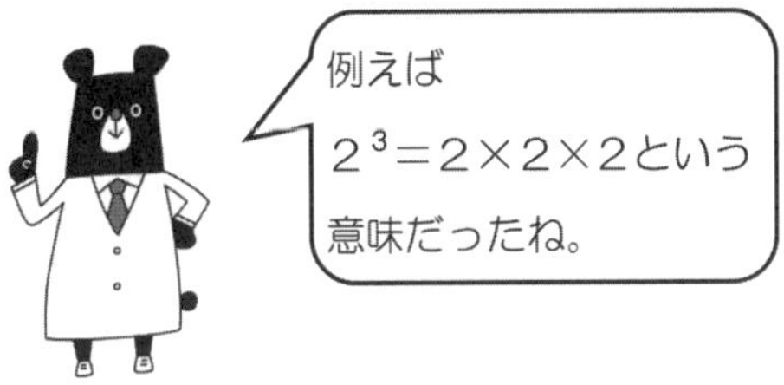
例えば
$2^3=2\times2\times2$という
意味だったね。

課題２　2^0を考えよう。

＜予想＞

$2^4=$　　　$2^3=$　　　$2^2=$　　　$2^1=$　　　$2^0=$

×□　　×□　　×□　　×□

●　2^2　2^3　2^5　の関係性を考えよう。

…このことから

$2^m\times2^n=$□　だと言える。

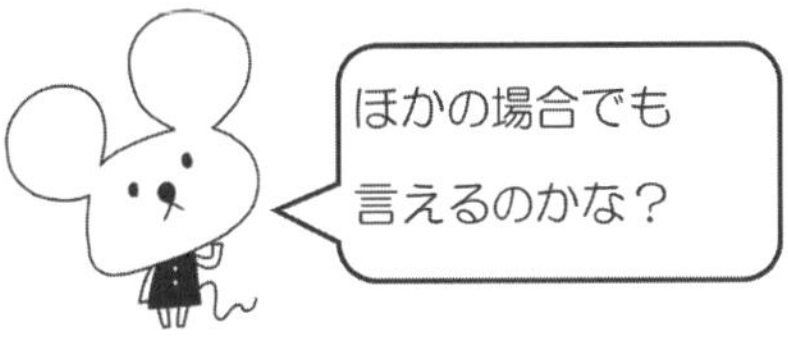
ほかの場合でも
言えるのかな？

●m＝２，n＝０の場合を考えると…

…このことから

$2^0=$□　だと言える。

課題３　□が負の数の場合を上のように考えよう。

《今日の授業の振り返り・感想》

文字と式 × 広げる

5 一次式のペアを探そう！

本プランは、単元「文字と式」の最後に取り組むとよいでしょう。「文字と式」の単元で学習したことを振り返りながら一次式の計算を行います。一次式の計算は、２年次や３年次の計算にもつながるもので、一次式の計算を確実に理解しながら楽しむことがねらいです。

準備するもの　教師：ワークシート

授業展開例

SCENE 1

・一次式の計算をすることを確認する。
・計算結果が同じになるものを探すことを伝える。

≫

SCENE 2

・課題１はまずは個人で取り組む。ある程度進んでからグループになり、互いの結果を確かめながら活動する。
・課題２は始めからグループで取り組む。

≫

SCENE 3

・ペアになる式を発表したり、見つからなかった式のペアを全員で考える。

先生方へ

本授業プランは、「一次式の計算」に楽しみながら取り組めるように考えたものです。課題１はペア探しですが、数学を苦手とする生徒もいます。計算そのものを面倒だと考える生徒もいます。そのために、個人で取り組んだあと、少人数のグループを活用して、結果を確かめ合うとよいでしょう。特に、計算結果が分数になる場合、同じ表記かそうではないのかを戸惑う生徒がいます。そのような場合は、疑問に思ったことをグループ内で出し合い、話し合わせましょう。

早く終わった生徒には、みんなが間違えそうな問題を予想させたり、課題２に進ませたりするとよいでしょう。

課題２は、ペア作りです。ペアと言ってもいろいろな式が考えられます。ここでは特に他者との対話が必要です。作った式をお互いに見せ合い、解き合うことも計算力を身につけることにつながります。

数学の内容からは離れますが、“ペアがなければペアを作ろう”という課題には、「だれ一人独りぼっちにしない」という筆者の学級経営の思いを込めています。

一次式のペアを探そう！

クラス（　　　）番号（　　　）氏名（　　　　　　　　　　　　　　）

課題１　次の計算をしよう。また、計算結果が等しくなる式があれば、問題番号横にある（　　）にその式の問題番号を記入しよう。

①（　　） $2x+3x$	②（　　） $6a-4a$	③（　　） $5x-4x$	④（　　） $7a-a$
⑤（　　） $x-\frac{4}{3}x$	⑥（　　） $4a-5+3a+2$	⑦（　　） $2(3x-1)$	⑧（　　） $-(4a-3)$
⑨（　　） $(-x+6)+(7x-3)$	⑩（　　） $(5x-3)-(-x-1)$	⑪（　　） $3\times 2a$	⑫（　　） $10x\div 2$
⑬（　　） $5x\div(-15)$	⑭（　　） $-3(-2x-1)$	⑮（　　） $\frac{2a-3}{3}\times 12$	⑯（　　） $\frac{-3a+1}{4}\times(-8)$
⑰（　　） $\frac{3}{4}\times(16x-20)$	⑱（　　） $(8a-6)\div(-2)$	⑲（　　） $(10x+16)\div(-8)$	⑳（　　） $(-16x+14)\div(-12)$
㉑（　　） $(4-x)+2(x-2)$	㉒（　　） $3(1+a)+2(2a-3)$	㉓（　　） $-2(3-a)+6(a-1)$	㉔（　　） $2(1-2a)-3(2a-3)$
㉕（　　） $-3(1-a)-2(-a-2)$	㉖（　　） $\frac{1}{3}(x+1)-\frac{1}{2}(3-2x)$	㉗（　　） $12\left(\frac{1}{2}x-\frac{1}{4}\right)+8\left(\frac{3}{4}x-\frac{3}{2}\right)$	㉘（　　） $\frac{2-3x}{4}-\frac{x+5}{2}$

課題２　課題１で（　　）に入れる番号が見つからなかった式と計算結果が等しくなる式を作ろう。

6 方程式 × 深める
この方程式の解から何の言葉ができるかな？

解が同じになる記号を並べて言葉を作ったり、解が同じになる方程式を作ったりする活動を通して、方程式についての理解をより深めることがねらいです。グループで取り組むことで、対話が少なくなりがちな演習でも活発に交流できます。

準備するもの　教師：ワークシート

授業展開例

SCENE 1

・ワークシート「アの方程式」を解き、解が2となるか判定する。
・課題1は、解が2となるかどうかを判定することが重要であることを理解する。

SCENE 2

・課題1に個人で取り組む。
・多くの生徒ができつつある状況になったら、解が2となる方程式を出し合う。
・どのような言葉になるかをグループで話し合う。

SCENE 3

・課題2「解が1になる方程式を作る」に取り組む中で、解の理解を深める。
・作成した方程式の解を確かめ合うなど、考えの交流をする。

先生方へ

この授業プランは、「数と式」の最後に取り組むことを想定しています。「正の数と負の数」、「文字と式」の学習をふまえながら、方程式の解の意味を考えます。指導においては、形式的操作に終始するのではなく、等式の性質をおさえていきたいものです。

この活動は、方程式の解法について学習を終えたあとに行うとよいでしょう。数学の学習における演習は、対話が少なくなりがちですが、課題1では、解が2となった問題の記号を出し合ったり、言葉を考え合ったりするなど、意見交流が活発になる工夫ができます。教科内容の定着はもちろんのことですが、「関わり合う力」など教科横断的な資質・能力も育んでいきたいものです。

課題2では、解が1になる方程式を作ります。学級や生徒の実態に合わせて、負の数や分数が解になる方程式を作る条件を付加することも考えられます。この活動を通して、生徒は、方程式の解について理解を深めることでしょう。

早く終わった生徒には、課題2で作った方程式ができる文章題を考えさせても良いでしょう。文章題を解くことはよく体験していますが、文章題を作る経験は新鮮に感じる生徒も多いと思います。

この方程式の解から何の言葉ができるかな？

クラス（　　　）番号（　　　）氏名（　　　　　　　　　　　　　）

課題１　次の方程式を解き、解が２になる問題の記号を並びかえて、言葉を作ろう。

ア

$4x=3x+5$

イ

$-5x=-10$

ウ

$8x-5=6x-1$

エ

$4x-7=-5x-19$

オ

$x-2=4x+1$

カ

$4x+10=52-3x$

キ

$-x+5=-3x+9$

ク

$-3x+2=-2x+7$

ケ

$-2x+7=4x+19$

コ

$9x-1=7x+5$

サ

$8-5x=3x-6$

シ

$3x-7=2x-5$

ス

$5x-1=-x+1$

セ

$7x+1=4x-5$

ソ

$-3x+2=x+14$

タ

$x-6=-3x-2$

チ

$-6x+1=-x+1$

ツ

$4x+8=2(1-x)$

テ

$2(x-1)+4=6$

ト

$-x-7=2(x+1)$

ナ

$0.2x+1.2=0.8x-0.6$

ニ

$3.5-0.3x=1.2x-4$

ヌ

$0.3(x-2)=0.6+0.1x$

ネ

$0.25x=0.2x-0.1$

ノ

$0.7x-0.2=0.4(x+7)$

ハ

$\frac{x}{7}-2=\frac{x}{2}+3$

ヒ

$\frac{7}{10}x+2=\frac{1}{5}x-\frac{1}{2}$

フ

$\frac{3x+5}{4}=\frac{5x-1}{6}$

ヘ

$x-\frac{3-2x}{3}=4$

ホ

$\frac{1}{2}x-\frac{2}{3}=\frac{3}{4}x-\frac{7}{6}$

答え（　　　　　　　）

課題２　解が１になる方程式をたくさん作ろう。

7 方程式×広げる 姉妹の日記の秘密を探ろう！

方程式を活用したいわゆる「年齢算」です。典型的な年齢算に取り組んだあと、日数が□倍となる日を考える活動を通して、年齢算に隠れている“秘密（＝仕組み）”を発見することがねらいです。

準備するもの 教師：ワークシート

授業展開例

SCENE 1

・個人で課題1に取り組む。
・答えが3日後であることを確実に理解する。

→

SCENE 2

・個人で課題2に取り組む。吹き出しをヒントに方程式の解を解釈する。
・始めは個人、途中からグループで課題3に取り組む。

→

SCENE 3

・整数日後、あるいは整数日前になった□倍の全体でまとめ、規則に気づく。

先生方へ

この課題のもとになっているのは、「年齢算」と言われるものです。日記にしてあるのは、年齢算は厳密に考えると、誕生日によって左右されることがあるからです。

課題1は、表を使ってもできるように［3倍］と問題設定がしてあります。表を使ってもできますが、次の方程式を活用した考え方をしっかり押さえてください。

【3倍になる時をx日後とすると、$45+x=3(x+13)$】

課題2につなぐために、［3倍］が変わると、［3］のところが変わることを押さえるとよいでしょう。課題2では、方程式の解の解釈が重要となります。そのためにつぶやきが入れてあります。以前に□倍になっていることは、具体的な数値で考えると、生徒はよくわかります。

課題3は、ある意味、粘り強さが必要です。最初は個人で取り組ませ、ある程度、生徒ができてきたら、グループになって考えさせるとよいでしょう。

$45-13=32$であることから、○倍となるのは「32の約数＋1」（詳細説明は紙面の関係で略）、つまり2、3、5、9、17、33となり、2倍は19日後、3倍は3日後、5倍は5日前、9倍は9日前、17倍は11日前、33倍は12日前となります。

●参考文献・先行実践
玉置崇編著『中学校数学授業のネタ100（1年）』（明治図書、2014年）

姉妹の日記の秘密を探ろう！

クラス（　　　）番号（　　　）氏名（　　　　　　　　　　　　　　）

課題１　姉は日記を始めてから今日でちょうど 45 日目です。妹は 13 日目です。姉が日記を書いた日数が妹の日数の3倍になるのはいつでしょう。

方程式を使っても、表を使ってもわかるよ。

課題２　上の問題で、5倍となるのはいつでしょう。

方程式で解がマイナス5となったら、5日前ということだね。

課題３　□倍を１倍、２倍、４倍、６倍、７倍･･･といろいろ変えて、どの倍数のときに、○日後、○日前となるか、秘密を探りましょう。ならないときは「ない」と記録しておきましょう。例えば、１倍になるときはありませんね。

１倍　・・・　ない
２倍　・・・
３倍　・・・　３日後
４倍　・・・
５倍　・・・
６倍　・・・
７倍　・・・
８倍　・・・
９倍　・・・
１０倍　・・・
１１倍　・・・
１２倍　・・・
１３倍　・・・

みんなで手分けして調べてもいいね。
秘密がわかるまでには、かなりの□倍まで調べないといけないよ。
13 倍までで安心しないでね。

8 座標×広げる 暗号文を解読しよう！

座標の基本を理解したあとに行う内容です。座標からその位置を確定したり、座標を利用して言葉を作ったりしながら、座標の知識を使って暗号文を解読したり、暗号文を作ったりする活動をします。座標についての知識を確実にすることがねらいです。

準備するもの 教師：ワークシート、拡大した座標絵　生徒：定規

授業展開例

SCENE 1

・課題１に示された最初の座標（7，4）の位置に点をかき、正しい位置であるかを確認する。
・座標を順に結んで絵を描くことを知る。

SCENE 2

・課題１、課題２ともまずは個人で取り組む。
・確認はグループで行ったあと、全体で行う。

SCENE 3

・課題３を、まず個人で行い、座標で暗号文を作る。
・ペアで互いに暗号文を出し合い、座標の理解を確実にする。

先生方へ

本時は、座標の学習のあとに行います。座標の指導においては、ただ、知識を詰め込むのではなく、黒板に点Aをかき、「この点の場所を、ここにいない人に伝えよう」や「自分の座席を他の学級の人に説明する方法を考えよう」といった考えさせる場面を作ります。算数で学んだ「ものの位置の表し方」を振り返ることも大切です。

また、座標は点の住所といった話をすることも考えられます。取り組むときに、「住所を間違えないようにすると絵やメッセージがわかるよ」と伝えておくとよいでしょう。x 座標と y 座標を反対にしてしまう生徒がいるので、机間指導のときに留意しましょう。

座標の学習が、グラフをかく際に大切になります。軸上の点も含めて読み取ったり、表したりすることができるようにします。

課題３では、学級の実態に合わせて単語でなく短文にすることも考えられます。単語や短文を作る際は、人権にも配慮します。「お互い気持ちが温かくなる言葉や文章にしよう」と声をかけるとよいかもしれません。できたらワークシートを交換して読み合いましょう。

暗号文を解読しよう！

クラス（　　　）番号（　　　）氏名（　　　　　　　　　　　　　）

課題１　座標上に次のような点をとり、左から順に結んでみよう。暗号文である動物を表しています。矢印がない場合は結びません。

(7, 4)→(5, 5)→(2, 4)→(0, 2)　(8, −1)→(4, −2)→(0, −2)→(0, −3)→(4, −3)→(11, −2)→(12, 1)→(11, 4)→(9, 6)→(6, 7)→(2, 8)→(−2, 7)→(−5, 6)→(−8, 5)→(−10, 6)→(−9, 4)→(−10, 2)→(−10, 0)→(−9, −2)→(−5, −3)→(−1, −2)→(0, 0)→(0, 2)

(-5, 6)→(-2, 5)→(0, 6)→(-1, 4)→(0, 2)

(−5, −3)→(0, −3)　(−8, 3)→(−6, 2)　(−4, 2)→(−2, 3)

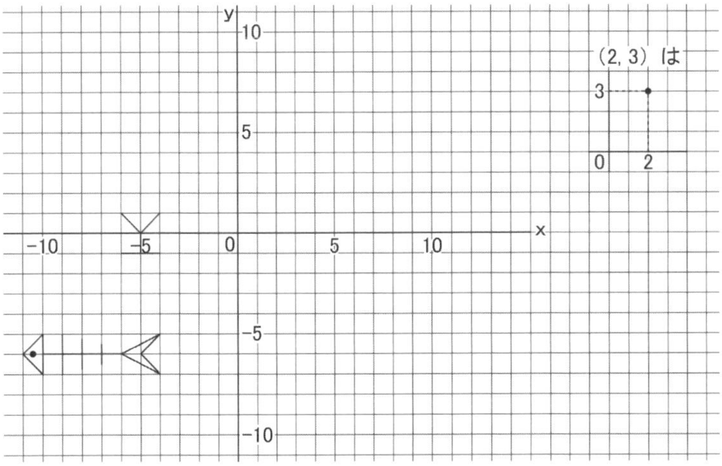

課題２　例にならって次の暗号文を解読しよう。

＜例＞　(5, 4)→(1, −2)→(0, 4)→(2, 0)→(5, 2)

ア　リ　ガ　ト　ウ

(1)　(2, 4)→(5, 3)→(3, 1)→(2, 2)→(1, 4)→

(1, 4)→(4, 4)→(3, −1)

(2)　(4, 4)→(4, 1)→(0, 4)→(5, 1)→(1, 0)→

(1, 4)→(5, 3)→(−1, 3)→(4, 4)→(−2, −3)

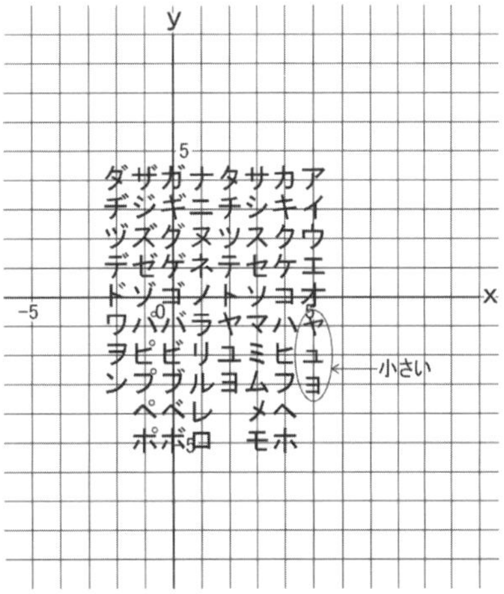

課題３　暗号文を作り、近くの人と解読し合おう。

＜例＞　4文字　アイサツ　　　　　　**3文字**

(　,　)→(　,　)→(　,　)→(　,　)　　　(　,　)→(　,　)→(　,　)

9 比例・反比例×深める
垂直な比例のグラフの法則を見つけよう

比例のグラフを学んだあとの学習プランです。垂直になるグラフを複数かく作業を通して、垂直なグラフの比例定数の法則を帰納的に発見します。その法則が正しいことをいくつかの場合で確かめ、さらに、45度に交わるグラフの法則の発見にも挑戦します。

準備するもの 教師:ワークシート、図を大きく提示できるもの(ICT 等)

授業展開例

SCENE 1

- 比例のグラフと比例定数の関係を簡単に確認する。

→

SCENE 2

- 比例定数がわかっているグラフに、各自で垂直に交わるグラフをかいてその比例定数を求め、比例定数の関係を予測する。

→

SCENE 3

- 発見した法則が正しいことを、いくつかのグラフを各自でかいて確かめる。
- 45度に交わる比例のグラフの比例定数の関係を発見する。

先生方へ

まずは、WS にある設問 1 、 2 のグラフの比例定数を確認します。

次にそれに垂直に交わるグラフを各自でかき、比例定数を求めさせます。グラフをかくときには、どのようなことに注意してかいたのかを発表させてもよいでしょう。比例定数の話題に集約すれば、比例定数とグラフの傾きの関係性に言及する生徒が出てくるかもしれません。

比例定数を求める場面は生徒によって時間差が生じるので、早く求められた生徒には、周りの生徒をサポートしてもらうとよいでしょう。

この作業を通して、以下のような垂直なグラフの比例定数の関係を発見させます。

・2つの比例定数を a 、b とすると、ab = − 1

・一方の比例定数を $\frac{m}{n}$ とすると、もう一方は $-\frac{n}{m}$

発見した法則を確認したところで、今度は設問 3 で、その法則が正しいことを確認します。これには 2 つの方法があります。適当に垂直にかいたグラフの比例定数を読んで確認する方法と、先に法則通りの比例定数を 2 つ決め、そのグラフをかいて垂直になるかどうかを確認する方法です。

可能であれば、垂直に交わるグラフに対し、45度に交わるグラフをかかせて比例定数を求め、元の 2 つの比例定数との関係発見に挑戦させます。難しい問題ですので、発見できないまま終わってもよいと思います。

〈解答例〉

$(m-n)/(m+n)$ と、$-(m+n)/(m-n)$

垂直な比例のグラフの法則を見つけよう

クラス（　　　）番号（　　　）氏名（　　　　　　　　　　　　）

課題１　下は比例定数が１、２、３のグラフです。これと垂直に交わる比例のグラフをかいて、比例定数を求めよう。元の比例定数とどんな関係になっていますか？

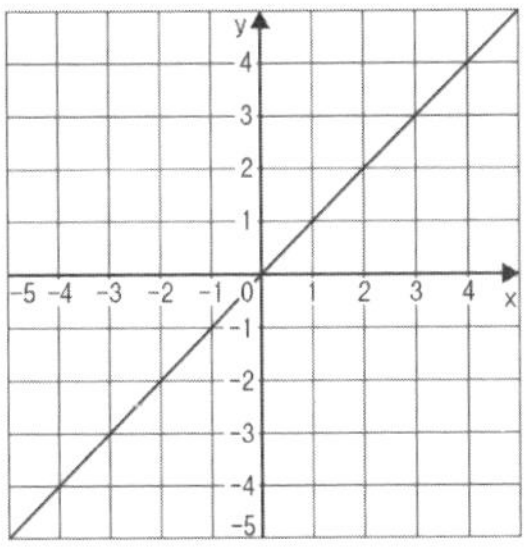

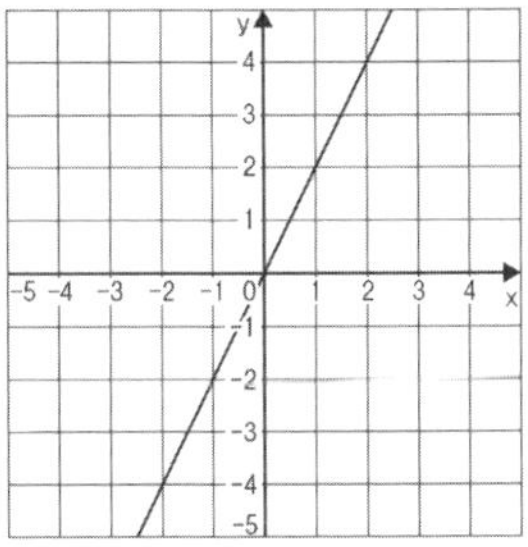

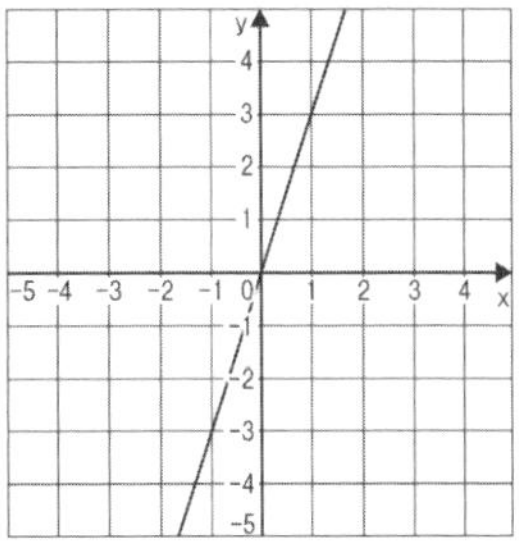

比例定数　１と　　２と　　３と

課題２　下は比例定数が $\frac{2}{3}$、$\frac{4}{3}$、$\frac{5}{3}$のグラフです。これと垂直に交わる比例のグラフをかいて、比例定数を求めよう。元の比例定数とどんな関係になっていますか？

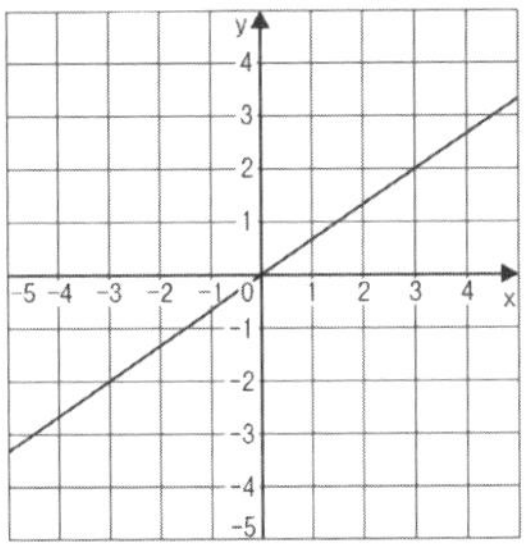

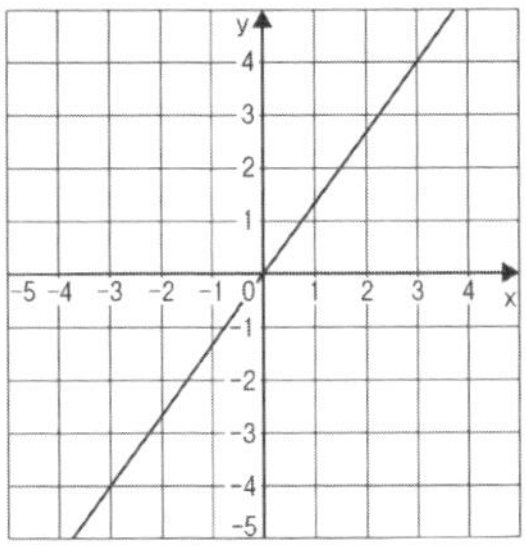

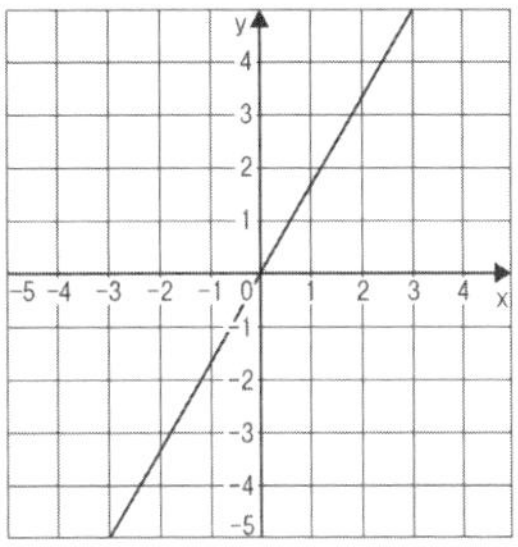

比例定数　$\frac{2}{3}$と　　$\frac{4}{3}$と　　$\frac{5}{3}$と

＜気づいた法則＞

課題３　気づいた法則が本当に正しいかどうか他の場合で確かめてみよう。

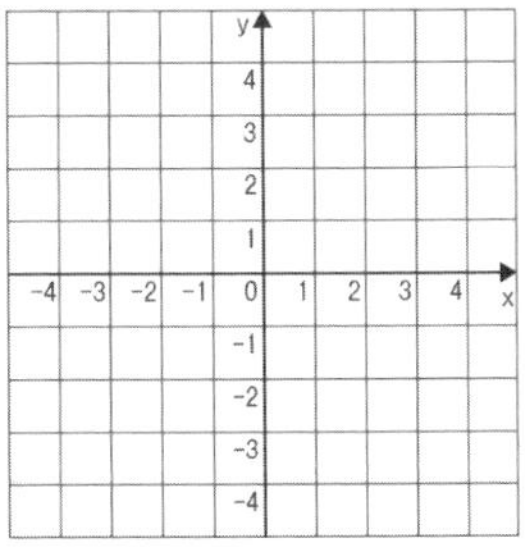

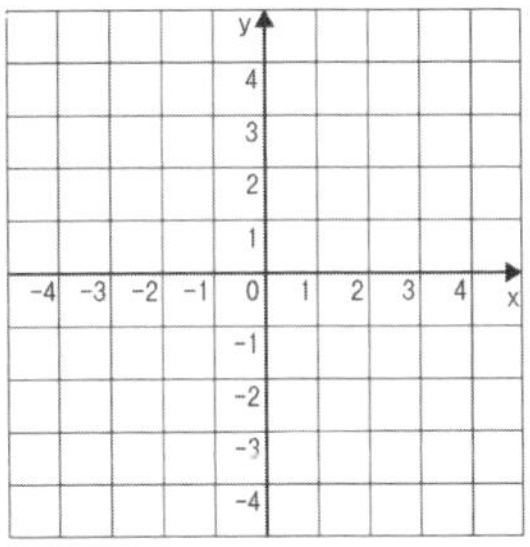

できた人は、上のグラフと45度に交わる比例のグラフをかき足し、比例定数を求めよう。

45度に交わるグラフの比例定数は、垂直に交わる２つのグラフの比例定数と、どんな関係があるかな？　どんな法則があるのかな？

10 図形の移動 × 広げる
正方形と円でできる面積は？

この授業プランでは、平行移動、回転移動、対称移動の3つの移動を学習します。これらの移動を使って、面積の公式を既習の図形に帰着して、面積を求めます。一見、面積を求めることが難しく感じる問題も、移動を使うと簡単な図形になることを実感します。

準備するもの 教師：ワークシート

授業展開例

SCENE 1

- 課題1 ①の問題に全員で取り組み、移動という考え方を復習、共有する。

→

SCENE 2

- 課題1の②～⑥に取り組み、わからない部分についてはどこをどう移動したのかなどをグループで説明し合う。
- できたところは課題2に取り組む。

→

SCENE 3

- グループで解決しなかった課題1があれば全体で取り上げる。
- 課題2を個人やグループから出し、時間いっぱい考える。

先生方へ

面積を求める問題において、それまで学習した面積の公式を用いることができる図形に帰着させて求めます。小学校では、いくつかの図形に分けたり、全体の面積から部分の面積を引いたりして求める方法を学んでいますが、「移動」を利用して、面積の公式を用いることができる図形に帰着させて、面積を求める方法を学ばせます。

感覚的に解く生徒がいると思われますが、図形をどのように分割して、どんな移動を用いて面積を求めることができるのか考えさせることが大切です。見通しを立てさせたり、言語化させたりすることで理解を深めさせましょう。特に、わからない級友に伝えるときには、どの線分を対称の軸として対称移動させるかなどを丁寧に説明させたいものです。

どのように移動をするのかを話し合っているうちに、「平行移動と対称移動を組み合わせると回転移動と同じようになる場合がある」などの移動に関する性質に、自然と気づく生徒も現れることでしょう。課題1で、一見、面積を求めることが難しそうな図形の面積を移動を使い求めさせることで、課題2に意欲的に取り組むことでしょう。

正方形と円でできる面積は？

クラス（　　　）番号（　　　）氏名（　　　　　　　　　　　　　　）

課題１　次の図の網掛け部分の面積を求めよう。

①

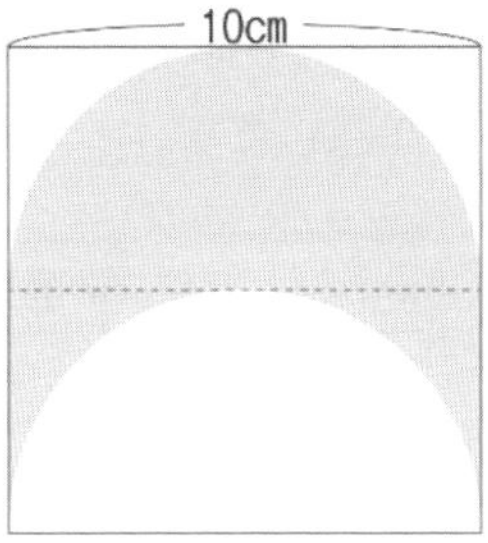
10cm

②

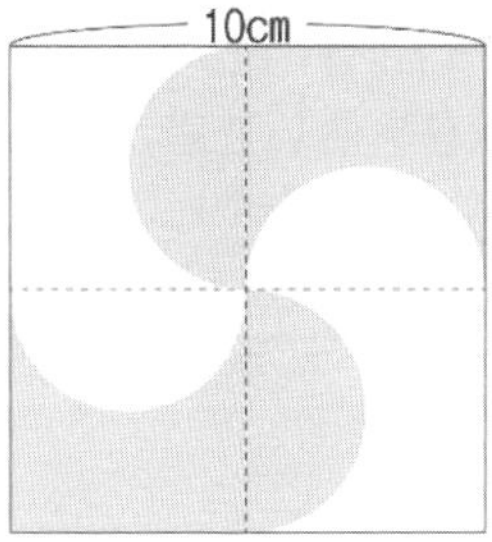
10cm

③

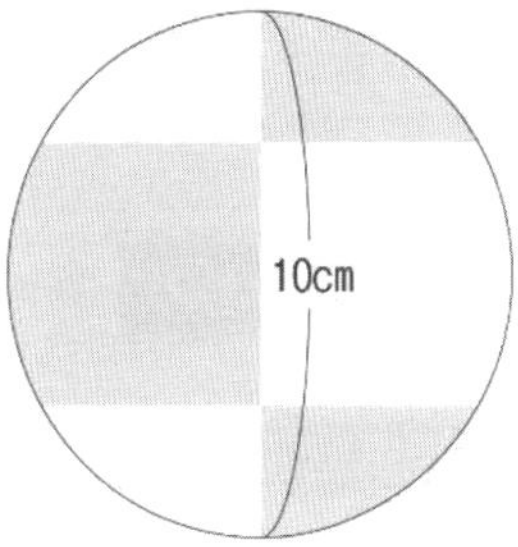
10cm

④

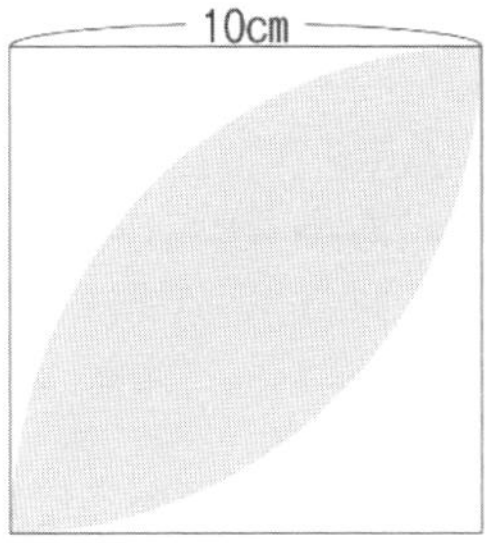
10cm

⑤

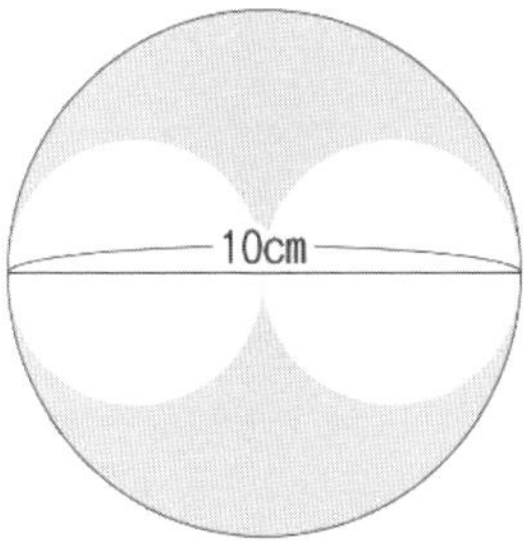
10cm

⑥

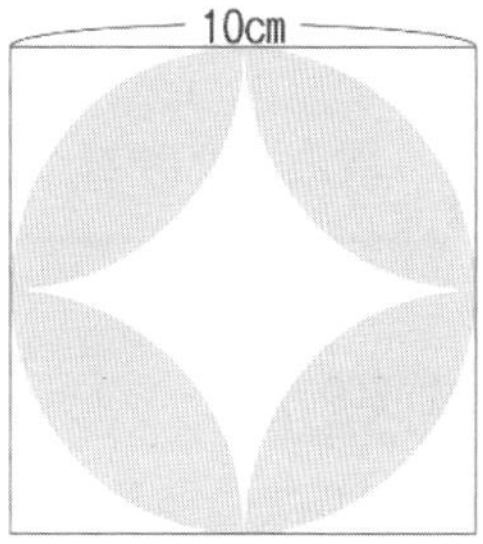
10cm

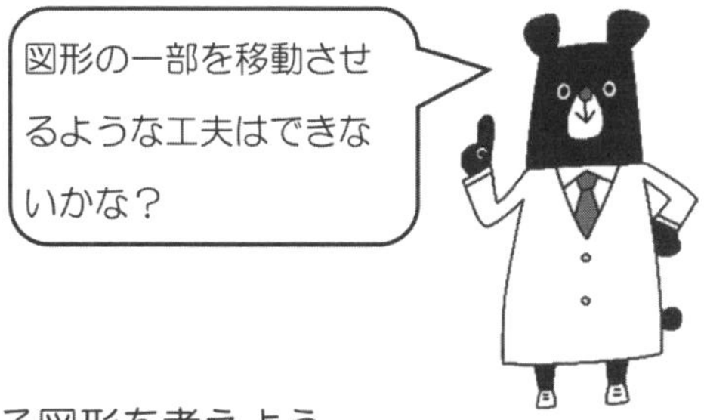
図形の一部を移動させるような工夫はできないかな？

課題２　課題１を参考にして、工夫して面積を求められる図形を考えよう。

《今日の授業の振り返り・感想》

11 円とおうぎ形 × 広げる
【こ】の謎をすべて解決しよう！

図の中にあるすべての線分と弧の長さを求めることを通して、おうぎ形の公式の定着を図ります。補助線を引き、正三角形や二等辺三角形から中心角を求めた生徒の発見を学級に広げながら、これまでに得た知識を駆使して考えることの楽しさを体感します。

準備するもの　教師：ワークシート、教師用コンパスまたはICT投影機器　生徒：色ペン（黒･青･赤）

授業展開例

SCENE 1		SCENE 2		SCENE 3
・おうぎ形の弧の長さと面積の公式を確認する。必要に応じて、1つのおうぎ形をとりあげる。	→	・個人解決とグループ活動は区別せず、自由に話し合う。	→	・弧の長さの比は中心角に関係があったことをまとめる。

先生方へ

学んだ知識を使って正確な長さや面積を求めることができた生徒には達成感があると思います。少しずつ難易度を上げながらその達成感を連続させることができるのがこの教材です。必要な知識は、「おうぎ形の弧の長さと面積の公式」と「一次方程式」のみです。どこから求めてもいい、でも後半になるとじわじわと難しくなっていく、この謎解きの奥深さを生徒に味わってほしいと思います。２つ求めたら銅メダル、４つで銀メダル、６つで金メダルという称号を加えることで、チャレンジ精神を刺激しています。

公式の定着が不安であれば、始めにおうぎ形ＯＤＦや４点Ｄ，Ａ，Ｇ，Ｆで囲まれた図形の面積を全体で求めてから弧の長さを追究させるのもよいでしょう。∠ＢＯＡの大きさや、補助線ＯＩ，ＩＡなどは早い段階で出ると思いますが、△ＯＦＨ、△ＡＯＨが二等辺三角形になることに気づくまでには時間がかかると思います。グループ活動の様子を見ながら、場合によっては生徒に前で説明させてもよいでしょう。

５つ目以降の弧の長さはこれに気づかないと求められないので、金メダルの称号を目指して試行錯誤する生徒を、ヒントを出しつつ上手に導いてください。最後の、弧の長さの比の問題では、それぞれの中心角の大きさを求めて大小関係を考えます（ＯＤの長さは三平方の定理を習うまで求められません）。時間いっぱいまで考え、計算する生徒や、面積も全部求められるのかなと発言する生徒の姿に期待したいものです。

【こ】の謎をすべて解決しよう！

クラス（　　　）番号（　　　）氏名（　　　　　　　　　　　　　　　）

・四角形ＯＡＢＣは一辺の長さが12㎝の正方形　　・点Ｆは直線ＡＨ上にある

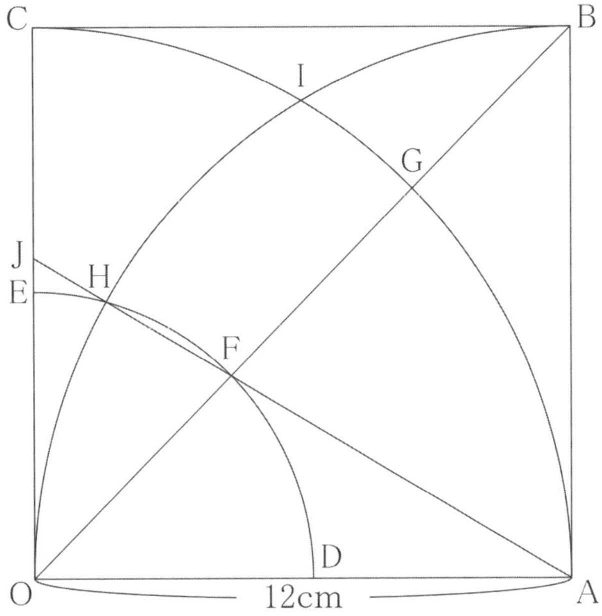

C
B
I
G
J
E
H
F
D
O
12cm
A

・弧ＡＣ、弧ＯＢは、点Ｏ、点Ａを中心とした半径１２㎝の円の一部。

・点Ａ、Ｆ、Ｈ、Ｊが一直線上に並ぶように作図。

△ＯＡＩは、どんな三角形になるかな？

① 弧の長さを求めよう。

$\overset{\frown}{\mathrm{AG}}=$ ＿＿＿＿＿＿ ㎝　　$\overset{\frown}{\mathrm{GI}}=$ ＿＿＿＿＿＿ ㎝

$\overset{\frown}{\mathrm{IC}}=$ ＿＿＿＿＿＿ ㎝　　$\overset{\frown}{\mathrm{BI}}=$ ＿＿＿＿＿＿ ㎝

$\overset{\frown}{\mathrm{IH}}=$ ＿＿＿＿＿＿ ㎝　　$\overset{\frown}{\mathrm{HO}}=$ ＿＿＿＿＿＿ ㎝

線分ＯＨをかくと二等辺三角形が２つできるね。
そこから中心角を求めてみよう！

２つで銅メダル　４つで銀メダル　６つで金メダル！

② 弧の長さの比を求めよう。

$\overset{\frown}{\mathrm{EH}}:\overset{\frown}{\mathrm{HF}}:\overset{\frown}{\mathrm{FD}}=$ ＿＿＿ : ＿＿＿ : ＿＿＿.

《今日の授業の振り返り・感想》

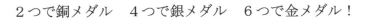

12 図形の移動 × 深める
「麻の葉」ジャングルで図形探し

日本の伝統的模様「麻の葉」を利用し、平行移動や対称移動した図形を見つけ、塗りつぶしていく活動です。早さを競ったり、生徒同士で図形の見つけ方を紹介し合ったりすることで、楽しみながら図形の移動や移動した図形同士の関係についての理解を深めます。

準備するもの 教師：ワークシート、図を大きく提示できるもの(ICT 等)

授業展開例

SCENE 1
- 元になる図形と平行移動／対称移動となる図形を１つか２つ、例で確認する。

→

SCENE 2
- 各自、元の図形と平行移動と対称移動となるものを見つけ、すべて塗りつぶしていく。
- 途中で情報交換する場を設ける。

→

SCENE 3
- 平行移動と対称移動した図形をすべて塗りつぶした状態を確認する。
- 気づいたことを全体で共有する。

先生方へ

平行移動と対称移動を、日本古来の「麻の葉」文様を使って、パズルのように楽しく、かつ深く学ぶことができる活動です。

元になる図形と平行移動・対称移動になる例を１つ２つ示したあとは、各自に任せて作業させます。一つ一つきれいに塗りつぶすことに時間をかけてしまう生徒もいると思いますので、最初に「一つ残らず見つけられるかな？」と投げかけておくとよいでしょう。

平行移動は文様が同じ方向に連続していくだけなので、多くの生徒が難なく完成させられると思いますが、対称移動は難しいことでしょう。そこで、「いくつ見つけられたかな？」といった声掛けを適宜行って刺激し、競い合う空気を生み出します。発見できる生徒が少ない場合は、途中で情報交換の時間を設けて、すべての生徒に発見する楽しさを実感させましょう。

対称移動の軸を平行移動していくことに気がつくと、連続的に多くの図形を発見できます。そうなれば、「ここにもあった！」「そうか、わかった！」といった発見できた生徒の歓喜の声が広がり、教室全体の空気をさらに高めていくことと思います。

最後に解答を提示し、気づいたことを全体の場で自由に発表させて授業を締めくくります。この際、ICT 等で図を大きく提示できるとよいでしょう。

「麻の葉」ジャングルで図形探し

クラス（　　　）番号（　　　）氏名（　　　　　　　　　　　　　　　）

下の図は、「麻の葉」と呼ばれている日本古来の文様です。

課題１　色を付けた図形を平行移動した図形をすべて見つけ、塗りつぶそう。

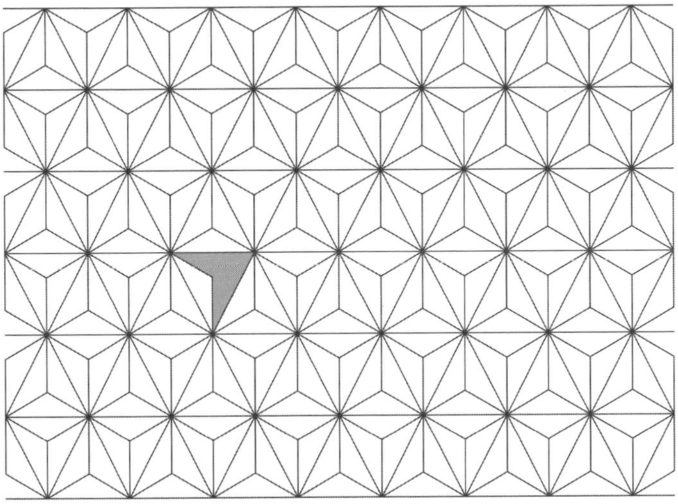

課題２　色を付けた図形を対称移動した図形をすべて見つけ、塗りつぶしてみよう。

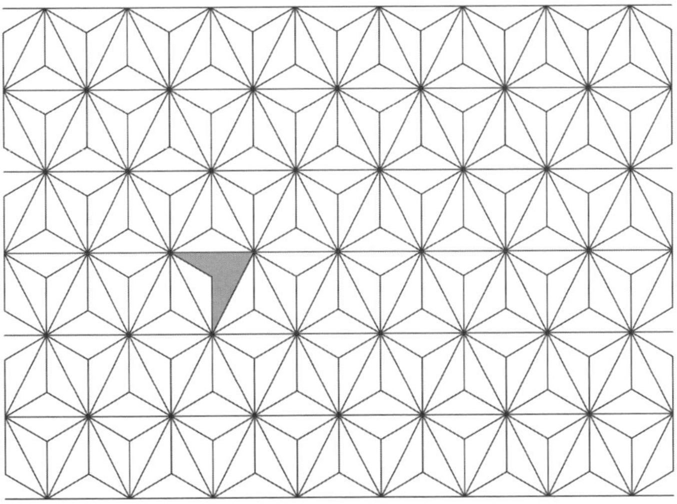

対称移動は、線対称になるように移動させることだね。
対称軸と移動した図形には、どんな関係があるかな？

《今日の授業の振り返り：新たな気づき・新たな疑問・感想など》

13 直線と図形×深める
点を結ぶと何種類できる？

縦と横、等間隔に置かれた点のうち２点を結んでできる線分の長さと、３点を結んでできる三角形の面積が何通りあるかを考える活動を通して、平行移動・対称移動・回転移動の知識を応用し、効率的に数え上げる力を身につけます。

準備するもの 教師：ワークシート、教師用定規またはICT投影機器

授業展開例

SCENE 1	SCENE 2	SCENE 3
・16個の縦・横に並んでいる点を結ぶことから数学が始まることを知る。	・始めは個人で活動する ・ある程度できてきたところでグループ活動を行い、気づいたことなどを話し合う。	・効率よく数えるための方法についてまとめる。

先生方へ

全員が一斉に始めることができ、順序よく数えても、なんとなくかいてもいくつかの答えが出るため、取りかかりやすく、生徒同士で意見交換しやすい問題です。同じ長さや同じ面積であることを、平行移動や対称移動、回転移動などを使って説明する生徒の姿に期待したいところです。

また、「底辺×高さ÷２」の公式でなく、長方形からいくつかの直角三角形を切り取って面積を求める三角形も存在するので、図形の求積学習を兼ねることができます。

線分上に他の点があってもよいのか？　という質問が出ることが予想されるので、始めに１㎝の長さの線分、３㎝の長さの線分、斜めに結んだ線分の３つを紹介するのもよいでしょう。

線分の長さは９通り、三角形の面積は0.5から4.5まで0.5刻みで９通りあります。面積が3.5になる三角形と、４になる三角形を見つけることが困難な生徒がいると思われるので、グループ学習や全体での共有を有効に使えるとよいでしょう。早くできた生徒には、「２番目に長い線分は何本あるでしょう？」「面積が４となる三角形は何個あるでしょう？」「面積が３となる三角形はすべて合同でしょうか？」と投げかけると、学びがより深まります。

●参考文献・先行実践

『基礎をきずく数学１』（浜島書店、2019年）

点を結ぶと何種類できる？

クラス（　　　）番号（　　　）氏名（　　　　　　　　　　　　　　）

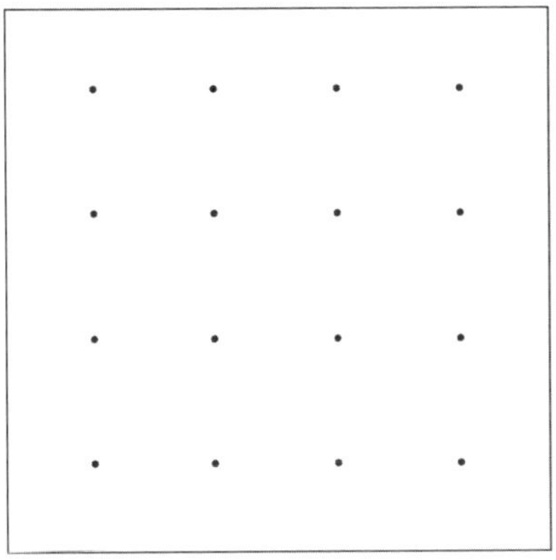

左の図のように、縦・横に16個の点が、１㎝の等間隔で並んでいます。

この中の２点をとって線分を作ったり、３点をとって三角形を作ったりします。

課題１　２点をとり、その２点を両端とする線分を作ります。

何通りの長さの線分ができるでしょうか。

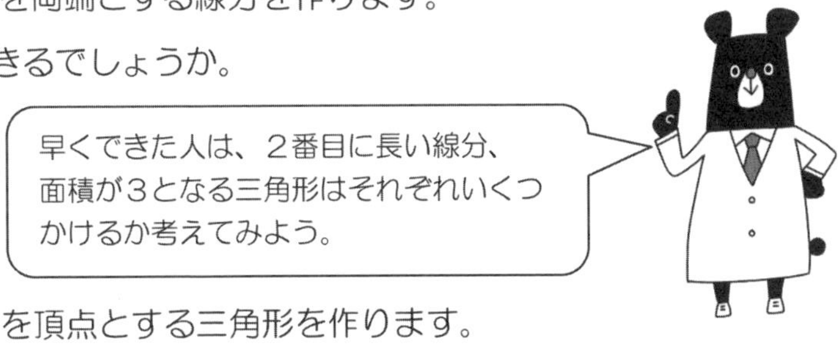
早くできた人は、２番目に長い線分、面積が３となる三角形はそれぞれいくつかけるか考えてみよう。

課題２　３点をとり、その３点を頂点とする三角形を作ります。

何通りの面積の三角形ができるでしょうか。

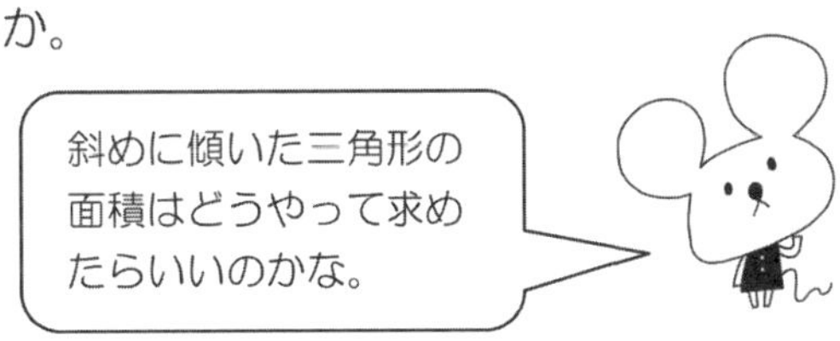
斜めに傾いた三角形の面積はどうやって求めたらいいのかな。

試し書き用

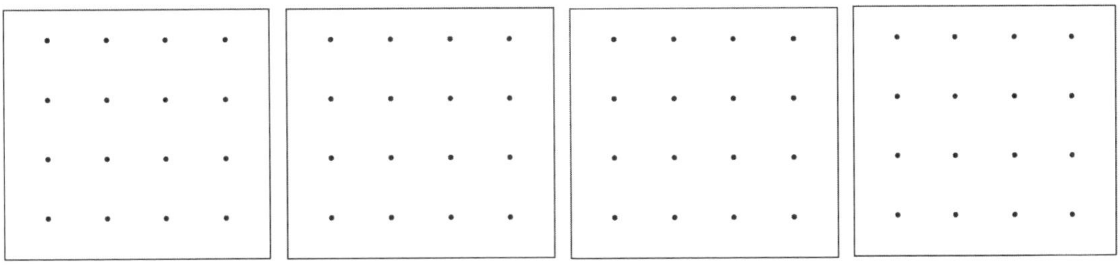

《授業の振り返り・感想》

立体の構成 × 広げる

14 多面体マスターになろう！

いろいろな立体を観察し、名称、面、辺、頂点の数を調べたり、それらを手際よく数えたりする方法を考えます。調べながら徐々に、面、頂点、辺の数の間に成り立つ関係性に気づくでしょう。オイラーの多面体定理にまで学びを広げることがねらいです。

準備するもの 教師:ワークシート、立体模型

授業展開例

SCENE 1

・立体模型を見ながら、これまで学習してきた立体を振り返る。面、辺、頂点という観点に注目してきたことを確認する。

→

SCENE 2

・個人で、これまで学習してきた多面体の名称と面の数、辺の数、頂点の数を調べることを通して、空間図形への理解を深める。

→

SCENE 3

・表を完成させ、面、辺、頂点の数に注目して話し合う。
・オイラーの多面体定理に気づき、その美しさを味わう。

先生方へ

正多面体を観察し、名称、面、辺、頂点の数を調べたり、それらを手際よく数える方法を考えたりすることを通して、空間図形のまとめとします。

まずはこれまで学習した立体を振り返ります。特に、正多面体が 5 種類あるということは実際の模型を見せたり、触れさせたりすることでしっかり確認させるとよいでしょう。

時間がある場合は、展開図を準備し、それを組み立てて立体を作成させる活動を取り入れると、展開図での辺や頂点と組み立てたときの辺や頂点との対応関係の理解を深めることができ、さらに生徒は興味をもつことでしょう。

発展的には、正多面体が 5 種類しかないことを導くこともできます。生徒の実態によっては「1 つの頂点のまわりに、正三角形が 6 つ集まる正多面体はないか？」などとゆさぶり、興味のある生徒には調べさせてみるとよいでしょう。

一見、数えることが難しそうな正十二面体や正二十面体の辺や頂点の数は、立式させることに重点をおくと、比較的簡単に求められることに気づきます。

最後には共通する性質を考えさせ、オイラーの多面体定理「(頂点の数) − (辺の数) + (面の数) = 2」を紹介します。

多面体マスターになろう！

クラス（　　　）番号（　　　）氏名（　　　　　　　　　　　　）

課題１　次の見取り図の多面体の名称と面、辺、頂点の数を調べて、表を完成させよう。

見取り図	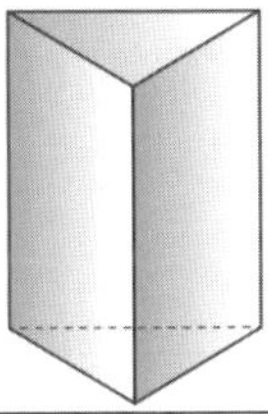	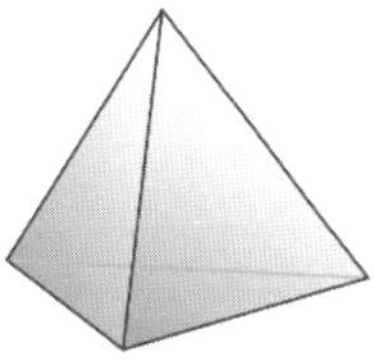	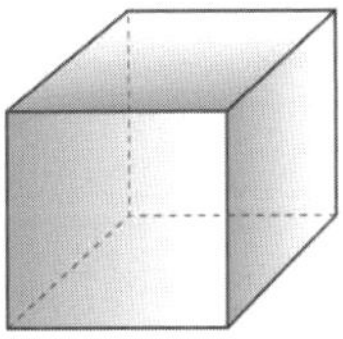	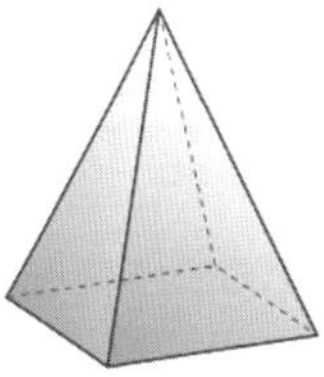
名称				
面の数				
辺の数				
頂点の数				
見取り図	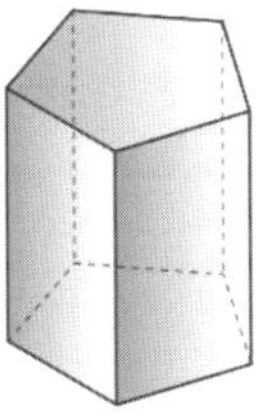	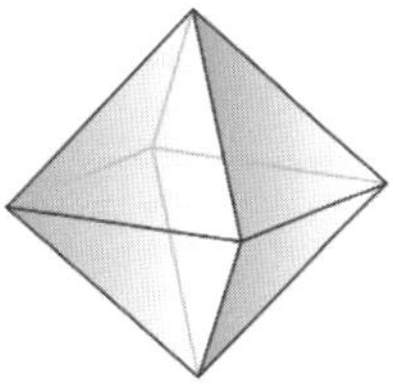	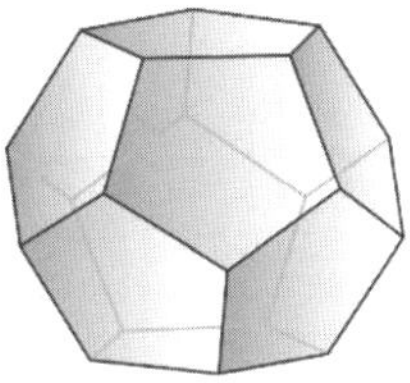	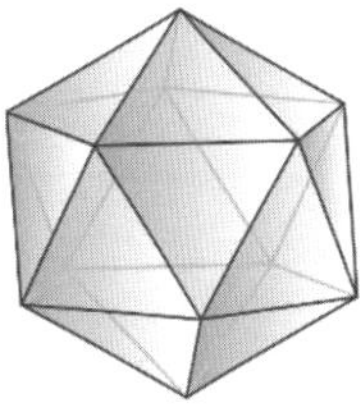
名称				
面の数				
辺の数				
頂点の数				

課題２　面、辺、頂点の数について、どんなことが言えるでしょうか。

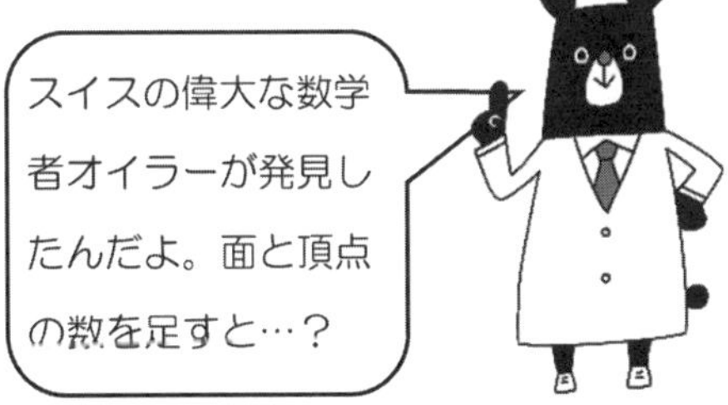
スイスの偉大な数学
者オイラーが発見し
たんだよ。面と頂点
の数を足すと…？

《今日の授業の振り返り・感想》

15 立体の構成 × 深める
位置関係を完成させよう

空間内の直線と直線、平面と平面、直線と平面の位置関係を完成させたり、条件に当てはまる直線や平面を探したりする活動です。この活動を通して、空間認知能力の向上と知識の定着を図ります。

準備するもの 教師：ワークシート、教師用定規または ICT 投影機器

授業展開例

SCENE 1		SCENE 2		SCENE 3
・2直線の位置関係、2平面の位置関係、直線と平面の位置関係を復習する。	≫	・学級の実態に応じて、個人で考えたあと、グループで考えてもよい。あるいは区別をせず、自由に話し合う。	≫	・間違えたり時間がかかったりした原因を振り返る。

先生方へ

空間図形を苦手とする生徒は少なくありません。しかし、【課題１】は、「交わる」「平行である」「ねじれの位置にある」「直線は平面上にある」に「垂直に交わる」を加えた５つの選択肢の中から選ぶだけなので、誰でも気軽に、またはグループで相談しながら進めていくことができます。後半は各直線と平面を一度ずつしか使わずに完成させるために試行錯誤する姿が期待できます。

はじめに、上記の４つの位置関係を復習し、プリントの表の中でそれぞれを「交」「平」「ね」「上」と一文字で表すことと、この授業に限り、垂直に交わる位置関係であるときには、「交」でなく「垂」と表すことをおさえます。数学が得意な生徒にはスピードを競わせてもよいでしょう。先着数名のみ教師が添削したり、グループで一致させてから代表のプリントを添削したりするのも一つの展開です。平面ＢＦＧＣと平面ＡＥＦＢが垂直に交わることや、直線ＣＧと直線ＢＦが交わることに気づかない生徒がいます。状況を見て、生徒か教師によって説明をして気づかせましょう。

【課題２】は、複数存在する候補の中から条件に合うものを絞っていく活動で、生徒の思考の深まりが期待できます。グループ活動の様子を見ながら、場合によっては生徒に前で説明させます。

位置関係を完成させよう

クラス（　　　　）番号（　　　　）氏名（　　　　　　　　　）

右の図のような、底面ＢＦＧＣが台形の四角柱ＡＥＨＤ－ＢＦＧＣがあります。この四角柱にある直線と平面の位置関係を調べます。

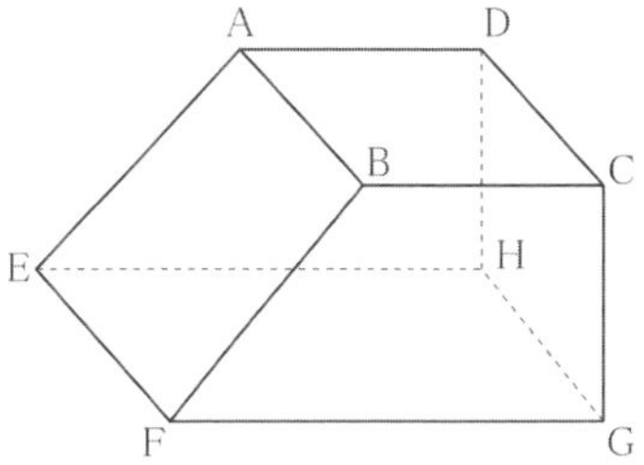

下の表は、隣り合う直線と直線、平面と平面、直線と平面の位置関係を一文字で表したものです。

交 …交わる　　平 …平行である　　ね …ねじれの位置にある

垂 …垂直に交わる　　上 …直線は平面上にある

【課題１】位置関係を書き込もう。

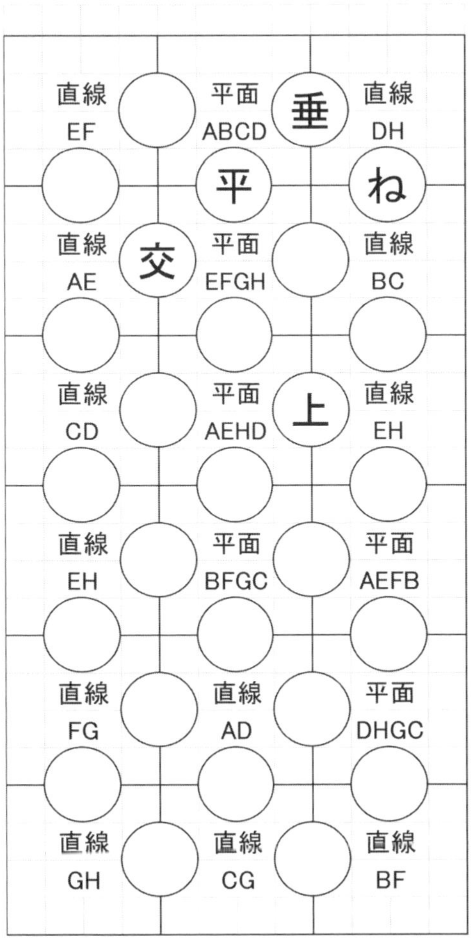

【課題２】あてはまる直線や平面を答えよう。

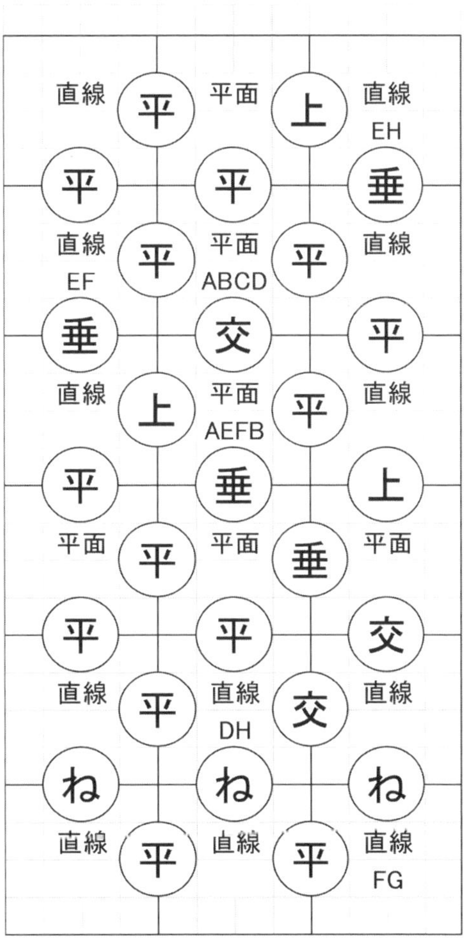

16 データの活用 × 広げる
あなたはどちらの乾電池を選ぶ？

『実践としての統計学』で紹介されている「バッテリーの問題」を題材に、代表値とヒストグラムを用いて、どちらの会社の乾電池がよいか批判的に考察する活動です。目的に応じて統計的な根拠に基づき、意思決定する力を身につけることがねらいです。

準備するもの　教師：ワークシート、乾電池を使う場面の写真

授業展開例

SCENE 1	SCENE 2	SCENE 3
・2社の乾電池の耐久時間のデータを提示する。	・代表値を求めたり、階級の幅を変えながらヒストグラムを作成する。 ・どちらの乾電池がよいか決める。	・代表値とヒストグラムを関連づけて考察する。 ・目的に応じて、乾電池に関わる意思決定も変わる。

先生方へ

提示されたデータの代表値とヒストグラムは下記のようになります。

A 社の耐久時間(時間)：階級の幅 10

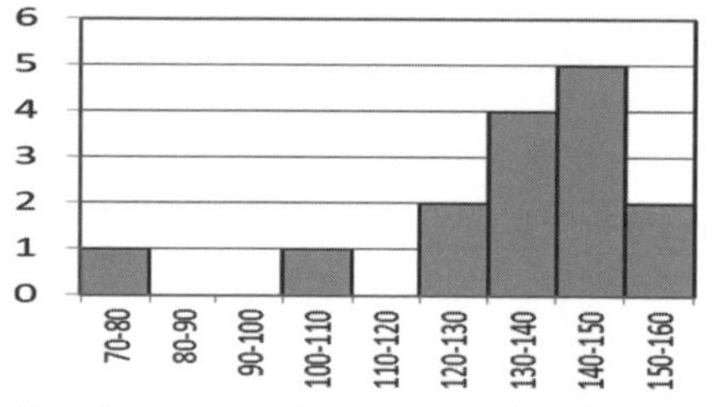

平均値：131.4、中央値 134、最頻値：133

B 社の耐久時間(時間)：階級の幅 10

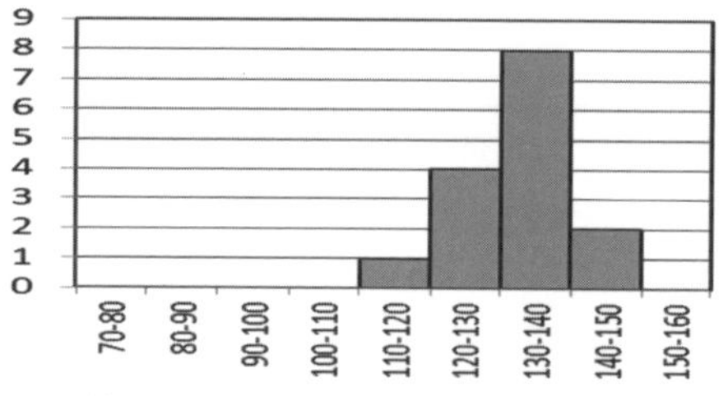

平均値：131.2、中央値 136、最頻値：136

平均値はA社、中央値・最頻値はB社がよく、代表値だけから判断できません。そこで、階級の幅を変えて色々なヒストグラムを作成し、データの分布を比べると、A社は散らばりが大きく、B社は安定していることに気づきます。どちらの乾電池がよいか生徒に判断させる際には、お互いの根拠を明確にして説明させることが大切です。まとめの場面では、耐久時間の短い乾電池もあるが長い乾電池もあるため「自宅で使うならA社」、安定して替える時期がわかるため「イベントで使うならB社」等、乾電池の特徴を踏まえ、目的に応じて意思決定する重要性についても触れるとよいでしょう。

●参考文献・先行実践
佐伯胖・松原望編『実践としての統計学』（東京大学出版会、2000年）
柗元新一郎編著『中学校数学科統計指導を極める』（明治図書、2013年）

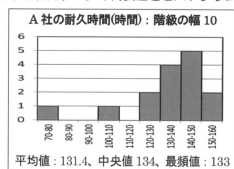

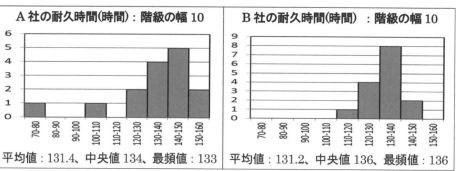

あなたはどちらの乾電池を選ぶ？

クラス（　　　　）　番号（　　　　）氏名（　　　　　　　　　　）

A社とB社の15本の乾電池を用意し、耐久時間のテストを行ったところ、右のようなデータが得られました。あなたなら、どちらの会社の乾電池を選びますか？　代表値やヒストグラムを用いて、選んだ会社とその理由について話し合いましょう。

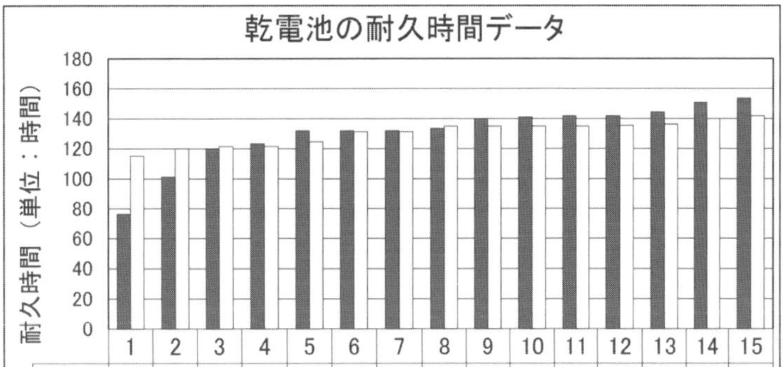

乾電池の耐久時間データ
耐久時間（単位：時間）
180
160
140
120
100
80
60
40
20
0

	1	2	3	4	5	6	7	8	9	10	11	12	13	14	15
■A社	77	102	120	124	133	133	133	134	140	141	142	142	145	151	154
□B社	116	120	122	122	125	132	132	136	136	136	136	136	137	140	142

【A社の耐久時間】

平均値：______、中央値：______、最頻値：______

【B社の耐久時間】

平均値：______、中央値：______、最頻値：______

代表値だけ比べると、どちらの乾電池がよいかな？

<A社の特徴>

<B社の特徴>

わが班は______社の乾電池をおススメします！　理由は…

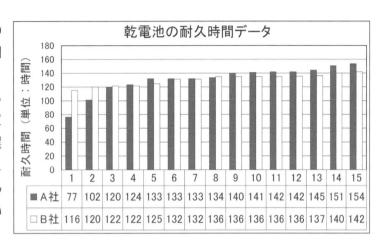

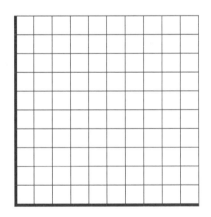

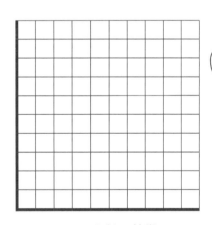

コラム②

数学教師こそ数学を楽しもう

❖数学を楽しんでいますか？

数学教師ですので、毎日数学に接していますが、皆さん、数学を楽しんでいますか？数学に関わりのある本を読んでいますか？

生徒たちに数学の楽しさを伝える私たちですから、まず私たち自身が数学を楽しみましょう。

数学を楽しむ方法はいろいろあります。

この本『中学数学ラクイチ授業プラン』にある問題を解くのも楽しいことです。そこから、自分ならと考えたり、発展・統合をしたりすることで新たな発見を手に入れることも可能です。それはとても楽しいことですよね。そして、誰かとこの楽しさを共有したくなる。あなたの生徒は、あなたが経験した数学の楽しさを共有すると、数学をとても楽しいものだと感じ、考えるようになるでしょう。

そして、数学に関わりのある本を読むのも数学を楽しむ一つの方法です。

❖数学に関わりにある本

ここ数年で、書店に数学に関わりのある本が多く並ぶようになりました。以前は、数学の専門書の棚に行かないと数学に関わる本はありませんでした。最近では、一般の文庫本の中にもタイトルに「数学」が付いている本を見つけることができます。

・「青の数学」シリーズ
（王城夕紀著　新潮文庫）
・「お任せ！数学屋さん」シリーズ
（向井湘吾著　ポプラ文庫）
・「浜村渚の計算ノート」シリーズ
（青柳碧人著　講談社文庫）

等は、文庫本のコーナーで見つけることができる小説本です。「青の数学」は本の雑誌増刊「おすすめ文庫王国2017」オリジナル文庫大賞にて第1位になっています。「数学」がタイトルにある本が広く読まれることは数学に関わるものとして嬉しいことですね。

・『数学する身体』
（森田真生著　新潮文庫）

は小説ではありませんが、小林秀雄賞を受賞しています。

書棚を数学の方に移動すると、数学と小説を結び付けた先駆ともいうべき

・「数学ガール」シリーズ
（結城浩著　SB クリエイティブ）

があります。大学で代数を専門にしていた友人から「家で『数学ガール　ガロア理論』を夢中で読んでいて、家のことを手伝わなかったため奥さんに叱られた」という話を聞いたことがあります。

・「面白くて眠れなくなる数学」シリーズ
（桜井進著　PHP 研究所）

は、数学に関わりのある本を世に広く広めた本と言えるでしょう。

これらの本の他にも、「数学とは何か」「社会に役に立つ数学」「数学の歴史」等々、数学に関わりのあるいろいろな分野の興味深い本がたくさん並んでいます。

その本を手に取り、数学を楽しみましょう。

数学を楽しんだら、それを生徒たちに伝えましょう。

先生方の数学を楽しんでいる姿に接した生徒は、きっと数学が好きになることでしょう。

（鈴木明裕）

2章

2年生

17 式と計算 × 深める
計算まちがい探し

数学を苦手とする生徒の多くは計算の方法でつまずき、初歩的なまちがいから数学に苦手意識をもっています。この学習プランは、「まちがい探し」を通して基本的な計算方法を確認し、自分の弱点を発見・克服することがねらいです。

準備するもの 教師:ワークシート

授業展開例

SCENE 1

・本時は計算のまちがいを見つけ、正しい計算に直す時間であることを理解する。
・プリントの(1)に挑戦する。まちがいを見つけ、学級で考えを交流し合う。

→

SCENE 2

・(2)～(10)のそれぞれの計算に各自挑戦する。
①まちがいを見つける。
②正しく計算する。
③根拠をはっきりさせる。
・グループで交流する。

→

SCENE 3

・計算のきまりの新しい発見やわかったこと、まちがえやすい計算などについて交流する。

先生方へ

「まちがい探し」の学習は、基礎的な計算方法・法則を生徒に習得させるだけでなく、生徒が自分の弱点を発見したり、教師が生徒のつまずきを把握したりすることが可能となります。数学を苦手とする生徒の多くは、計算の方法でつまずいている場合が多く、初歩的なまちがいから、苦手意識をもっていることが考えられます。この「まちがい探し」のワークシートで、基本的な計算方法を確認することにより、生徒が苦手意識を克服できます。また、計算が得意な生徒には、「どうしてそのように計算できるの?」と問い返すことで、計算方法の意味を深めることも可能です。

授業では最初に、「計算間違えをしているところに線をひき、空いているスペースに正しい式を書いてごらん」と投げかけて取り組ませてください。このとき、既習の計算方法・法則を一覧表にして掲示するとヒントになります。また、まちがいを見つけられた生徒には、自作の問題づくりをさせると、一層発展的な学習ができます。

次に、グループまたは全体で、正しい計算方法を確認してください。正しく計算できた生徒やグループを大いに価値づけ、できて当たり前ではなく、「結構難しいけど、よく覚えていたね」というスタンスで生徒と向き合うと、楽しく復習や確認ができます。

最後は、いよいよ法則の確認です。グループまたは全体で、「なぜそのように計算できるの?」と、まちがい直しからその計算法則の確かめへと学習内容を深めていきます。例えば、(1)の計算方法は、分配法則を根拠としてそのまちがいを説明できます。その他にも、加法・乗法の交換(結合)法則や計算順序など、学習した知識を確認し、計算方法の習得(確認)を図ってください。

●参考文献・先行実践
『算数・数学100の基本用語の解説と指導』(大日本図書、2015)

計算まちがい探し

クラス（　　　）番号（　　　）氏名（　　　　　　　　　　　　）

まちがって計算しているところに線をひいて、正しい計算式やアドバイスを示しましょう。

（1）$3x+8x$ $=11x^2$	（2）$4a-b-2a+7b$ $=4a-2a-b+7b$ $=2a+6b$ $=8ab$
（3）$(3x+2y)-(2x-5y)$ $=3x+2y-2x-5y$ $=3x-2x+2y-5y$ $=x-3y$	（4）$6y\times 2y$ $=(6\times 2)y$ $=12y$
（5）$3x\div\frac{3}{2}x$ $=\frac{3x}{1}\times\frac{2x}{3}$ $=2x^2$	（6）$4ab\div b\times 4a$ $=4ab\div 4ab$ $=1$
（7）※×と÷をつけた式にしましょう。 $\frac{x}{yz}$ $=x\div yz$ $=x\div y\times z$	（8）$4x^2\div(-2x)^2$ $=4x^2\div(-4x^2)$ $=-1$
（9）$4x^2\div(-2x)^2$ $=4x^2\div(-2x)\times(-2x)$ $=-2x\times(-2x)$ $=4x^2$	（10）$(10x-6y)\div 2$ $=\frac{10x-6y}{2}$ $=5x-5y$

《今日の授業の振り返り・感想》

18 式と計算 × 広げる
ビリヤードの球の面積を文字式で表すと？

円の面積を比較する課題を通して、文字を用いた式を活用することで、数量の関係を簡潔・明瞭に表したり、能率的に処理したりすることができることをねらいとしています。「式と計算」の単元の終末に、文字を使って説明したり、課題を解決したりすることのよさを実感できるようにします。

準備するもの　教師：ワークシート

授業展開例

SCENE 1

・課題1を提示し、AとBのどちらの面積が大きいかを予想し、学級全体で確認する。
・その後個人追究する。

SCENE 2

・課題1について円の半径を文字で表し、A，Bそれぞれの面積が等しくなることを確かめる。
・課題2についても面積を求め、面積が等しくなることをグループで確かめる。

SCENE 3

・文字を使った式で表すことによって，課題を解決することができるというよさを振り返りにまとめる。

先生方へ

課題1は、正方形の中に一辺の長さと等しい直径の円の面積と、その円の直径の長さの半分の円を同じ正方形の中に4つ並べたときの円の面積の和では、どちらが大きいかを判断します。まず、直観でどちらが大きいか、または等しいかを予想し番号を選択させます。大小を判断するためには「Aの円の半径を文字で置いて、AとBのそれぞれの円の面積を、文字を使って表す」ことに気づかせ、ワークシートに文字を使った式を書くようにします。困っている生徒には、「円の面積を求めるためにはどんな長さが必要ですか？」と問い、半径の長さが必要であることを気づかせ、文字を用いて表すように促します。Aの円の半径をrとすると、A、Bの面積はどちらもπr^2になるので「面積は等しい」と判断し説明することができます。

課題2は、課題1を発展させて、日常生活の場面とつなげて考えることができる教材を提示します。ビリヤードに使われている16個のボールが正方形の箱の中に入っている場面から、課題1の正方形の中に円が含まれている図形を再び想起させます。太郎さんの考えが正しいかどうかを判断するために、課題1と同様に、円の半径を文字を使って表して面積を求めて考えます。ビリヤードの球を真上から見たときに「円」であると捉え、ビリヤード1個の「円」の直径が、もとの正方形の中にある1つ円の直径の1／4であると考え、課題1と同様に、文字を使って計算し確かめればよいことに気づかせます。これらの課題を通して、文字を使って考えたり、説明したりすることのよさを実感できるようにします。

ビリヤードの球の面積を文字式で表すと？

クラス（　　　）番号（　　　）氏名（　　　　　　　　　　　　）

課題１　右の図のAの円の直径は、正方形の一辺の長さと等しいです。一方、Bの円の直径は、Aの円の直径の１／２の長さであり、その円をAと同じ大きさの正方形の中に４つ並べたものです。Aの円の面積とBの４つの円の面積の和は、どちらが大きいでしょうか？

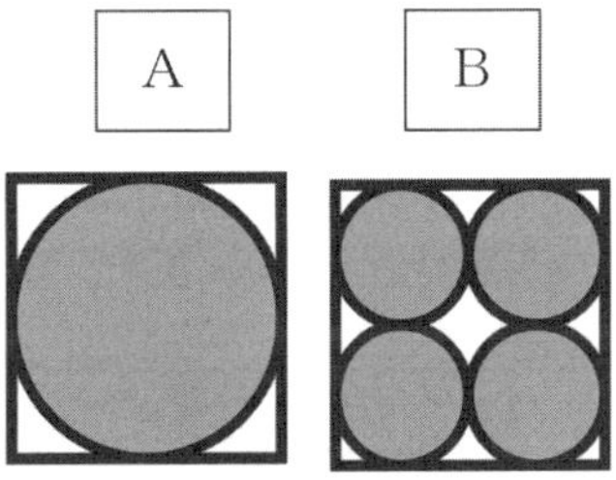
A
B

【予想】　①A＞B　②A＝B　③A＜B

番号

【Aの円の面積】	【Bの４つの円の面積の和】

Aの円の半径を文字で表して、AとBの面積をそれぞれ求めるとよいね。

【結論】

課題２　太郎さんは、ビリヤードに使われている 16 個のボールが正方形の箱に入っているのを見て、真上から見たときの 16 個の円の面積の和は、もしかして、同じ大きさの正方形の中にある円の面積と等しいのではないかと考えました。太郎さんの考えは正しいのか正しくないのか確かめましょう。

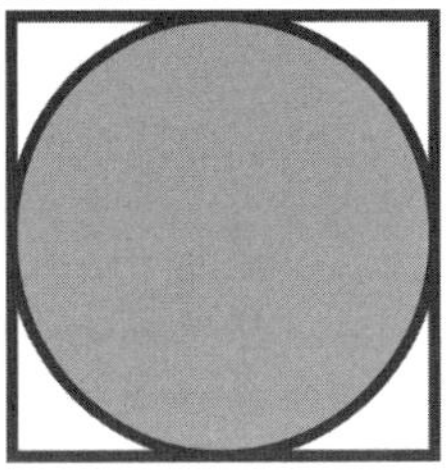

【自分の考え】　正しい　・　正しくない

《今日の授業の振り返り・感想》

19

（連立方程式）×（出会う）

中国の算術に挑戦だ！

中国で書かれた算術書にチャレンジしながら、１年生の「一次方程式」と２年生の「連立方程式」の学習をつなげます。さらに「連立方程式」を生活に密着した場面で、改めて活用し直すことで、連立方程式の有用性をさらに実感することを目指します。

準備するもの　教師：ワークシート

授業展開例

SCENE 1

・方程式の歴史について学び、課題１の問題を読み解く。
・本時の課題を、一次方程式の考え方で解くことができることを確認する。

SCENE 2

・課題１・２に取り組む。
・グループ活動を位置づけキャラクターのコメントをヒントにしながら、問題に取り組ませる。

SCENE 3

・考えを交流し、一次方程式で学習で大切にしてきたことや解き方を改めて確認する。
・連立方程式の学習への見通しをもつ。

先生方へ

本プランで取り扱っている『孫子算経』は、中国の「南北朝時代」に書かれた算術書であり、唐の時代に編修された上巻・中巻・下巻の３部構成の書物です。

一枚のプリントを通して、「他の国の数学史」について学ぶことはもちろん、一次方程式の復習と連立方程式との出会いにつなげ、さらには連立方程式を用いる有用性を実感できる学習プランです。

右のワークシートは、２回活用するイメージで作成しています。生徒は１年次に、一元一次方程式についての文字や解の意味を理解し、その解き方を考察することや具体的な場面で活用することについてすでに学習しています。連立方程式の導入時に、まず一次方程式の考えで解かせます。さらに、単元の終末時に連立方程式の考えを用いて解決させることで、連立方程式の有用性を実感させたいです。

具体的には、１回目は一次方程式についての復習を兼ねて行います。この際、「わかっている数量と求めたい数量は何ですか？」「何を x にするとよいですか？」「等しい数量関係を見つけて方程式を作ろう」など、一次方程式の学習で大切にしてきたことや解き方を改めて確認する声かけを行います。解決できた生徒には、江戸時代の頃に親しまれた「鶴亀算」の問題を、新たに提示してみるのもよいと思います。

２回目は、単元の終末時に、同じ問題を「連立方程式の利用問題」として再度出題します。一次方程式で解決していた問題も、改めて連立方程式を活用させることで、「身の回りの事象も連立方程式で簡単に解決することができる」という有用性を実感させることができます。

●**参考文献・先行実践**
李淳風　等注『孫子算経』（沢村写本堂、1934年）

中国の算術に挑戦だ！

クラス（　　　）番号（　　　）氏名（　　　　　　　　　　　　　　　）

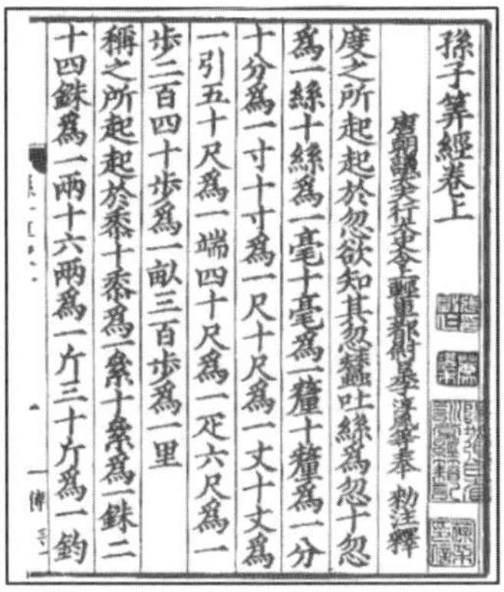
孫子算經巻上

度之所起起於忽欲知其忽蠶吐絲爲忽十忽
爲一絲十絲爲一毫十毫爲一釐十釐爲一分
十分爲一寸十寸爲一尺十尺爲一丈十丈爲
一引五十尺爲一端四十尺爲一疋六尺爲一
步二百四十步爲一畝三百步爲一里
稱之所起起於黍十黍爲一絫十絫爲一銖二
十四銖爲一兩十六兩爲一斤三十斤爲一鈞

みなさんは、一次方程式や連立方程式の歴史を知っていますか？　現存している最古のものとしては、「九章算術《きゅうしょうさんじゅつ》」という算術書が中国にあるそうです。

そんな中国の算術書に、これから学習する連立方程式にまつわる面白い問題を見つけました。その問題は、「孫子算経《そんしさんけい》」という算術書に記載されている問題です。「孫子算経《そんしさんけい》」とは、中国が南北朝時代に書かれた算術書であり、唐の時代に編修された算経十書の一つ。上巻・中巻・下巻の３部構成の書物になっており、日本の鶴亀算のもととなった問題が掲載されています。方程式を利用して解決してみよう！

課題１　中国の算術書「孫子算経《そんしさんけい》」に挑戦してみよう！

今有雉兎同籠
上有三十五頭
下有九十四足
問雉兎各幾可

左の問題を読み解き、答えを求めなさい。

【漢字の読み方ヒント】

雉（キジ）　兎（ウサギ）　籠（カゴ）

☆分かっている数量は、何ですか？

☆何をxとしますか？

【式】

頭35で…キジの足は２本だから…

一次方程式を用いて解くことができるね。
キジの数をx羽にすると…

みなさんどうでしたか？　昔の人も、日常の具体的な場面から問題を作成し、数学の学習に取り組んでいたことがよくわかりますね。では、もう一問！上の問題が解決できたあなたならきっと解決できるはず！

課題２　Aさんは，１本30円と１本50円の鉛筆を合わせて30本買って、1260円払ったそうです。30円と50円の鉛筆を、それぞれ何本買ったのでしょう。

【式】

答＿＿＿＿＿＿＿＿＿＿＿＿＿＿＿＿＿＿

どの問題も、一次方程式で解決できる問題ですが、これから学習する連立方程式を使うともっと簡単に解決できるようになります。これからの学習が楽しみですね。

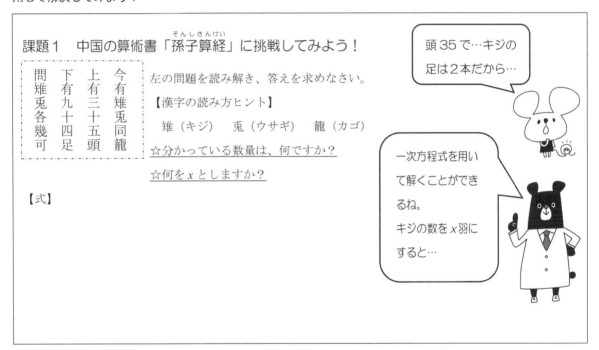

20 連立方程式 × 広げる
太郎さんは正直者？

レシートの「虫食い問題」に取り組む活動を通して、文字にする数量によって、見出す連立方程式が異なることに気づかせます。既習内容と結びつけて解決できるものを自ら選択していく必要があるという、文字を用いる重要性を実感することをねらいます。

準備するもの	教師：ワークシート

授業展開例

SCENE 1

・問題を元に表の空欄を埋める。
・実態に応じて、問題場面から必要な情報を抜き出し、未知数は何か確認する。
・どの数量を文字にするか各自が自己決定する。

→

SCENE 2

・個人追究をする。
・グループで考え方を交流する。
・例えば、同じ数量を文字にした生徒でグループを組み、交流しながらグループで結論を導き出すようにする。

→

SCENE 3

・グループ間の解き方を比較し、文字にする数量を決める際に大切なことを話し合い、まとめる。
・解けないグループがあることを想定し、模範解答も用意しておく。

先生方へ

一般的に連立方程式の問題は「求める数量」を文字にすることで解決することが多いです。一方、本プランでは「太郎さんの言っていることは正しいのか」という検証を行う設定となっているため、何を文字にするべきか、自らの意志で決定する必要があります。また、文字にするべき数量を明確にするために、レシートから与えられている情報を読み取って表に整理する力や、「ミカン２個でリンゴ１個分の値段」という一文をもとに、比から立式する力も問われます。こういった複雑な読解は「文章読解力の育成」という今日の教育課題への対策にもなり得ます。そして、何より「太郎さんは嘘をついているのか」という謎解きが学習意欲を刺激します。

立式される連立方程式は、文字にする数量によって「分母が文字である方程式」や「二次方程式」になることがあります。前者は、例えば、比例式から比の性質を導く式操作を想起することで解決可能です。一方、後者は既習内容では解決することができません。そこで、「他の数量を文字にしてみてはどうだろう？」と声をかけ、既習の方程式ができる選択肢もあることに気づけるように支援します。

以上のように、複雑な文章読解や発展的な内容を含む教材であるため、個人で解決することは想定していません。グループや学級といったチームで協同解決していくことを前提とし、焦点化された議論が行われるような授業形態を工夫してみてください。

●参考文献・先行実践
小川達也、益子典文「中学校数学科における探究型交流活動を促進する教材開発とその評価」（岐阜大学カリキュラム開発研究、vol.35）

太郎さんは正直者？

クラス（　　　）番号（　　　）氏名（　　　　　　　　　　　　）

令和2年6月22
リンゴ
ミカン
= 300（円）
バナナ
×5＝ 600（円）
総商品数　15
総　額　1300 （円）
SALE
本日のみ！
な, なんと！！
ミカン2個で
リンゴ1個分
のお値段！

＜問題＞

太郎さんはスーパーでリンゴとミカンとバナナを買ってきました。
左の図はその際のレシートです。
母はこのレシートを見て「何かおかしいな」と思い、
「いくらのリンゴをいくつ買ってきたの？」
と、太郎さんに尋ねました。
すると、太郎さんは、
「200円のリンゴを2個買ってきたよ。」
と答えました。
太郎さんが言っていることは正しいのでしょうか。
それとも、本当は値段か個数にウソがあるのでしょうか。

課題　次の表を使って連立方程式を作り、問題を解決してみましょう。

	リンゴ	ミカン	バナナ	合　計
単価（円）				
個　数				
代金（円）				

（解決できた人は、文字にする数量を変えても解決できるか挑戦してみましょう！）

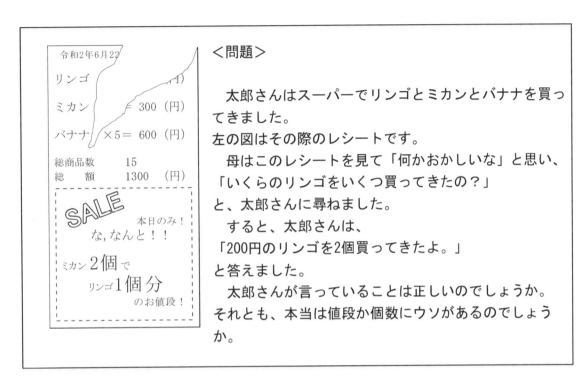

21 連立方程式 × 広げる

運動でカロリーを消費して、健康な身体をつくろう！

運動と消費カロリーの関係の資料を用いて、連立方程式を具体的な場面で活用できるようにする学習です。多くの情報の中から必要な情報を選択・判断し、数量を求める力や数量の関係を捉える力を身につけることをねらいとします。

準備するもの 教師：ワークシート、ICT 機器（インターネットが見られるもの）

授業展開例

SCENE 1

・教師の説明を聞く。
・運動と消費カロリーの関係が多くのメディアで取り上げられていることを知り、学習への興味をもつ。

→

SCENE 2

・ワークシートの課題1、課題2に取り組む。
・必要な情報を選択・判断して数量を求める問題、連立方程式を活用して解決する力を身につけられるようにする。

→

SCENE 3

・ワークシートの課題3に取り組み、全体交流を行う。
・全体で、問題づくりを通して感じた、方程式をつくる際に必要な視点を明らかにする。

先生方へ

健康維持や筋力アップやダイエットなど、運動と消費カロリーの関係が多くのメディアで取り上げられています。導入では、インターネットなどを使って身近な問題であることを確認することで、課題解決への意欲を引き出します。

課題1では、多くの情報の中から必要な情報を選択・判断して数量を求めます。課題1を確認したあと、運動時間は変えずに更に消費カロリーを増やしたいと考えた太郎さんの意識に共感させながら課題2につなげます。困っている生徒には、「求めたい数量は何かな？」「等しい関係にある数量は何かな？」と問うことで、未知数が2つあることや、連立方程式を活用して数量を求めることに気づかせたりします。

課題2を確認したあと、課題3では、自分の生活をイメージしながら、表にある多くの情報や自分で調べた情報を用いて、連立方程式の問題を作成します。問題作りに困っている生徒には、「課題2を参考に、2つの運動時間を求める連立方程式の問題を作成しよう」と声をかけて促します。作成が終わった生徒には、発展的な問題として、「消費カロリーと運動時間を求める連立方程式の問題は作れないかな？」と声をかけます。例えば、水泳の消費カロリーがボーリングの消費カロリーの3倍であることに着目して、ボーリングの消費カロリーと運動時間を未知数とする連立方程式の問題が考えられます。この場合、それぞれの方程式が2次式になっても、加減法により一元一次方程式に帰着できる問題を作成することもできます。

そういった問題づくりの中で、「未知数を何にするか」、「どんな条件を加えないと問題が成立しないか」等の思考ができるようになると考えられます。

展開の終末では、問題の作成を通して感じたことを話し合う場面を設定することで、変数の数と方程式の数が一致していることが方程式の解が一通りに定まるために必要であることなど、方程式を作る際に必要な視点を明らかにすることができます。

●参考文献・先行実践
株式会社 TANITA　活動量計カロリズム　消費カロリー早見表（TANITA、2011年）

運動でカロリーを消費して、健康な身体をつくろう！

クラス（　　　）　番号（　　　）　氏名（　　　　　　　　　　）

中学２年生の太郎さんは、最近の運動不足が気になりだしました。そこで、インターネットで 30 分間の運動と消費カロリーとの関係を調べたところ、次のようなデータを見つけました。

カッコの中には、自分で調べた情報を入れてみよう。

各運動を 30 分間行った際に消費するカロリーの一覧					
ウォーキング	ジョギング	ランニング	ボーリング	水泳	（　　　）
80 kcal	200 kcal	250 kcal	？ kcal	ボーリングの3倍の消費カロリー	（　　）kcal
読書	電話	立ち話	宿題	入浴	（　　　）
35 kcal	40 kcal	50 kcal	50 kcal	60 kcal	（　　）kcal
掃除	皿洗い	草取り	睡眠	釣り	（　　　）
65 kcal	60 kcal	120 kcal	50 kcal	105 kcal	（　　）kcal

太郎さんは、消費カロリーは運動時間に比例するものとみなして消費カロリーを計算し、計画的に運動をしていこうと考えました。

課題１　活動初日、ウォーキングを 45 分とジョギングを 15 分間行いました。このとき、消費したカロリーは何 kcal でしょうか。

kcal

課題２　活動２日目、もっと消費カロリーを増やしたいと思った太郎さんは、ウォーキングとジョギングを合計１時間行い、320kcal を消費しようと目標を立てました。このとき、ウォーキングとジョギングはそれぞれ何分間行えばよいでしょうか。

ウォーキング　　　分、　ジョギング　　　分

課題３　上にあるデータや自分で調べたデータを使って、連立方程式の問題を作ってみましょう。

《今日の授業の振り返り・感想》

22 関数×出会う
グラフは何でも知っている ～グラフに聞いてみよう～

関数の学習では、表、グラフ、式と表現の仕方は違っていても同じ関数を捉えているということを実感させることが必要です。このプランでは、生徒が主体的に、それらを使い分けたり、関連づけたりしていこうとする意欲をもつことがねらいです。

準備するもの 教師：ワークシート、定規、問題提示するグラフ（書込み可能なもの）

授業展開例

SCENE 1
・提示されたグラフから、進行の様子などを個人で読み取る。
・教師は、読み取った根拠を明確にするよう助言する。

→

SCENE 2
・個人で読み取ったことを交流し、明らかになっていない点（課題２）について、考察する。
・生徒の実態に応じてグループ活動を仕組むとよい。

→

SCENE 3
・個人で、表、グラフ、式のよさをまとめる。
・まとめを全体で確認し、１次関数の学習の見通しをもたせる。

先生方へ

中学校数学の指導では、領域ごとに学習の流れは共通しています。特に関数の領域はそのことが顕著に表れており、既習の内容を活用して主体的に学習できる領域です。

新たな関数と出会ったとき、その学習の土台となるのが、表、グラフ、式を関連づけて考察するということです。そのため「表のこの部分に表れている特徴は、グラフではどこに表れているのだろうか」「式のこの値は、グラフ上ではどんな意味をもっているのか」等の視点をもって考察できるような指導が必要です。その指導を元に、具体的な問題にあたったときに、形式的な解決方法だけではなく問題に応じて「表の特徴から解決できる」「グラフがあれば解決できる」というような活用能力を育みたいと思います。

本プランは、課題１で「グラフから５つ以上の情報を読み取ろう」という目標をもたせ、読み取った根拠を交流することで比例の復習を行います。また、提示されたグラフに比例とは異なるが直線になるグラフを提示することで、１次関数と出会わせます。

課題２では、C君とA君のグラフの交点を読み取ることができません。そこで「どうすれば解決できそう？」と投げかけて学習意欲を喚起します。困っている生徒には「グラフの交点前後の表を作ってみよう」と助言し、表から解決に向かわせます。更に学習を進めることができる生徒には、「式を用いて解決できないか？」と投げかけると学習が深まります。そして、全体交流でそれらの考え方を扱うことで、グラフを表や式と関連付けることのそのよさを実感させることができます。

授業の終末では、１次関数の学習に対する見通しをもつことができるようにするとともに、１次関数の特徴を自ら考察していこうという意欲につなげます。

グラフは何でも知っている　～グラフに聞いてみよう～

クラス（　　　）　番号（　　　）氏名（　　　　　　　　　　　）

A君、B君、C君の3人が公園から1600m離れた池まで釣りに向かった。A君、B君は徒歩で、C君は自転車でそれぞれ一定の速さで池まで進むものとする。下のグラフは、A君、B君が同時に公園を出発してからx分後の公園からの道のりをymとして、進行の様子を途中まで表したものである。

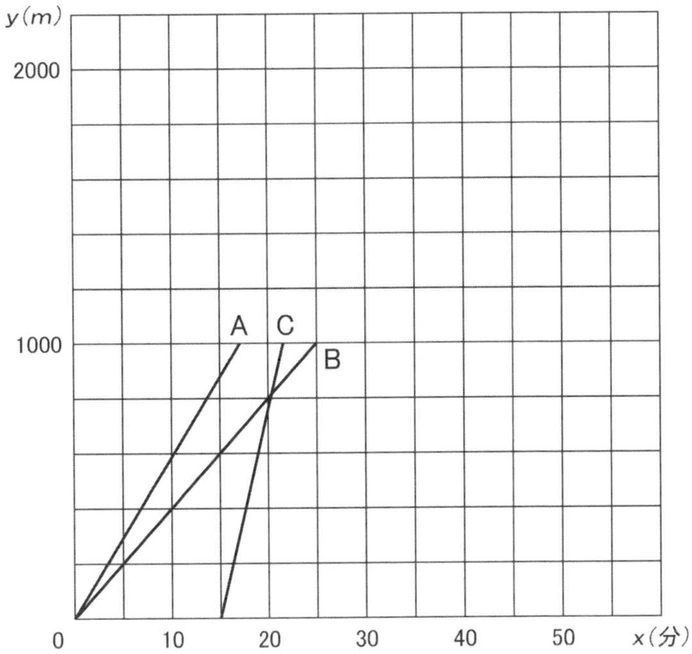

y(m)
2000
1000
A
C
B
0
10
20
30
40
50
x(分)

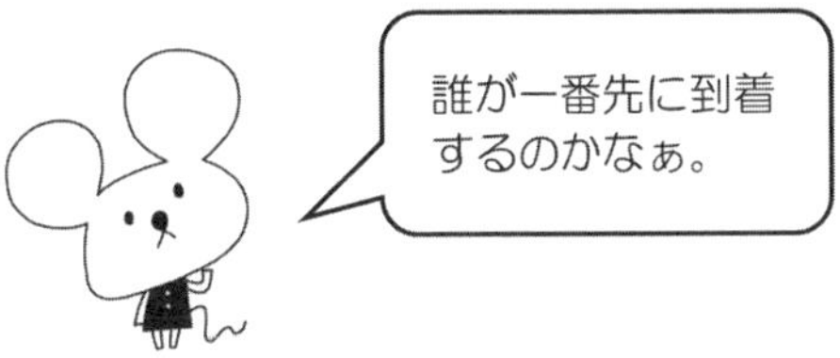

誰が一番先に到着するのかなぁ。

追い越されている人もいるね。

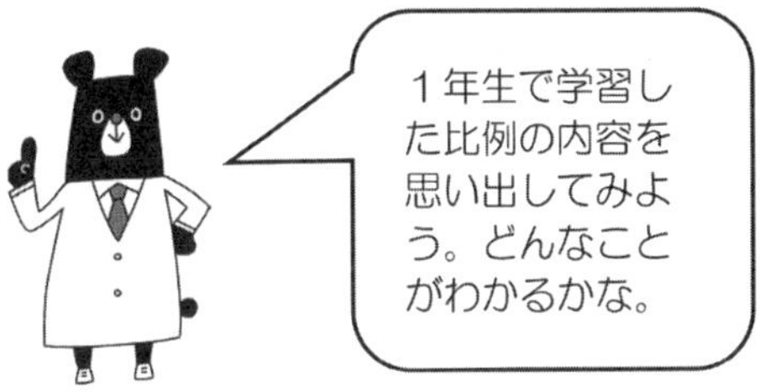

1年生で学習した比例の内容を思い出してみよう。どんなことがわかるかな。

課題1　グラフからどのようなことが読み取れるだろう。5つ以上見つけてみよう。

課題2　A君、B君が公園を出発してから何分後に、公園から何mの地点でC君に追い抜かれるのかを求めてみよう。

■新しい単元の学習でどんなことを学びたいか、交流してみよう。

23 一次関数×深める
解けない連立方程式？

2種類の「解けない連立方程式」の考察を通して、連立方程式には①解が1つに決まる場合、②存在しない場合、③1つに決まらない場合があることをグラフで可視化し、連立方程式の解についての理解を深めることがねらいです。

準備するもの 教師：ワークシート、グラフ黒板

授業展開例

SCENE 1
・課題1を解き、結果について仲間と交流する。

SCENE 2
・2つのグラフを座標平面上にかいて考察する。
・課題2についても同様に取り組む。

SCENE 3
・2直線の位置関係で解の存在を整理する。

先生方へ

まず、導入で課題1に取り組ませ、生徒の反応を丁寧に拾います。解く過程で x も y も消去され、残った式が右辺≠左辺になるため、「計算を間違えた？」「問題がおかしい？」といった反応が予想されます。「2つの等式を成り立たせる (x, y) を解という」という定義に気がつけば、「解はない」と言う生徒も出てくるはずです。

その後、「なぜそうなるのか、2つの2元一次方程式をグラフにかいて確かめてみよう」と働きかけます。そうすると、式変形の過程で「傾きが同じだから、2つのグラフは平行になる」、「平行な2直線は、どこまで行っても交わらない」といった既習内容が「解が存在しない」理由として語られると思われます。

次に、同じ方法で課題2を考察します。③と④が同じ式だと気づく生徒が多いと思いますが、これを1つのグラフとみるのではなく、2つのグラフがぴったりと重なる場合とみることが大切です。これにより、「その直線上の (x, y) ならすべて2つの等式が成り立つ」と考えられ、「解が1つに決まらない」から解けなかったのだと理解できるはずです。

最後は、2直線の3つの位置関係をもとに、連立二元一次方程式は①解が1つに決まる場合②解が存在しない場合③解が無数にある（1つに決まらない）場合があるとまとめられます。時間が余れば、自分で問題を作らせると理解がさらに深まると思います。

このように、方程式の一般式の a, b, c, d といった係数に任意の数を入れて問題作りをさせると、既成の問題を解いているだけでは気づくことができない発見ができます。二次方程式の解の平方根の中が負の数になる場合についても、$y = ax^2 + bx + c$ のグラフと $y = 0$ のグラフをかけば、交点がないことから「解が存在しない」ことに納得がいきます。

先行き不透明な未来を生きるため、このような「解けない問題」が存在することを理解することも、数学の大切な学習だと思います。

解けない連立方程式？

クラス（　　　）番号（　　　）氏名（　　　　　　　　　　　　）

課題１　次の連立方程式を解きなさい。

$$\begin{cases} 2x+6=3y & \cdots ① \\ 4x-6y=6 & \cdots ② \end{cases}$$

２つの２元１次方程式を両方ともに成り立たせる $(x、y)$ のことを、連立方程式の解と言うね。

連立方程式の解 $(x、y)$ は、２つの２元１次方程式のグラフの交点になるね。

＜確かめ＞

２つの式のグラフを右の座標平面にかいて、確かめてみよう。

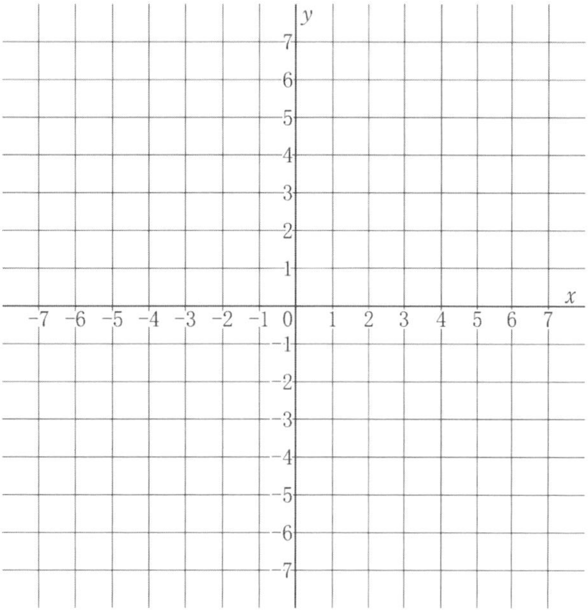

課題２　次の連立方程式を解きなさい。

$$\begin{cases} 3x-2=-y & \cdots ③ \\ 1.2x+0.4y=0.8 & \cdots ④ \end{cases}$$

＜確かめ＞

２つの式のグラフを右の座標平面にかいて、確かめてみよう。

平面上の２つの直線は、交わる、平行、一致するかのどれかになるんだよね。

《今日の授業の振り返り・感想》

24 一次関数×広げる

私に合うお得な料金プランは？

お得な携帯電話の料金プランを考えることを通して、事象の中に潜む規則性に気づき、そのしくみを一次関数によって解明できることを実感させることがねらいです。時間によって料金が入れ替わることを見つけ出すことで、数学的な見方・考え方を伸ばせます。

準備するもの 教師：ワークシート

授業展開例

SCENE 1

・課題1について、3社の100分間の料金を求める。その後ペアに求め方を説明する。
・求められていない生徒には、一緒に表を作って料金を求める。

SCENE 2

・課題2について3社のグラフをかいて、自由に話し合う。
・グラフがかけてない場合は、通信時間ごとにいくらか考えながらプロットする。

SCENE 3

・課題3で、自分の実生活に合う料金プランを選ぶ。なければ自作プランを作る。
・携帯をもってない生徒もいるので、将来もつとして考えるよう促す。

先生方へ

課題1では時間を x 分、料金を y 円として3社の料金を表、式、グラフを用いながらお得な料金プランを考えます。100分間までの特定の条件の場合は、式を用いれば求められます。USA 社は1000＋3×100＝1300円、Hardbank 社は5×100＝500円、Child 社は2800円だから、Hardbank 社がお得と言えます。式がわからなくて困っている生徒には、表を作り、料金を一つひとつ求めることで、料金の変化の様子からどこの会社がお得かを考えるよう促します。

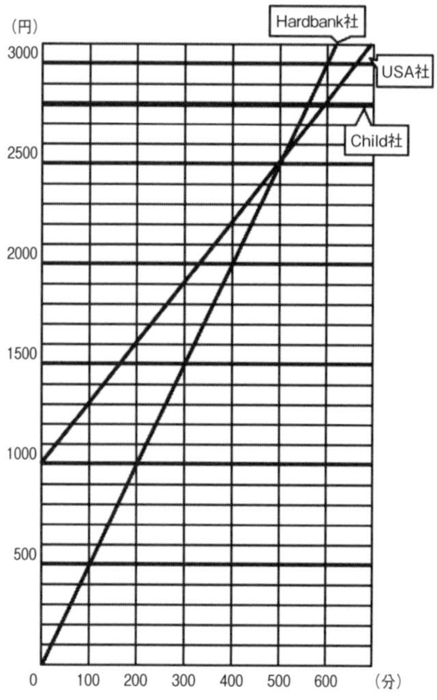

課題2では、3社のグラフをかかせることで、式では見えなかった料金全体の変化をつかむことができます。グラフから、花子さんは500分未満であると言えます。

課題3では、3社の料金プランと生徒自身の生活とつなげることで、より数学的な見方・考え方を伸ばすことができます。発展として、生徒自身が新しい料金プランを考えたり、3社と自分のプランを比較させたりするなど、工夫した授業ができます。

私に合うお得な料金プランは？

クラス（　　　）番号（　　　）氏名（　　　　　　　　　　）

課題１　太郎さんと花子さんはスマホ（Wi-Fi は使えない）を買うことになりました。太郎さんは、１カ月に 100 分の通信をします。どの会社を利用するのがお得ですか？　また、なぜそのプランが太郎さんにお得なのかを、店員になったつもりで伝えよう。

USA 社	Hardbank 社	Child 社
基本料金（１か月）1000 円	基本料金（１か月）0 円	基本料金（１か月）0 円
１分間の通信料 3 円	１分間の通信料 5 円	通信料 定額 2800 円 使い放題

課題２　花子さんは自分にとっては Hardbank 社が最も得だと話しています。花子さんの１カ月の通信時間はどのようになっていると考えられますか？

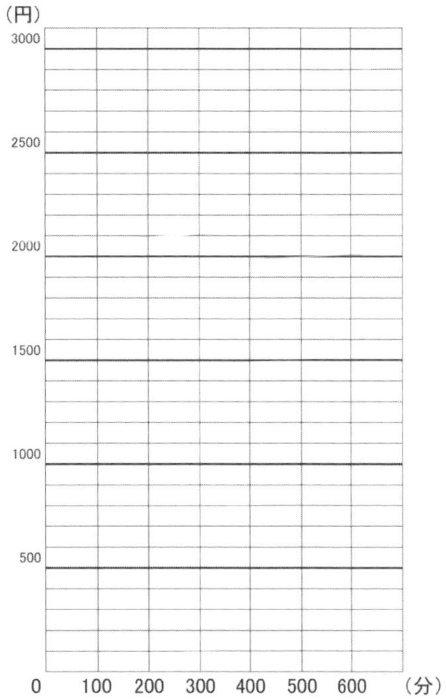

課題３　自分ならどの料金プランを選びますか？理由も答えてください。もし、選べる料金プランがない場合は、自分で新たなプランをつくってみよう！

《今日の授業の振り返り・感想》

25 一次関数 × 深める
格子点《ドット》を結んでできる図形の面積を求めよう！

ピックの定理（G. Pick、オーストラリア、1899年）を発見する活動です。格子点の数と面積の関係を帰納的に調べること通して定理を発見し、一次関数の理解を一層深めることをねらいとします。

準備するもの 教師：ワークシート

授業展開例

SCENE 1

・各自でワークシートの課題１に取り組む。
・形が変わっても、辺上の点の数が等しければ面積は等しいことを確認する。

≫

SCENE 2

・各自でワークシートの課題２に取り組む。
・全体で内部の点の数が１増えると、面積も１増えることを確認する。

≫

SCENE 3

・各自で任意の図形を描き、グループ内で交換して面積を求める。
・どんな図形でも定理が成り立つことを確かめる。

先生方へ

中学校数学では、事象から規則性や性質を見いだすときには、多数の事象をもとに帰納的な推論により考察することがあります。本時では、生徒に帰納的な考え方のよさを味わわせながら、面積をS、図形の辺上にある格子点の数をa、図形の内部にある格子点の数をbとしたとき、$S=0.5a+b-1$を求める活動です。

課題１では、内部の点の数が０であるいくつかの図形について、各自が既習の求積公式や等積変形を利用して面積を求め、表にまとめます。表から気づいたことを全員で交流することを通して、「形が変わっても、辺上の点の数が等しければ、面積は等しいこと」を共有します。ここでは、「点の数と面積に関係がありそうだ」という発見を大切にします。さらに、変化の割合が一定であることから、一次関数$S=0.5a-1$を導きます。

課題２では、辺上の点の数を固定し、内部の点の数が変化したときの面積を各自が表にまとめます。全員での交流を通して「辺上の点の数がいくつの場合でも、内部の点の数が１増えると、面積も１増えること」「内部の点の数が０の時の面積に、内部の点の数を加えれば面積が求められること」を共有し、$S=(0.5a-1)+b$を導きます。

本時の出口では、各自で格子点を結んだ任意の図形を描き、グループ内で交換しながら求積公式を使って求めた面積と、格子点の数を使って求めた面積が一致することを確かめます。これまでの公式を用いた求積方法だけでなく、格子点の数で面積が求められるという新たな発見をさせ、関数領域と図形領域の関係について興味・関心を喚起します。

格子点《ドット》を結んでできる図形の面積を求めよう！

クラス（　　　）　番号（　　　）　氏名（　　　　　　　　　　　　　　）

課題１　右の（１）～（10）の多角形について、辺上の点の数と面積を表にまとめましょう。

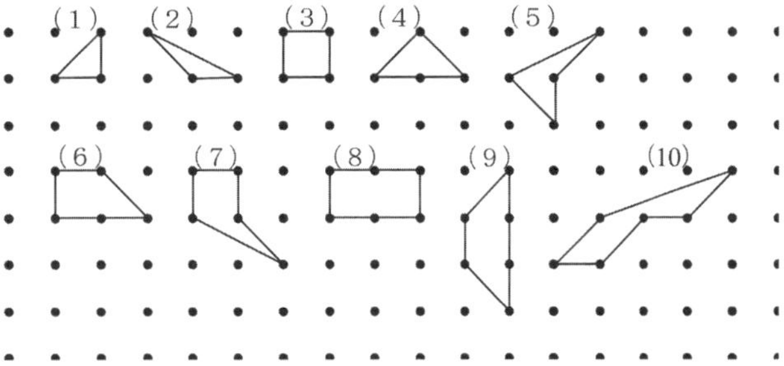

番　号	(1)	(2)	(3)	(4)	(5)	(6)	(7)	(8)	(9)	(10)
辺上の点の数(a)										
面　積(S)										

＜辺上の点の数(a)と面積(S)には、どんな関係がありますか。Ｓをａを使った式で表しましょう＞

課題２　右の図で、辺上の点の数(a)が３のとき、内部の点の数(b)を１つずつ増やすと、面積(S)はどのように変わっていきますか。表にまとめましょう。また、辺上の点の数(a)が４のときはどうでしょうか。表にまとめましょう。

＜辺上の点の個数が３のとき(a=3)＞

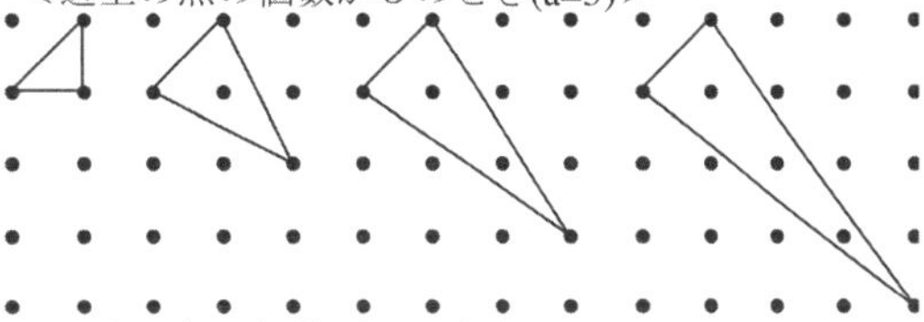

＜辺上の点の個数が４のとき(a=4)＞

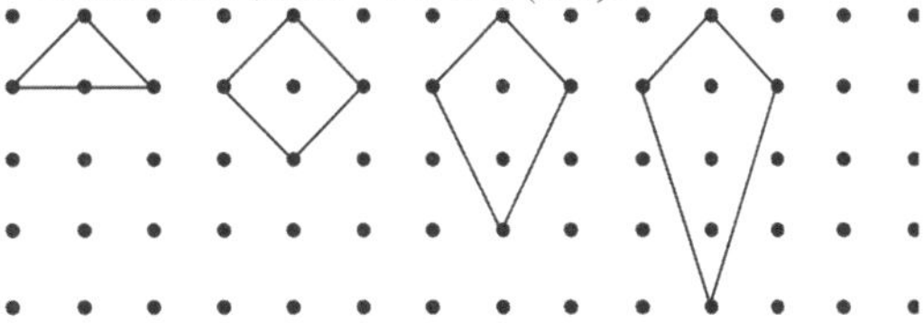

辺上の点の数(a)	3				4			
内部の点の数(b)	0	1	2	3	0	1	2	3
面積(S)								

＜辺上の点の数(a)と内部の点の数(b)と面積(S)には、どんな関係がありますか。Ｓをａ、ｂを使った式で表しましょう＞

《今日の授業の振り返り・感想》

26 一次関数 × 広げる
令和版「超速！桃太郎」の大冒険

日常生活には多くの関数が存在しています。本プランは、桃太郎の鬼退治というストーリーを楽しみながら、グラフをかいたり読んだりする活動を通して、グラフを活用する力を身につけるとともに、そのよさに気づかせることをねらいとしています。

準備するもの 教師：ワークシート、ダイヤグラムの資料　生徒：定規

授業展開例

SCENE 1

・課題 1 に取り組む。
・桃太郎の鬼退治の 1 日の行動ををグラフと行程から読み解く。

≫

SCENE 2

・課題 2 に取り組む。
・キジの行動を、条件を考えながらグラフに表したり、意味を読み取ったりする。
・グラフに書き込みながら、グループで交流し合う。

≫

SCENE 3

・課題 3 に取り組む。
・作った問題をグループで互いに解き合いながらグラフを活用するよさを味わう。
・列車の運行にかかるダイヤグラムを紹介する。

先生方へ

本時は、一次関数の応用として、桃太郎の鬼退治という場面設定で、グラフを読んだりかいたりしながら、ダイヤグラムにつながる基本的な原理を理解する時間として位置づけました。この学習は関数のみならず、1 次方程式や連立方程式の解を求める内容にもつながるとともに、グラフのよさを味わわせる活動でもあり、関数についてより深く味わうことができる活動です。

課題 1 では、令和版「桃太郎」の行程をグラフから読み取ったりかいたりする活動を通して、グラフの読み取り方を振り返ります。関数の苦手な生徒には、縦軸・横軸・傾きの意味に目を向けさせるようにするとよいでしょう。

課題 2 では、キジの動きをグラフから読み取り、暗算程度で解が見つかるグラフの便利さに気づかせていきます。定規をあて、条件に合う関数のグラフをかく活動は、ダイヤグラム作成の作業そのものでもあり、条件に合う解を見つける楽しさを味わわせる活動です。グループを活用し、自由に話し合いながら取り組んでもよいと思います。その中で、グラフの傾きが速さであることや、計算しなくても判断できることがたくさんあることに気づかせていきます。

課題 3 は、桃太郎の行程グラフをもとにした問題づくりの活動です。アクティブ・ラーニングの根幹は、自ら課題を見出し探究する活動です。互いに工夫した問題を出し合い、解き合わせる活動を楽しませたいものです。

最後に、新幹線などの実際のダイヤグラムを紹介し、現代でも活用されるそのよさを味わわせて授業を終わります。

令和版「超速！桃太郎」の大冒険

クラス（　　　　）　番号（　　　　）氏名（　　　　　　　　　　　　　　　　）

下記のグラフは、桃太郎が朝９時に家を出て、犬とサルとキジを味方につけ、鬼ヶ島で鬼退治をして家に帰った１日の行程を示すグラフです（キジは、鬼ヶ島へと桃太郎の応援に直接駆けつけます）。

課題１　グラフから１日の桃太郎の行動を読み取り、足りない部分を書こう。

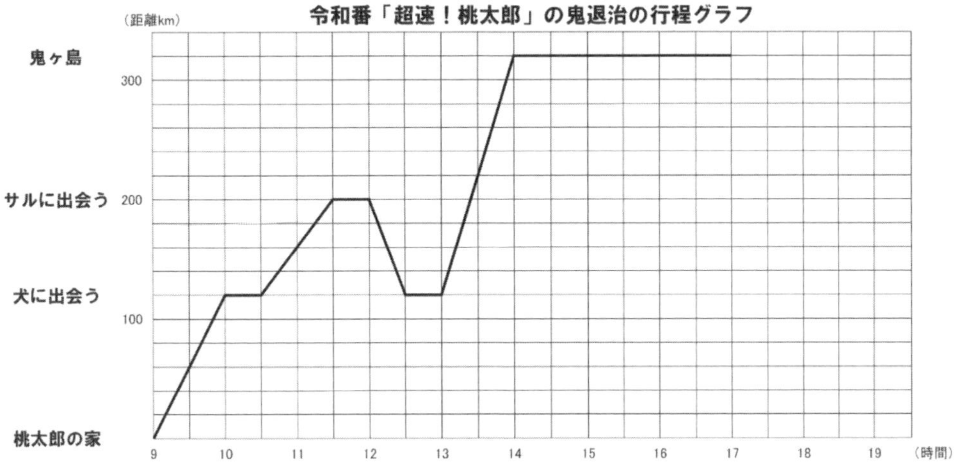

桃太郎は、朝９時に家を出て時速（　　）km で向かう途中、犬に（　　）時に出会い家来にする。とどまったのは（　　）分間で、その後時速（　　）km で鬼ヶ島に向かう。その後（　）時（　）分にサルに出会い家来にする。ところが、犬と出会った場所にきび団子を忘れたことに気づき、取りに戻る。再び時速（　　）km で鬼ヶ島に向かい（　　）時に到着。鬼退治のために島にいた時間は 3 時間。帰りは時速 30km で 1.5 時間、そのあとスピードを上げ、時速（　　）km で一気に戻り、19 時に家に着いた。

課題２　鬼退治に駆けつけるキジの行動を、グラフをかき、読み取ろう。

① キジが 10 時に桃太郎の家を出発し、鬼退治の桃太郎の応援のため、鬼ヶ島に次の時刻に駆け付けるには、時速何 km で追いかければよいでしょうか？

ア：桃太郎の到着と同時に鬼ヶ島に着く

イ：鬼退治の真っ最中の 15 時に鬼ヶ島に着く

グラフの傾きが速さだね。

② キジが８時より前に桃太郎の家を出発し、同じルートで、高い空を飛びながら桃太郎を見守るとすると、違う場所で、最大何回桃太郎の姿を見守ることができますか？　また、その証拠をグラフに書きましょう。

課題３　このグラフを利用して解くことができる楽しい問題を作ってみよう。

図形 × 深める

27 トレカの模様の角の和は？

多角形の中に多角形の穴があいている図形にできる角の和を、根拠となる既習の図形の性質を活用しながら求めることを通じて、新た図形の性質を発見することをねらいとしています。

準備するもの 教師:ワークシート、図形を拡大した図　生徒:定規

授業展開例

SCENE 1	SCENE 2	SCENE 3
・トレカの裏の図を見て、どんな図形の性質を使うと角の和が求められそうなのかを個人で考える。	・四角形の中に三角形の穴の場合について、求め方を考えグループで交流する。 ・外側の形や内側の穴の形を変えてできる図形について、角の和を個人で求める。	・六十三角形の中に、三十七角形のときはできるのかをグループで考え、求め方を一般化する。

先生方へ

多角形の内角や外角の学習では、既習の性質を活用して新たな図形の性質を発見していきます。その過程を説明する際、どんな図形の性質が使われているのかという根拠や、順序立てた説明を大切にし、次の証明へとつなげていきます。

課題1では、四角形の中に三角形の穴がある図について、具体的に数パターンで7つの角の和を求めることで、図形の性質を活用するよさを実感させます。困っている生徒には、使えそうな図形の性質を示すことで見通しをもたせるとよいです。

課題2では、外側の形や内側の穴の形を変え、その図形にできる角の和を求めます。角の和の求め方をグループで交流し、自分が求めていない図形についても整理するとよいでしょう。早く終わってしまった生徒には、他にも外側の形や内側の穴の形を変えるとどうなるのかを問いかけ、次の一般化へのつなぎをよりできるようにします。

授業の終末では、六十三角形の中に三十七角形のときは求めることができるのかを問いかけることで一般化に目が向くようにします。そして本時に学習した図形について、外側の形をm角形、内側の穴の形をn角形とすると、$180(m+n)$という式に一般化ができるということに気づかせ、式を用いて明瞭・簡潔に表すことができるという数学のよさを実感できる場として位置づけたいです。その際に、困っている生徒にはm角形とn角形、求められた角の和を表に整理したり、m角形の内角の和からn角形の何を引くのかを問いかけたりするなどの一般化の援助をするとよいでしょう。

トレカの模様の角の和は？

クラス（　　　）番号（　　　）氏名（　　　　　　　　　　）

課題１

サトシさんは、自分の持っているトレーディングカードの裏の模様が「四角形の中に三角形の穴」があいている図形になっていると気づきました。

また、数学の授業でやったことを思い出し、この図形の中にある７つの角の和が求められないかと考えました。

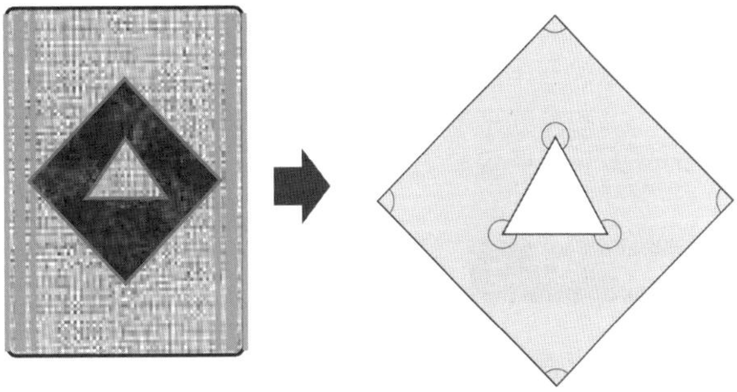

トレーディングカードの裏

課題２　外側の形や内側の穴の形をいろいろ変えて、図形にできる角の和を求めてみよう。

①四角形の中に四角形

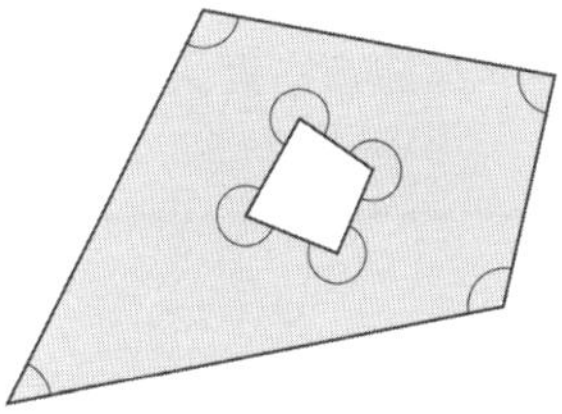

②四角形の中に五角形

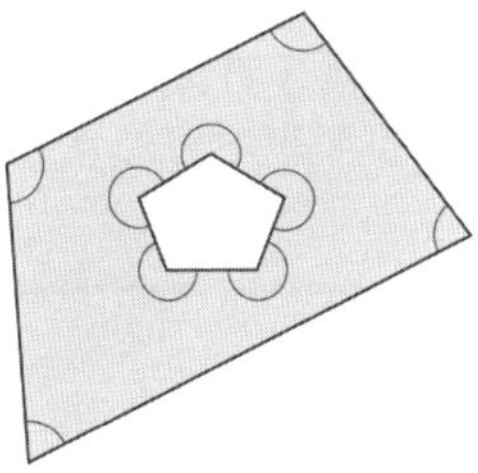

③四角形の中に六角形

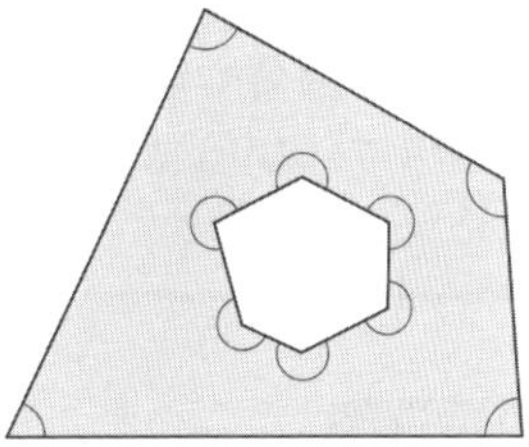

④五角形の中に三角形

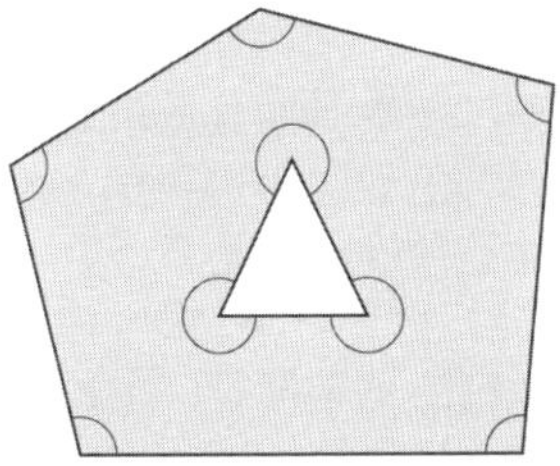

⑤五角形の中に四角形

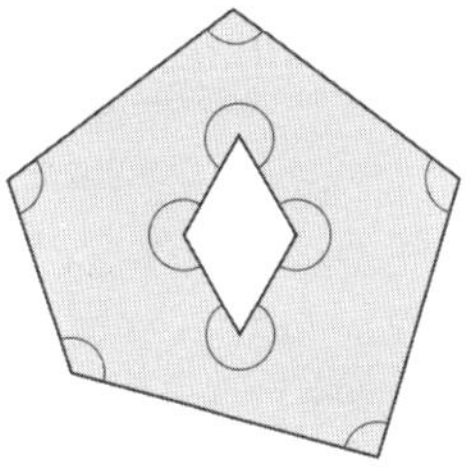

⑥六角形の中に三角形

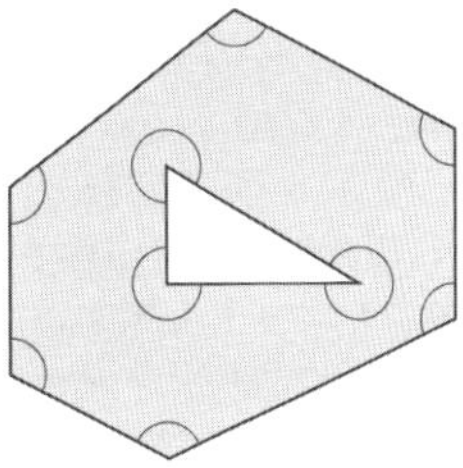

①　　　°	②　　　°	③　　　°	④　　　°	⑤　　　°	⑥　　　°

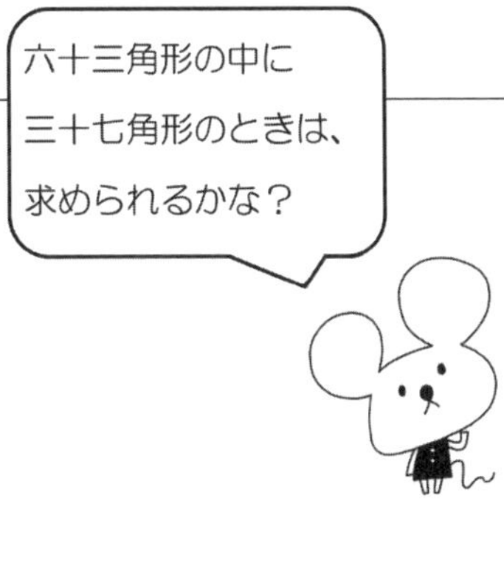
六十三角形の中に
三十七角形のときは、
求められるかな？

《今日の授業の振り返り・感想》

28 図形 × 深める
図形で筋トレ！~証明の筋道を作るトレーニング~

合同な三角形を見つけ、証明の筋道を考える活動です。仮定と結論はシンプルですが、いろいろな筋道を作ることができます。仮定から順に考えたり、結論から逆に考えたりすることで、見通しをもって推論する力が養われます。

準備するもの 教師:ワークシート、内部の図形が分離できるような教材　生徒:色ペン

授業展開例

SCENE 1		SCENE 2		SCENE 3
・ワークシートの課題1に取り組む。 ・等しい線分や角に印を付けながら見つける。	≫	・ワークシートの課題2に取り組む。 ・課題1で調べたことを手がかりにする。	≫	・証明の筋道を説明し合う。 ・筋道を比較して多様な見方や考え方を学ぶ。

先生方へ

課題1では、合同な直角三角形の組、二等辺三角形を見つけます。提示する図形は、「BE = CD、∠ BEO = ∠ CDO =90°の二等辺三角形 ABC」です。等しい線分や角に気づきやすく、根拠を明確にして調べることができます。そのため、図形を苦手とする生徒も、合同な直角三角形の組、二等辺三角形をたくさん見つけることができます。

課題2では、合同な直角三角形であること、二等辺三角形であることを証明する筋道を考えます。すでに課題1では、根拠を明確にして合同な直角三角形の組や二等辺三角形を調べています。したがって、証明で使用する条件をどう組み合わせるか検討することが、課題2における活動の中心になります。なかなか書き出せない生徒には、「いくつか合同条件があるけど、どれが成り立ちそうかな？」や「この線分が含まれた三角形で、合同になるのはどれかな？」といった声かけをすることで、証明に使えそうな条件に目星を付けられるようにします。

生徒は、最終的に合同な直角三角形であることや、二等辺三角形であることを示さなければなりません。その際、仮定まで遡って根拠を洗い出したり、結論までの論理を吟味したりして証明の筋道をつくることになります。こうして仮定と結論の間を行ったり来たりしながら学んでいく過程は、数学的活動として大変価値があるものです。

また、結論で示す三角形を何通りも設定できるのが、この教材のよさです。推論を得意とする生徒には、他の筋道や他の三角形でも考えさせて十分にトレーニングを積むことが可能です。苦手な生徒には、結論を指定するとよいです。例えば(1)の図形で△ OBE ≡ △ OCD、(2)の図形で△ ODE を指定すれば、(1)を生かして(2)を解決することができます。

いずれにしても、証明は筋道作りが重要です。なんとか筋道さえ作ることができれば、あとは手本となる記述の仕方を真似たり、使用する条件や説明の順序を吟味したりして、自分自身の手で洗練された証明にすることができるからです。

図形で筋トレ！～証明の筋道を作るトレーニング～

クラス（　　　）番号（　　　）氏名（　　　　　　　　　　）

課題１　下の図のように、二等辺三角形 ABC に、BD＝CE、∠BDO＝∠CEO＝90°となるように、点D、点Eをとり、BE とCD の交点をOとします。

⑴　図の点Ａと点Ｏを結んで考えます。この図形の中にある合同な直角三角形の組を見つけましょう。

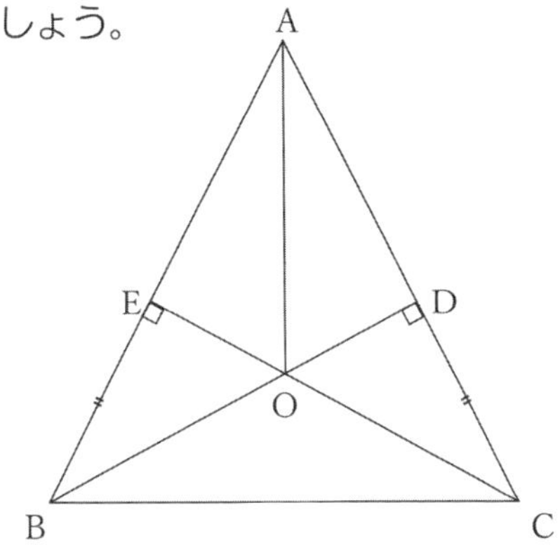

⑵　図の点Ｄと点Ｅを結んで考えます。この図形の中にある二等辺三角形を見つけましょう。

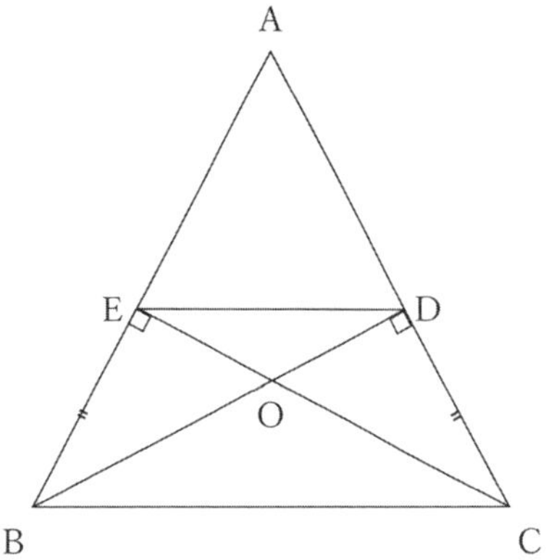

課題２　課題１で見つけた事柄が正しいことを証明するための筋道を考えます。仮定から順に、利用するとよい事実を箇条書きしてみましょう。

※条件を満たす図形をいくつも見つけた人は、どれか１つを選んで考えましょう。

⑴　合同な直角三角形であることの証明

結論　△＿＿＿＿≡△＿＿＿＿

仮定　BE=CD、∠BEO=∠CDO=90°

↓以下、箇条書きで

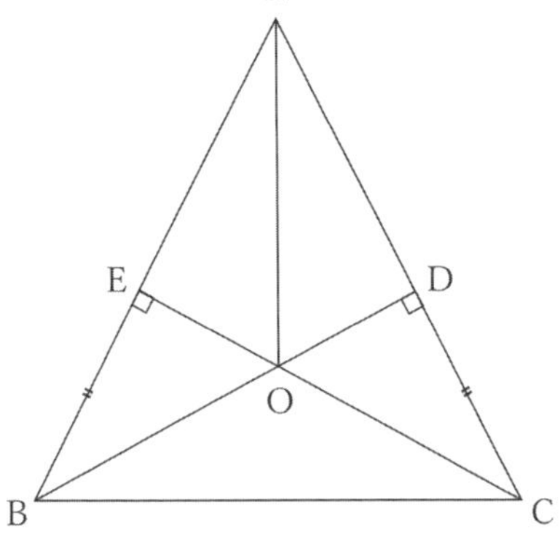

⑵　二等辺三角形であることの証明

結論　△＿＿＿＿は二等辺三角形

仮定　BE=CD、∠BEO=∠CDO=90°

↓以下、箇条書きで

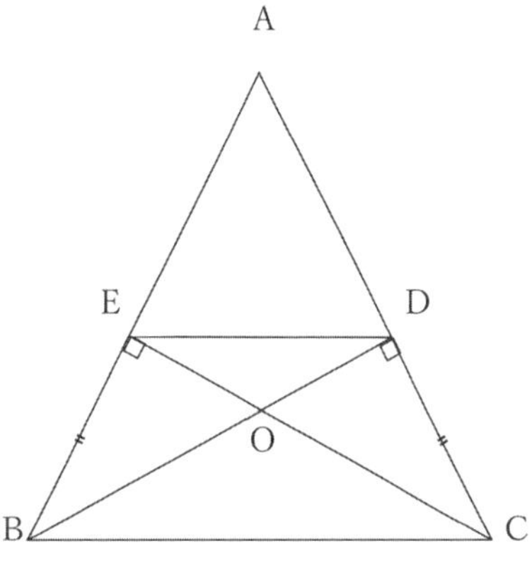

29 図形×広げる
こんなところに平行四辺形!?

生活の中にあるものから平行四辺形を見つけ出す活動です。普段目にするものを図形という視点で見直すことを通じて、平行四辺形や平行四辺形であることのよさを身近に感じることにつながります。学習の終末の少しの時間で扱いたい内容です。

準備するもの 教師:ワークシート、工具箱のような平行四辺形の物

授業展開例

SCENE 1

・教師の説明を聞いたあと、ワークシートの課題1に取り組む。
・教師は実物やモデルを動かすことで、生徒が平行四辺形を見出せるようにする。

SCENE 2

・ワークシートの課題2に取り組む。
・教師は生徒が仮定を正しく把握できているか確認する。

SCENE 3

・ワークシートの振り返り・感想を書く。
・必要に応じて、平行になるように条件を利用して作られていることを助言する。

先生方へ

導入では生徒がイメージしやすいように、工具箱のような実物やモデルを用意して、実際に動かす中で「どうして平行に動くのだろう?」と問いかけます。そして、辺になる部分の位置関係や相等関係に注目することで、平行四辺形に気づくよう促します。そのあと、「他にもないかな?」と声をかけ、ワークシートの課題1に取り組みます。

中盤からは、「見つけた平行四辺形の中から1つ選んで証明しよう」とワークシートの課題2に取り組みます。困っている生徒には「これは辺や角の部分がどうなるように作られているのかな?」と仮定に気づきやすくなる声かけを行います。また、早くできてしまった生徒には、他の写真の平行四辺形に取り組むように促したり、他にも自分の身の回りで平行四辺形はないか考えさせたりします。

終末の授業の振り返り・感想では、平行を作るために平行四辺形であるための条件を利用して作られていることや、条件が変わらないので常に平行が保たれることに気づくようにします。困っている生徒には、「どうしてここに平行四辺形を作ろうと考えたのかな?」「どれも同じように考えて作っているね」と声をかけていきます。

このような学習を通して、具体的な事象の中から図形を見いだす力や、得られた結果を意味付けたり、活用したりする力を養っていきます。

●参考文献・先行実践
文部科学省『中学校学習指導要領(平成29年告示)解説　数学編』(日本文教出版、2018年)

こんなところに平行四辺形！？

クラス（　　　）番号（　　　）氏名（　　　　　　　　　　）

課題１　次の写真の中から平行四辺形を見つけてみよう。

①工具箱

②テーブル

③はしご

④卓球台

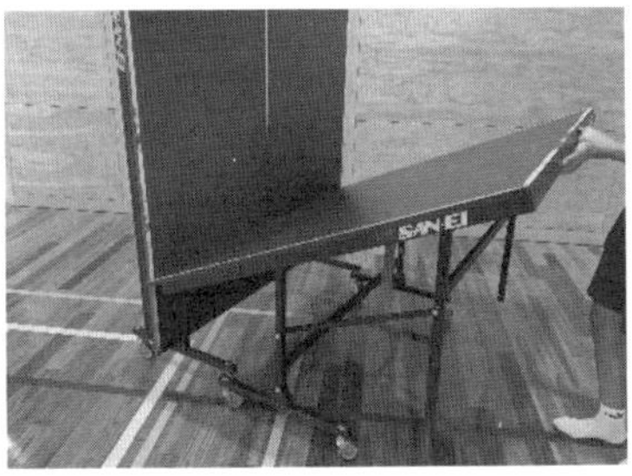

⑤その他（身の回りにあるもの）

課題２　見つけた図形が平行四辺形であることを証明しよう。

※どのように作ったのかということが仮定になります。

番号

＜今日の授業の振り返り・感想＞

30 図形 × 深める
星形の図形に隠された秘密をあばけ！

星形の先端の角の和は180°になることを説明する活動を通して、既習の図形の性質を根拠にすればよいことに気づきます。説明に使う図形はその図形の代表であるという認識や、条件を変えることで新たな性質を見いだすことができるという考え方を身につけます。

準備するもの 教師：ワークシート

授業展開例

SCENE 1

・図形を操作したり、角度を実測したりする活動を行い、星形の先端の角の和は180°になりそうだという見通しをもつ。
・「本当に180°だ」と言いきるにはどうすればよいかを考える。

SCENE 2

・個人追究では、これまでに学習した図形の性質を用いて解決できないかを考える。
・一つの方法で明らかにすることに満足せず、他の方法も考える。
・星形の先端の角の数を増やした場合の図形を見せて、「この場合、先端の角の和はどうなるのだろう？」と問うことで、発展させる。

SCENE 3

・課題が解決できた生徒同士で互いに相手の説明の根拠が明確であるかに注意しながら、説明し合う。
・星形の図形の形を変えても同じ性質が成り立つことを確認し、演繹的に説明した図形は、その図形の代表であることを理解する。

先生方へ

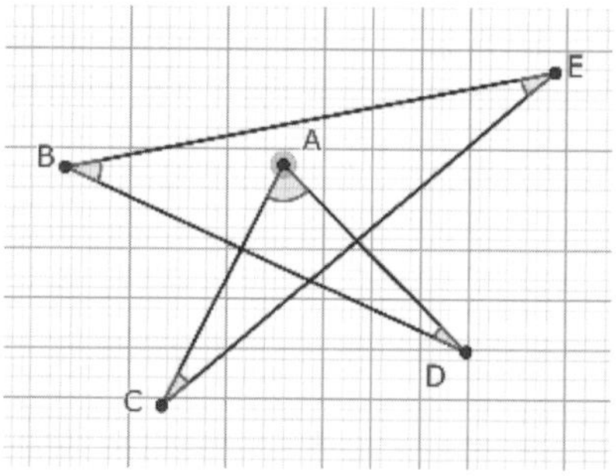

導入では星形の先端の角の和に着目し、操作や実測により「星形の先端の角の和は180°である」という図形の性質を見いだします。しかし、それでは、すべての場合で常に成り立っていることを言い切ることができないことに気づきます。

そこで、課題１では、図形を注意深く観察し、これまでに学習した図形の性質を根拠に、演繹的に結論を導き、その過程を互いに説明し合うことで理解を深めます。見通しをもてていない生徒には、三角形の内角の和が180°であることから、５つの角を１つの三角形の中に集めればよいことに気づかせます。早く課題を解決できた生徒には、他の方法によって180°であることが明らかにならないかを考えさせたり、他の生徒と交流させたりします。

課題２では、星形の先端の角の数を増やした図をもとに、先端の角の和はどうなるかを考えさせます。作図ツールなどを使い、頂点DやEの位置を動かすと星形になることを紹介すると、生徒の感動も大きいことでしょう。条件を変えることで新たな性質を見いだせるという実感を味わわせることもできます。

星形の図形に隠された秘密をあばけ！

クラス（　　　）番号（　　　）氏名（　　　　　　　　　　　　　　）

中学２年生の太郎さんは、小学生の妹の花子さんのために、花子さんが好きなアニメに出てくる魔法陣を書こうとしました。しかし、星形がどうしてもうまくかけません。太郎さんは、星形の図形の先端の角の大きさを分度器で測ってかくことを考えました。測った結果、１つの角の大きさは36°で、「星形の先端の５つの角の和が180°になっている」ことに気づき、偶然かどうか調べようと思いました。

課題１

（１）太郎さんは、右の図のような星形の図形をかいて調べました。自分で星形の図形をかいて本当に先端の角の和は180°になっているか調べてみよう。

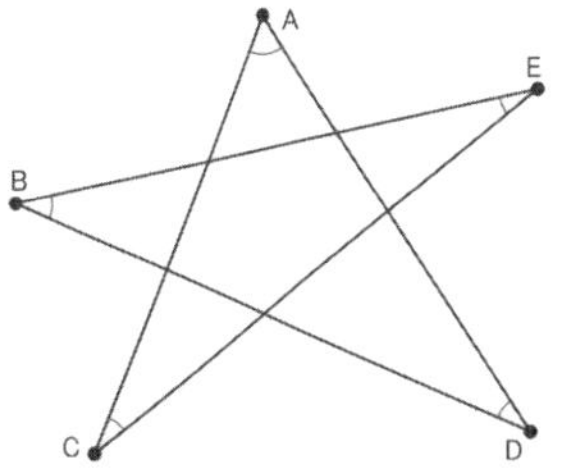

（２）星形の図形の５つの角の和は、常に180°になっていることを説明しましょう。

課題２

（１）星形の図形の先端の角の数を増やすと「角の和」についてどんなことが言えるだろう。

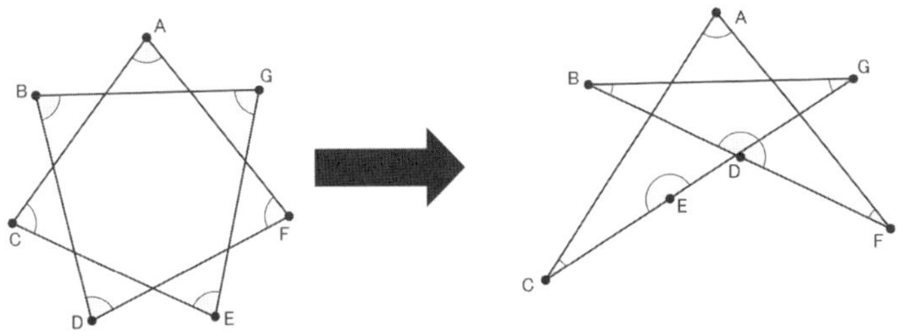

＜今日の振り返り・感想＞

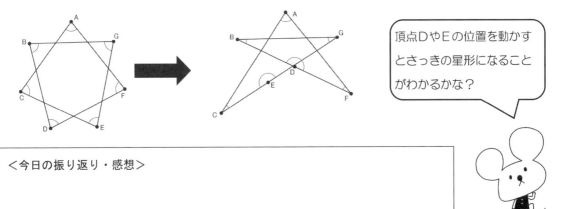

31 図形×深める
ビリヤードの球を命中させよう！

日常で起こる事柄を図形の学習内容を活用し証明する活動です。直接ねらうことのできない球を台の枠のクッションを使ってねらいます。どこをねらって打てば命中するのかを考えることを通して、条件を満たす図形の作図と三角形の合同の証明を学ぶ時間です。

準備するもの　教師：ワークシート　生徒：定規、コンパス

授業展開例

SCENE 1

・板書された図１を見て、予想を全体で交流する。自由に発表し、学習内容への興味をもつ。

≫

SCENE 2

・教師が図２を説明したあと、個人で作図し、全体で確認。
・証明は、グループで相談し合いながら取り組む。

≫

SCENE 3

・個人で授業の振り返りを書いたあと、発表。日常の事象にも数学を使って解決できることがあることに気づく。

先生方へ

ビリヤードは広く知られているゲームです。自球を離れた球に命中させることは、生徒にとって、やってみたい(考えてみたい)という意欲を十分に沸き立たせます。導入場面では、「どこをねらえばよいのか？」、生徒に予想やその理由を自由に発表させましょう。

その後、本プリントを配付して、球の転がり方を確認した上で、正解について説明をします。この際、生徒は、「本当にこのねらい方で命中するのか？」という疑問をもつはずです。そこでまず、課題１の作図に取り組ませます。１年生のときに学習した「条件を満たす作図」を想起させると「学び直し」にもなって有効です。

次に課題２の証明に取り組みます。「作図はできたけど、このねらい方で本当に命中するかどうか」を証明することで「確かなもの」とするわけです。この学習では、ビリヤード場の球が転がる規則に立ち戻り、結論として∠PES＝∠QECを証明すればよいことを一度生徒に確認してから証明に取り組むとよいでしょう。

学習の終末に、２回跳ね返らせて命中させたり、当てる壁を変えたり等、条件を生徒たちに考えさせ、学習に取り組ませてもよいです。

●参考文献・先行実践
Webサイト「ビリヤードの数学」　http://www.c-able.ne.jp/~sa-kun/kadai/k_15.pdf　他

ビリヤードの球を命中させよう！

クラス（　）　番号（　　）氏名（　　　　　　　　　　）

ビリヤード台の球Ｐを打ち、球Ｑに命中させます。
あなたは、直接ねらえない球に、台の反射を利用し命中させることができますか？
ただし、ビリヤード台上では、球は次のように転がることとします。

- 球はまっすぐに転がる。
- 台の枠に当たった時は、∠a＝∠b となるように跳ね返り、再びまっすぐ転がる。

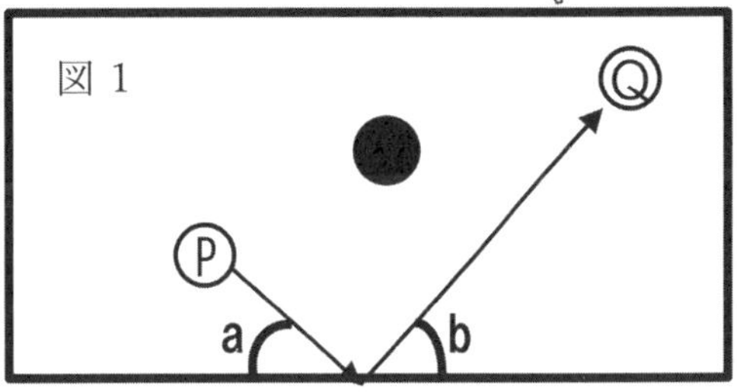

実は、確実に命中させる方法があるのです。その方法とは…。

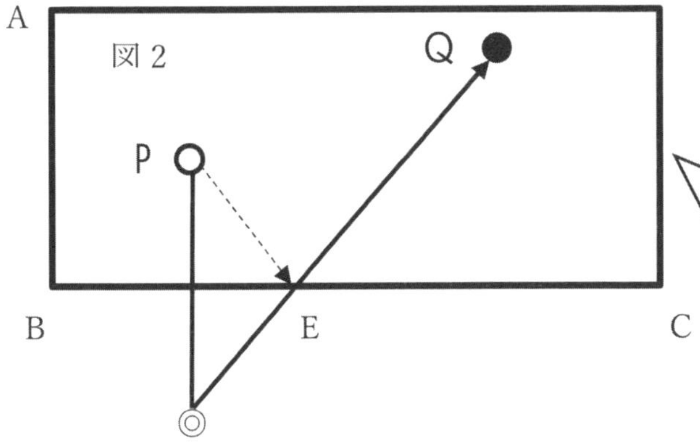

球**P**と枠 BC について対称となる位置に球◎があると考える。その対称となる位置の球◎と球**Q**を直線で結び、直線と枠 BC と交わっている点 E に向かって打てば球**Q**に確実に当たる！！

課題１　定規とコンパスを使って右の図の中に、点Ｅを作図しよう。
※点Ｐと BC について対称になっている点を R、BC と PR の交点を S、BC と RQ の交点を E とします。

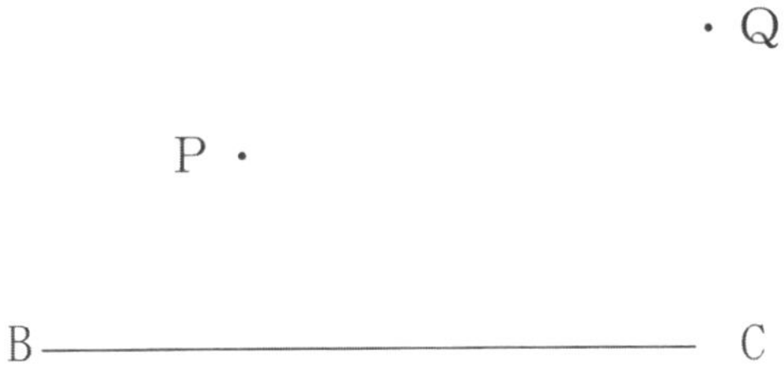

課題２　作図の∠PES＝∠QEC を証明し、球が命中することを確かめよう。

《今日の授業の振り返り》

32 式と計算 × 広げる
誕生日を当てる予言者になれるかも!?

四則計算を用いて誕生日を当てる問題です。文字を用いた式を活用することで、数量の関係を簡潔・明瞭に表し、能率的に処理できることを実感することがねらいです。さらに、文字を使うことで、いろいろな事柄が成り立つ「理由」を説明することができるよさも実感させます。

準備するもの 教師:ワークシート

授業展開例

SCENE 1

・「誕生日当て」の問題に取り組み、どうして的中するのかを考える。

SCENE 2

・誕生日を文字で表し、誕生日当てをする過程にそって文字式を変形し、文字を用いて誕生日が当てられることを説明する。

SCENE 3

・文字を使って式で表すことによって、一般的に説明することができることを全体でまとめる。

先生方へ

本教材は、1学年の「文字と式」の単元終末で扱われる「数当てゲーム」や2学年の「数と式」の単元終末で扱われる「数の性質」の学習内容と同様に、文字を用いて数量の関係や法則などを考察する力を養うために活用できるものです。特に、2学年では、いくつかの文字を含む整式の四則計算ができるようになることや、文字を用いた式で数量の関係を捉え説明できることを理解し、文字を用いた式を具体的な場面で活用することを通して、そのよさを実感できることが大切です。

そこで、まず、ワークシートを配る前に①～④の手順を読み上げ、全員の生徒に実際に計算させます。すると、どの生徒も「自分の誕生日の数が並んでいる」と驚くはずです。その後、ワークシートを配り、「だれの誕生日でも当てることができるのはどうしてだろうか？」と問い、生まれた月と生まれた日をそれぞれ別の文字を使い、手順に従って文字を使った式を変形していく個人追究の時間を設けます。全体交流では、文字を使って計算をすると、「$100x+y$」と表すことができるとまとめます。

さらに、自分自身でオリジナルの「誕生日当て」問題を作成するように投げかけ、ワークシートに文字を使ってどのような手順にすればよいかを考える時間を取ります。最後に全体交流する時間を設け、自分自身でも「誕生日当て」問題を作成することができ、文字を使うことのよさを実感できるようにします。

●参考文献・先行実践
芳沢光雄著・さとうゆり絵『よしざわ先生の「なぜ？」に答える数の本①誕生日当てクイズっておもしろい』（日本評論社、2005年）

誕生日を当てる予言者になれるかも！？

クラス（　　　　）番号（　　　　）氏名（　　　　　　　　　　　　　　）

Ｆさんは、次のような誕生日を当てる問題を考えました。　【例：１２月２２日】

① 生まれた月を５倍し、５を加える。
② ①の結果を 20 倍する。
③ ②の結果に生まれた日を加える。
④ ③の結果から 100 をひく。

➡

①１２×５＋５＝６５
②６５×２０＝１３００
③１３００＋２２＝１３２２
④１３２２－１００＝１２２２

★上の誕生日を当てる問題が、いつでも言えることを調べてみましょう。

生れた月をｘ、生まれた日をｙとすると、

①生まれた月を５倍し、５を加える。

②①の結果を 20 倍する。

③②の結果に生まれた日を加える。

④③の結果から 100 をひく。

文字を使って①～④のことがらを表そう！

①

②

③

④

文字を使って計算をすると、最終的に誕生日は、____________________と表すことができる

★Ｆさんのような誕生日を当てる問題を、他にも作ってみましょう。

四則の計算方法や計算法則を使って、オリジナルの誕生日を当てる問題を考えてみよう！

《今日の授業の振り返り・感想》

33 データの活用 × 深める
2個の“変なさいころ”

2個のさいころを投げたときの確率を求める際、「起こり得る場合は全部で36通り」と数えます。このとき、なぜ36通りと数えるのでしょうか？　それは、“同様に確からしい”事象に着目するからです。本教材では、実験結果と関連づけながら、“同様に確からしい”事象に着目して確率を求める重要性に気づかせることをねらいとしています。

準備するもの　教師：ワークシート、2個の変なさいころ×20セット（2人1組で実験を想定）

授業展開例

SCENE 1

・教師が2個の変なさいころを紹介する。
・どの面とどの面が一番出やすいか予想する。

→

SCENE 2

・実験を通して、一番出やすい出方を調べる。
・実験せずに、一番出やすい目の出方を調べる。

→

SCENE 3

・●と■の面が出る確率が最も大きいことを確かめる。
・確率を求める際には、さいころを区別して、同様に確からしい場合を数えるとよいことを理解する。

先生方へ

立方体（さいころで代用可能）の6つの面に●のシールを3枚、■のシールを2枚、★のシールを1枚貼ります。このさいころを2個投げるとき、どの面とどの面が最も出やすいでしょうか？

これらのさいころを区別して表に整理すると、起こり得る場合は右のようになります。

	○	○	○	□	□	☆
●	●○	●○	●○	●□	●□	●☆
●	●○	●○	●○	●□	●□	●☆
●	●○	●○	●○	●□	●□	●☆
■	■○	■○	■○	■□	■□	■☆
■	■○	■○	■○	■□	■□	■☆
★	★○	★○	★○	★□	★□	★☆

※表では、●は「●（○）」、■は「■（□）」、★は「★（☆）」と表す。

表から起こり得る場合は全部で36通りあり、●の面と■の面が出る場合が12通りで最も多いです。そのため、●の面と■の面が出る確率は12/36=1/3で、最も出やすいと判断できます。このように2つのさいころを区別し、同じ●でも「$●_1$、$●_2$、$●_3$」と区別すると、各場合は1/36で同様に確からしく、その事象を数えて確率を求めたことに気づけます。実験や予想を取り入れ、さらに豊かな活動を実現するとよいでしょう。

●参考文献・先行実践
渡辺美智子（監修）『レッツ！　データサイエンス 親子で学ぶ！　統計学はじめて図鑑』（日本図書センター、2017年）

2 個の”変なさいころ”

クラス（　　　　）　番号（　　　　）氏名（　　　　　　　　　　　　）

【課題】立方体の 6 つの面に●のシールを 3 枚、■のシールを 2 枚、★のシールを 1 枚貼りました。これを“変なさいころ”と呼ぶことにします。このさいころを 2 個投げるとき、どの面とどの面が最も出やすいでしょうか？

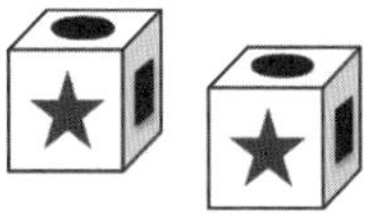

※2 人組で実験

予想：＿＿＿＿＿＿＿＿（例．★と★の面）

(1)　2 個の“変なさいころ”を 100 回投げて、どの面とどの面が出やすいか調べよう。

実験結果集計表

面の出方	●と●	●と■	●と★	■と■	■と★	★と★
起きた回数	（回）	（回）	（回）	（回）	（回）	（回）
相対度数（確率）						

実験後の予想：＿＿＿＿＿＿＿＿（例．★と★の面）

(2)　実験後の予想がなぜ正しいのか、あるは正しくないのか、図や表を用いて説明しよう。

＜説明＞

実際の確率

面の出方	●と●	●と■	●と★	■と■	■と★	★と★
確率						

上の表より、確率を比べると＿＿＿＿＿＿と＿＿＿＿＿＿の面が最も出やすい。

34 データの活用 × 広げる
3都市の夏の暑さを比べよう！

新学習指導要領では、２年生段階で「箱ひげ図」を扱います。箱ひげ図は、データを小さい順に並べて手軽に作成できるだけでなく、複数の箱ひげ図を並べることで、一目でデータの分布を比較できます。この問題では、「夏の暑さ」を題材に箱ひげ図のよさを実感させるとともに、教科横断的な学びも想定しています。

準備するもの 教師：ワークシート、日本地図、日本の気候に関わる資料

授業展開例

SCENE 1
・地図を提示し、名古屋市、岐阜市、富山市の位置を確認する。
・夏の暑さの違いについて予想する。

SCENE 2
・「日最高気温」のデータから箱ひげ図を作成し、傾向を分析する。

SCENE 3
・３都市の位置関係に着目し、夏の暑さの違いを説明する。

SCENE 4
・「夏の観光地として有名な都市は涼しいのか」と新たに仮説を立て分析する。

先生方へ

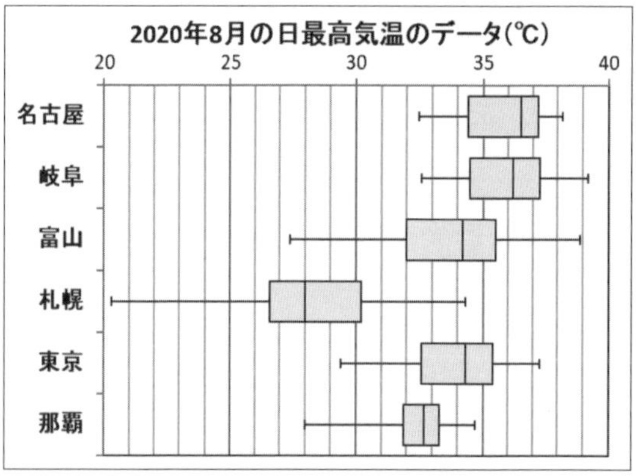

2020年８月１日～31日の「日最高気温（℃）」に着目し、箱ひげ図を作成すると右図のようになります。名古屋市・岐阜市・富山市の３都市をみると、北に位置する富山市は、名古屋市・岐阜市に比べ涼しい。また、名古屋市と岐阜市は近い距離にあるため、あまり差がないことに気づきます。そのため、「名古屋市と岐阜市の気温は大きな差はないが、富山市まで北上すると涼しい」とまとめることができます。

また発展として、「夏の観光地として有名な都市は涼しいのか」と新たな仮説を立て分析し、「夏の避暑地として知られる札幌は涼しい」、「沖縄は亜熱帯気候のため安定して暑い」、「東京と名古屋では名古屋の方が暑い」等、新たな知見を見出すこともできます。観測所の所在地に着目すれば、さらに暑さの理由を突き詰めることができ、社会科と連携した扱いも可能です。なお、気象庁 HP から自分たちの住む地域の気象データも入手できるため、教材をアレンジして利用することもおすすめです。

●参考文献・先行実践
総務省政策統括官編「高校からの統計・データサイエンス活用～上級編～」（日本統計協会、2017年）

3都市の夏の暑さを比べよう！

クラス（　　　　）　番号（　　　）氏名（　　　　　　　　　　　　）

［課題］右の地図を見ると、名古屋市（愛知県）、岐阜市（岐阜県）、富山市（富山県）は縦に並んでいます。ニュースでは１日の最高気温を紹介されることが多いですが、表はこれら３都市の８月の「日最高気温(℃)」のデータを表しています。表から各都市の暑さに違いはあるのでしょうか？

新潟
福島
富山
宇都宮
前橋
水戸
長野
さいたま
東京
岐阜
甲府
横浜
千葉
名古屋
静岡

［出典］https://japan-map.com/top

	名古屋市	岐阜市	富山市
最大値			
第３四分位数			
第２四分位数（中央値）			
第１四分位数			
最小値			
範囲			

番号	名古屋	岐阜	富山	札幌	東京	那覇
1	32.5	32.6	27.4	20.3	29.4	28
2	32.6	33	30	21.7	31.5	28.7
3	32.9	33.4	30.7	23.6	31.8	29
4	33.7	33.5	30.8	23.9	32.2	29.2
5	33.8	33.9	31	23.9	32.3	29.8
6	34.1	33.9	31.1	24.8	32.3	29.8
7	34.2	34.3	31.6	26.2	32.3	30.5
8	34.4	34.5	32	26.6	32.6	31.9
9	34.5	34.7	32.1	26.8	33.1	31.9
10	35	34.8	32.7	26.9	33.1	32.2
11	35	35.2	32.8	27.1	33.6	32.3
12	35.8	35.6	33.6	27.2	34	32.4
13	36	35.8	33.7	27.3	34.2	32.5
14	36	36	33.9	27.3	34.2	32.7
15	36.2	36.1	34.1	28	34.2	32.7
16	36.5	36.2	34.2	28	34.3	32.7
17	36.6	36.5	34.2	28.6	34.5	32.9
18	36.7	36.6	34.3	28.7	34.7	32.9
19	36.7	36.6	34.3	28.7	34.8	32.9
20	36.9	36.7	34.8	28.8	34.9	32.9
21	36.9	36.9	35.1	29.5	35	32.9
22	37	37.1	35.2	29.6	35.2	33.1
23	37.1	37.1	35.4	29.7	35.2	33.2
24	37.2	37.3	35.5	30.2	35.4	33.3
25	37.4	37.6	35.6	31.2	35.4	33.7
26	37.4	37.6	35.7	31.3	35.8	33.7
27	37.6	37.8	36	31.5	36	33.8
28	37.6	37.8	36.8	32.6	36.1	33.8
29	37.8	37.9	37.5	32.7	36.1	33.9
30	38.1	38.1	38.4	33.1	36.5	33.9
31	38.2	39.2	38.9	34.3	37.3	34.7

表：2020 年 8 月の日最高気温（℃）
［出典］気象庁 HP「過去の気象データ・ダウンロード」（2020 年 8 月 1 日～31 日）

＜上の表を参考に箱ひげ図をかいてみよう＞

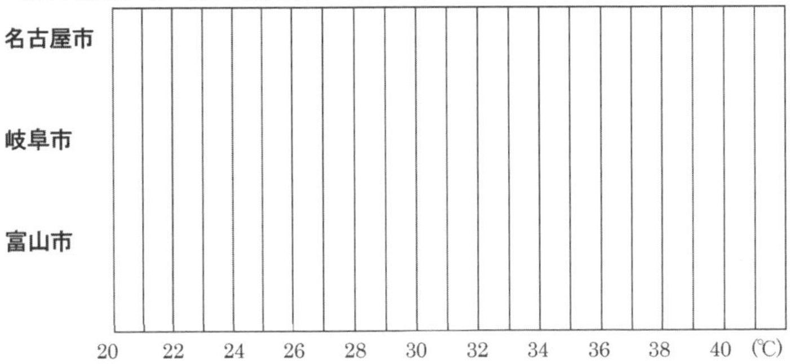

名古屋市
岐阜市
富山市
20　22　24　26　28　30　32　34　36　38　40　(℃)

＜3 都市の日最高気温の違いは…？＞

［発展課題］

札幌市（北海道）や東京（東京都）、那覇市（沖縄県）は夏の有名な観光地です。これら３都市について、「夏の観光地として有名な都市は涼しい」といえるのでしょうか？　３都市の「日最高気温(℃)」の箱ひげ図を作成し特徴を調べよう。

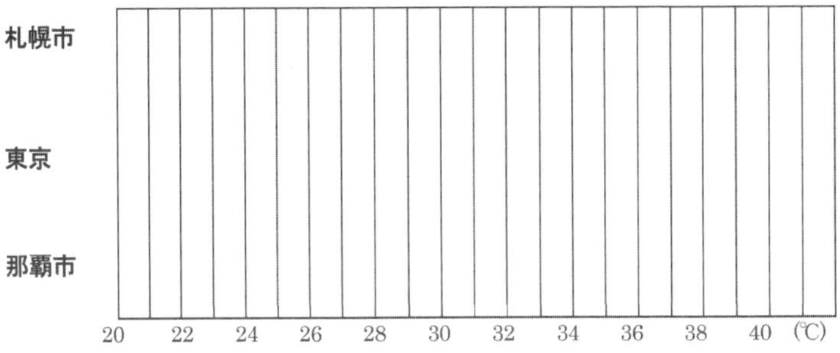

札幌市
東京
那覇市
20　22　24　26　28　30　32　34　36　38　40　(℃)

自分たちの地域の夏の暑さはどうかな？
標高等も影響しそうだね！

＜特徴は…？＞

コラム ③

おもしろネタで生徒をゆさぶる

❖厚さ0.1 mm の紙は、何回折れば月に届く？

「厚さ0.1 mm の、薄いけれどとてつもなく大きな紙があります。この紙を折り紙のように半分に何度も折って（できると仮定して）その厚みで月まで届かせようと思います。月までの距離を384,400 km とすると、紙を何回折ればよいでしょうか？」

こんな問題を生徒に投げかけると、多くの生徒が100万回、1億回などと予想します。

しかし、式を立て、0.1 mm×2^n＞384,400 km となる n の回数を調べると、厚さ0.1 mm の紙でも、わずか42回折るだけで月まで届くことがわかります。もちろん「折ることができれば」の話ですが、実際に電卓をもって計算すると正しいことはすぐにわかります。数学の論理はうそをつきません。

❖内角の和が180度にならない三角形は絶対に描けない？

三角形の内角の和が180度になることは、小学校５年生で学習しているので、中学生なら誰もが知っています。分度器でわざわざ測る生徒はいません。しかし、中２の生徒の目の前に自分の愛車のキーを差し出し、「もし、君の描いた三角形の内角の和が180度でなかったら、先生の車をプレゼントすることを、絶対に約束します。」と語ってみたらどうでしょう？　先ほどまで当たり前と言っていた多くの生徒が、「先生、ちょっと待って！」と慌てて三角形を描き、内角を測り始めます。生徒の意識は、「ひょっとしたら描ける？」へと揺れるのです。もちろんこれは、平行線の性質を用い、錯角・同位角を利用すれば、180度であることが一点の曇りなく証明できます。

論理は、何億という三角形を描き、帰納的に論証するまでもなく、たった一つの三角形だけで、描けないことを教えてくれます。

❖ナイチンゲールの本当の功績は何か？

クリミア戦争に自ら志願し、敵味方の隔てなく献身的に兵士の看護にあたったナイチンゲールのことは誰でも知っています。

その、ナイチンゲールにはこんな逸話があります。彼女は数学がとても得意で、クリミア戦争に行った最初の冬だけでも2000人以上の兵士の最期を看取りました。誰もが、兵士は、戦いによる負傷で死亡すると信じています。しかし、彼女は、得意な統計学を生かし、兵士の死亡原因を徹底的に調べ上げ、コウモリの翼という円グラフを用いて死因の真実を暴き、軍当局に示したといわれています。例えば1855年1月の場合、負傷による死者は83人だったのに、感染症による死者は2761人と、大半は衛生状態の悪い野戦病院であるがゆえの感染症による死亡であるという事実を徹底的な統計処理により突き止めたのです。

❖論理はうそをつかないからこそ面白い

私は、数学の授業でよくこの3つの話を使いました。そして生徒が驚くたびに、数学の教師であることの“小気味よさ”を感じたものです。憶測を超えて、論理の力で事実をとらえさせることは、実は、新たな真実を発見させることに他ならないのです。

（水川和彦）

3章

3年生

35 式の展開と因数分解 × 深める
楽をして計算しよう！

「式の展開と因数分解」の単元中盤や単元終了時に、式の乗法の公式や因数分解の方法の理解を深めるための学習を行います。仲間と問題を作ったり、計算したりする活動を通して、式の展開や因数分解の方法のよさを実感することで、「もっと解いてみたい！」という学習意欲を喚起していきます。

準備するもの 教師：ワークシート、生徒が黒板の掲示用に式を書く用紙

授業展開例

SCENE 1
・課題１を解く。
・課題２を手がかりに同様の問題作りに取り組む。

→

SCENE 2
・課題３に取り組む。
・個人解決とグループ活動は区別せず、自由に話し合う。

→

SCENE 3
・課題２、３に取り組んだことでわかったことや、それぞれの式のよいところを確認し合う。

先生方へ

小学校では、例えば98×25を（100－２）×25と表し、分配法則を利用して解決することを経験しています。この学習を通して、式の計算は工夫すると簡単に解決できることもあることがわかり、生徒はそのまま計算するだけでなく、工夫することのよさを実感しています。今回は、これまでに学習した式の展開の公式や因数分解を利用して数を捉え、問題を解決したり問題を作ったりすることに取り組みます。

課題１の(1)で、まず小学校で学習した分配法則を利用して問題を解きます。次に(2)以下で中学校３年の学習にむすび付け、数を分解することで計算が簡単になる数に表すことのよさを実感します。

課題２では、式の展開や因数分解を利用した問題作りに取り組みます。教師は生徒に、「工夫すると、簡単に解決できるようになる問題作りをしよう！」と働きかけ、プリントの流れをもとに問題を作ってみます。ただし、課題２は一例のため、それ以外のアイデアのある生徒には、「みんなをあっと言わせる問題をつくってみよう！」と伝え、課題３の個人追究やグループでの交流を進めていきます。

最後に、個人やグループで作成した問題を全体交流の場で提示してクラスで解き合う活動を行い、作問者以外の生徒が解決の手順の説明をしたり、どのように工夫したかを話し合ったりして式の展開や因数分解の方法についての理解を深めます。

●参考文献・先行実践

文部科学省『中学校学習指導要領（平成29年告示）解説 数学編（日本文教出版、2018年）

楽をして計算しよう！

クラス（　　　　）　番号（　　　　）氏名（　　　　　　　　　　）

課題１　次の式を工夫して計算しましょう。

（１）９８×２５

（２）99^2

（３）67^2-33^2

（４）$1234^2-1231\times1237$

数をたしたり、ひいたりして簡単な数に表してみよう！

課題２　課題１（３）のような計算をする問題を作ってみましょう。まずは流れに沿って作ってみましょう。そのあと、オリジナル問題を作ってみましょう。

① **式の展開の公式を利用します。**
まず、数を決めましょう。

決めた数

（例）２５

$a^2-b^2=(a+b)(a-b)$ だったよね！

② その数を、差が１か２になるような２つの数に分けましょう。

和（　　＋　　）	差（　　－　　）

（例）１３＋１２＝２５　１３－１２＝１

③ **２つの数の和と差の式をかけましょう。**

（　　＋　　）（　　－　　）

（例）（１３＋１２）（１３－１２）

④ **２乗の式に表すと問題が完成します。一度計算してみましょう。**

問題

（例）13^2-12^2

課題３　課題１の（１）～（４）のような計算をする問題を作って解き合いましょう。

問題	解答
問題	解答

《今日の授業の振り返り・感想》

式の展開と因数分解 × 深める

36 式の展開・因数分解カードゲーム

式の展開と因数分解の基礎基本の習熟をはかるために、カードゲームを行います。ゲーム形式で楽しんで行うことができるので、数学が苦手な生徒にとっても取り組みやすいものになっています。また、自分で問題を作り、友だちに解いてもらうので、協働的な学びにつながります。

準備するもの 教師:ワークシート　生徒:はさみ

授業展開例

SCENE 1

- 簡単な式の展開と因数分解を復習する。

→

SCENE 2

- グループになって、カードゲームに取り組む。
- カードの間違いに気づいたら修正できることを伝える。

→

SCENE 3

- 主体的に取り組むことができたか、協働的に学べたか振り返る。

先生方へ

本授業は、カルタとりをイメージしたカードゲームを行う活動です。式の展開と因数分解を一通り学んだあとに、取り組むと良いでしょう。

カードゲームなので、勝つために早く正確に情報を処理する必要があります。

生徒がカードを作るので、展開と因数分解を間違えてしまう場合も考えられます。しかしそれも、ゲーム中に間違いに気づき、修正できることを生徒に伝えた上で行うことで、間違えた生徒にとっても意味のあるものになると考えます。

ゲームの性質より、以下の点を生徒に注意してください。

・答えが間違っていることに気づいたらその場で修正すること

・複雑な式を取り扱わないこと（公式に沿った式にすること）

また、逆に、因数分解カードでなく、展開カードを取り合うルールで行うこともできます。カードを作れば、神経衰弱やババ抜きといったゲームを行うことも可能です。生徒にゲームの方法を明示した上で、どのゲームで行うか決めさせてもよいでしょう。さらに、１つのゲームが終わったら、別のグループのカードセットをもらって、再びゲームを行うことで、様々な式に触れることができ、より習熟が期待されます。

●参考文献・先行実践

松沢要一『こんな教材が「算数・数学好き」にした』（東洋館出版社、2006年）

式の展開・因数分解カードゲーム

クラス（　　　　　）　番号（　　　　）氏名（　　　　　　　　　　　　　　）

カードゲームのやり方

1　紙①（因数分解カード）にかっこのついた式をかく　　例：$(x+2)(x+3)$

2　紙②（展開カード）に①の式を展開した式をかく　　例：x^2+5x+6

3　①、②のセットを個人で５セット作る

4　４〜５人のグループを作り、個人で作ったカードのセットをグループで集める

5　因数分解カードを表を向けてバラバラに広げて置いて、展開カードは裏にして重ねて置く

6　展開カードを一枚めくる

7　対応する因数分解カードを探して取る

8　一番多くカードを取った人の勝ち

＜切り取り線＞

因数分解カード	因数分解カード	因数分解カード	因数分解カード	因数分解カード	①
展開カード	展開カード	展開カード	展開カード	展開カード	②

37 平方根×深める

平方根の魔方陣

平方根の簡単な四則計算を学んだところで、魔方陣で計算練習に取り組みます。楽しみながら基礎基本の習熟をはかるのがねらいです。

準備するもの 教師:ワークシート

授業展開例

SCENE 1

・平方根の基礎的な計算方法を振り返る。

→

SCENE 2

・課題１の魔方陣を解く。
・課題２で自分で魔方陣を作る。
・課題３で友だちの魔方陣を解く。

→

SCENE 3

・振り返りにおいて、平方根の基礎的な計算ができたか、主体的に問題解決に取り組むことができたかを確認する。

先生方へ

一般的に、魔方陣とは、３×３のマスに１～９までの数を入れて、たて、よこ、ななめどれをとっても和が等しくなるものをいいます。本授業で取り扱う魔方陣は、数の連続性の条件を取り除き、たて、よこ、ななめどれをとっても和が等しくなるものとして考えています。ここで生徒に習熟させていく知識・技能は、根号のみの形にすること、根号の中を簡単な数にすること、平方根の加減です。簡単な数ゆえに、生徒は楽しく計算をすることができると考えます。なお、授業の最初に平方根の根号についての計算方法を振り返ることで、学習の見通しをもつことができます。そういった活動を取り入れることで、数学が苦手な生徒にも受け入れやすい課題になると考えます。

次に、自分で問題を作り、仲間と解き合う活動を行います。その際、条件を付けることで、色々な見方をもって問題作りができます。下記例のように、使う数を提示し、魔方陣を完成させた上で空欄を作るなどすると問題を作りやすいのではないでしょうか。

〈条件例〉
$-\sqrt{32}$、$-\sqrt{18}$、$-\sqrt{8}$、0、$\sqrt{2}$、$\sqrt{50}$、$\sqrt{72}$、$\sqrt{98}$
を使って魔方陣を完成させなさい。

上記のように取り扱う数を指定することで、答えは１パターンしかないことに気づき、４×４ではどうなるのか？といった疑問が出てきたり、「他にもあるかやってみよう」と意欲的に取り組むことができます。また、本授業では加減についての活動を行っていますが、乗法に発展させていくことも可能です。

〈乗法の問題例〉

$\sqrt{2}$	3	$2\sqrt{3}$
6		1
	2	

平方根の魔方陣

クラス（　　　　　）　番号（　　　　）氏名（　　　　　　　　　　　　　　　）

課題１　次の魔方陣を完成させよう。ただし、すべて√の形で書きます。（0は0とします）

$-\sqrt{32}$		
	$-\sqrt{2}$	
	$-\sqrt{50}$	$\sqrt{8}$

$-\sqrt{48}$	$\sqrt{3}$	0
		$\sqrt{12}$

魔方陣は、たて、よこ、ななめの和がすべて同じ数になるんだね！

$\sqrt{75}$	$-\sqrt{75}$	$-\sqrt{108}$	$\sqrt{192}$
	$\sqrt{12}$	$\sqrt{27}$	
			$\sqrt{3}$
$-\sqrt{147}$			$-\sqrt{48}$

$-\sqrt{245}$		$\sqrt{245}$	$\sqrt{320}$
	$\sqrt{180}$		
		$\sqrt{20}$	$-\sqrt{45}$
0	$\sqrt{45}$		$\sqrt{5}$

課題２　問題を作って友だちに解いてもらおう。

使う数を指定するなどの条件をつけても面白いね！

課題３　友だちの問題を解いてみよう。

38 二次方程式×広げる
発見！マッチ棒の規則

マッチ棒を規則的に並べる問題です。中学１年生では、横に伸ばしていく問題を扱う教科書が多いですが、横にも縦にも伸びていくことで、二次方程式の問題になります。必要なマッチ棒の数以外にも、点の数や面積にも注目することで、それらの関係性にも気づくことができ、発展的な視点をもてるようにしています。

準備するもの 教師：ワークシート

授業展開例

SCENE 1		SCENE 2		SCENE 3
・規則的に図形が変わっていることを知る。	→	・具体的な図形をかいたり、規則性を考えたりして取り組む。	→	・図形の規則性から様々な関係性を見つける。 ・表にすると規則性がわかりやすいことに気づく。

先生方へ

中学１年生でみられるマッチ棒の正方形を横に伸ばしていく問題を発展させて、横にも縦にも伸ばして考えていきます。二次方程式の問題ですが、計算が苦手、数量関係を見つけることが苦手な生徒でも、具体的な図形をかけば答えを出すことができます。

まず、図形がどのような規則で変わっているのかを知る必要があります。マッチ棒の数に注目したり、次の図形を予想してかいたりすることで、規則性が少しずつ見えてきます。

課題２の問題を解くときには、マッチ棒の数以外に点の数や面積を数えるので、条件が複雑になります。規則性を見つける際に、n番目として数式に表すと、分数になったり an^2+bn+c となったりして中学生には少し難しい内容（階差数列）になりますが、表にすると規則性がわかりやすくなり、表にした生徒を価値づけることで数学的な力が伸びます。

課題３の問題では、課題１、課題２を利用して問題を解きます。関係性が見いだせないときには、「たし算やひき算を使ってはどうか？」とヒントを出してもいいかもしれません。また、これまで解いた問題の答えから関係性を見つけるという思考をすることで、発展的に問題を捉える力が身につけばと思います。オイラー数（頂点の数－辺の数＋面積の数＝１）にふれることで、数学の歴史や知識の幅が広がることを期待します。

●参考文献・先行実践

Exploring Mathematics Special/Express 3B（SNP Panpac Pte Ltd.、2001年）
※シンガポールの数学の教科書より

発見！マッチ棒の規則

クラス（　　　　）　番号（　　　）氏名（　　　　　　　　　　　　　　）

同じ長さのマッチ棒がたくさんあります。この棒を使って、次のようなきまりで形を作ります。

【四角の場合】

①　②　③　・・・　⑤

【三角の場合】

①　②　③　・・・　⑤

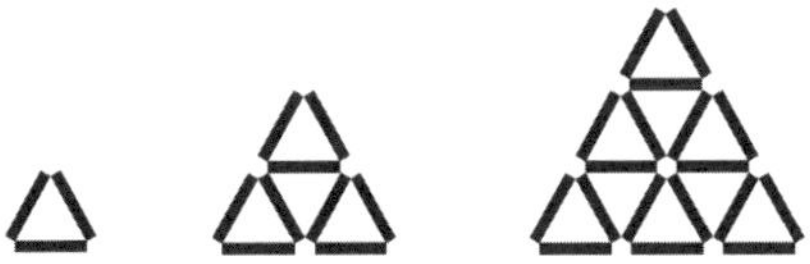

【家型の場合】

①　②　③　・・・　⑤

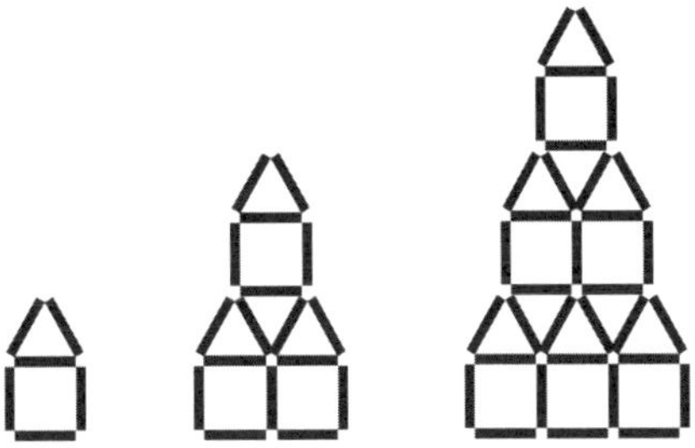

課題１　⑤の形を作るには、マッチ棒は何本必要でしょう。

課題２　⑤の形を作るとき、点の数はいくつになるでしょう。
また、マッチ棒で囲まれた三角形や四角形の数は、いくつになるでしょう。

課題３　それぞれの場合について、マッチ棒の数と頂点の数とマッチ棒で囲まれた三角形や四角形の数には、どんな関係があるでしょう。

《今日の授業の振り返り・感想》

39 二次方程式×出合う
二次方程式を図で解こう！

展開や因数分解で用いた図を活用して、二次方程式の解が求められることを体験することがねらいです。この解き方が考えられた時代では、負の数が認識されておらず、現在の二次方程式の解き方から考えると一面的であることを知るとともに、数学文化の発達に接することとなります。

準備するもの 教師：ワークシート

授業展開例

SCENE 1

・二次方程式の解き方として図をもとにしたものがあったことを知る。

→

SCENE 2

・特別な場合を考え、それを一般化する。
・別の場面を考え追究を続ける。

→

SCENE 3

・展開や因数分解で用いた図が二次方程式の解法に活用されていたこと、さらに三次方程式の解法にもつながることを知る。

先生方へ

展開や因数分解の学習では、正方形をもととした図形を用いて視覚的に理解を深めています。その考えを使うと二元一次方程式を解くことができます。しかし、その方法では、負の数を表すことができないため、二次方程式の解の公式へとは至りません。

このことは、数学文化の発展とも関わりがあります。8～12世紀のアラビアでは、作図をもとに二次方程式を解くことが考えられていました。しかしこの時代には負の数の概念がなかったため、二次方程式の解の公式が複数準備されていました。しかしながら、図形を活用して二次方程式を解く考え方は、カルダノ・タルタリアの三次方程式の解き方へとつながっていきます。興味深い数学の一面です。

課題1で整数値で処理できる二次方程式を取り上げ、既習の図形を活用して二次方程式を解くことができることと、平方完成の方法と結びつくことを体験させます。

課題2で、この解き方をxの係数が正の数の場合に一般化する数学的活動をさせます。

課題3では、「いつでも成り立つか」という数学的追究の一つとして、xの係数が負の数の場合を取り上げます。早くできた生徒には、この方法の可能性と限界について深めさせたいところです。そして、なぜ数学の教科書にこの方法が取り上げられていないのか、数学文化の発展について言及できるとさらによいでしょう。

●参考文献・先行実践
日本数学教育学会研究部『数学的活動を通した数学基礎と総合的な学習』（東洋館出版、2001年）

二次方程式を図で解こう！

クラス（　　　　）　番号（　　　　）氏名（　　　　　　　　　　　　　　）

8～12 世紀のアラビアでは、二次方程式を正方形の問題にして解いていました。
この方法を考えましょう。

課題１　二次方程式　$x^2+6x=4^2$　で考えます。空欄をうめて解き方を示しましょう。

①　１辺の長さが x の正方形をかきます。
その面積は x^2 になります。

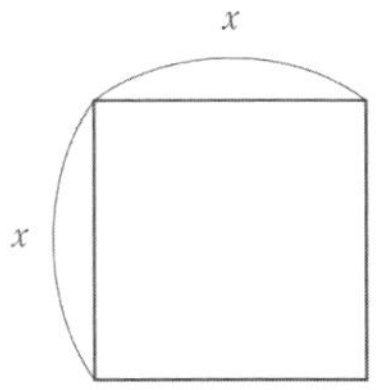

②　正方形の辺を横に６だけ延長して、
面積を□分ふやします。

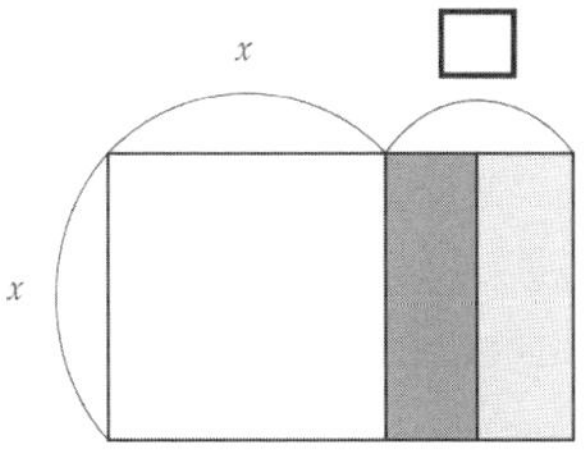

③　②で突き出した分の長方形を半分にして、
横□、縦□ずつ延長した形にします。

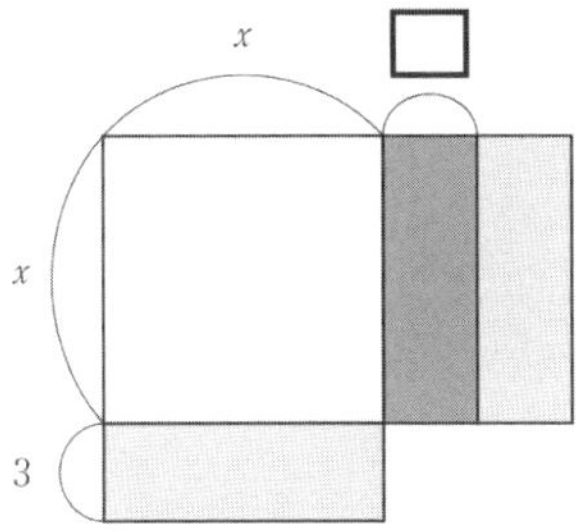

④　③に１辺の長さ３の正方形をつければ、
１辺の長さ（□）の正方形が得られます。

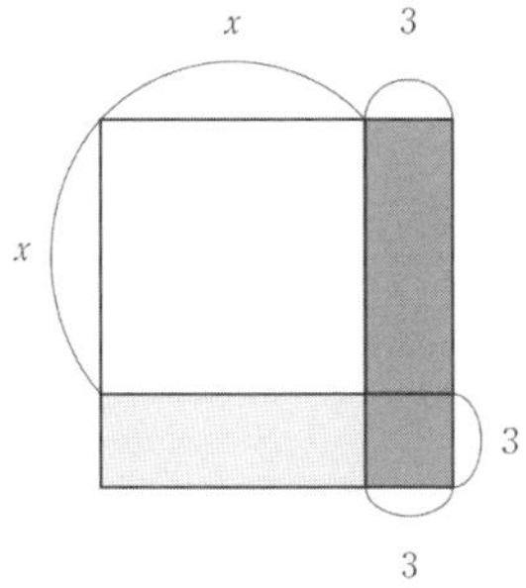

⑤　この図形の操作から、もとの二次方程式を次のように変形すれば、左辺が平方完成されることがわかります。

$x^2+6x=4^2 \quad \Rightarrow \quad (x+3)^2=16+3^2=25$

よって、$x+3=5$　より　$x=2$　となります。

この時代には、負の数が考えら
れていなかったからこのよう
な解き方が考えられたんだよ。

課題２　二次方程式　$x^2+ax=b$（a、b>0）について、解き方を示しましょう。

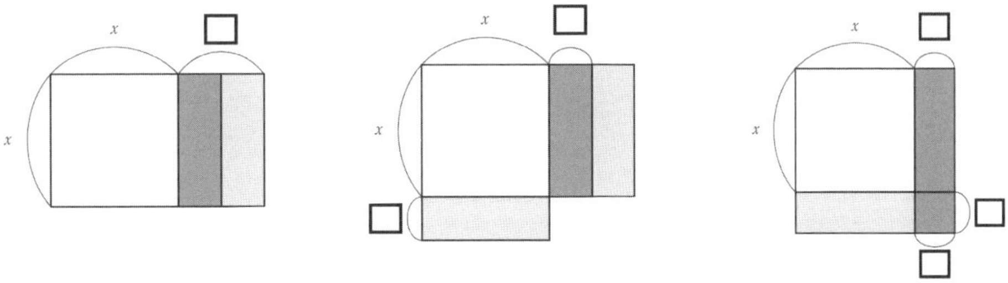

課題３　二次方程式　$x^2-6x=4^2$　ではどのような図になるか考えましょう。

(いろいろな関数)×(広げる)

40 友達に荷物を送る配送料を考えよう！

インターネット通販などが普及し、荷物を送ったり、荷物が自宅に届いたりすることは生徒にとって身近な事象です。しかし、荷物の縦・横・高さの和が配送料と関係していることはあまり知られていません。この活動を通じて、具体的な事象に潜む数量関係に目を向け、伴って変わる2つの数量について考察することができるようにします。

準備するもの 教師：ワークシート、グラフ黒板、グラフ用紙　生徒：定規

授業展開例

SCENE 1
- (1)～(4)について、個人で取り組む。
- 必要に応じてグラフの書き方などの復習を指示する。

≫

SCENE 2
- (1)～(4)について、グループ活動もしくは全体で取り組み、A社とB社のグラフを確認する。

≫

SCENE 3
- (5)について、どのような荷物を送ると考えたのかグループで共有し、解き合う。

≫

SCENE 4
- 送る荷物がどのような条件のときに、どの会社が得になるかについてまとめる。

先生方へ

(1)では、表からグラフに表現することで、2社の料金設定の大きさと価格帯の関係がよりわかりやすくなることを理解させます。数学に苦手意識をもっている生徒でも、A社とB社の最初の価格帯については例示されているため、取り組みやすい配慮をしています。そして、(2)と(3)の荷物がどちらの会社を利用すれば料金が安く得になるかを考えさせることで、グラフのよさを再確認できます。

(4)で提示した料金表はある運送会社のある時期に用いられた実際のデータです。荷物の配送料は荷物の大きさだけでなく重さも関係している場合があることに驚きを感じ、興味をもって取り組ませることができます。料金表のデータをもとにグラフを書き込ませたあと、必要に応じて課題の荷物の縦・横・高さの和を全体で確認するなどすると良いでしょう。そして、できたグラフをもとに、どんな条件の時にどの会社を使うと良いかを考察させていきます。

(5)では、「もし○○の荷物を送るとしたら」と具体例を挙げ、どのような荷物を提示すればよいかを考えさせます。相手にどの会社を利用すればよいかを迷わせる良い問題を作るために、配送料金について正しく捉え、より深く理解することが必要です。この問題は、1つの答えが出たら終わりというのではなく、いろいろな場面を考えて解答することができるようになっています。グループで解き合うことで、さらに理解が深まります。

なお、(4)や(5)を考えるにあたっては、「C社の料金を表にしたいのでグラフ用紙をください」という生徒の発言が出てくることを期待します。

友達に荷物を送る配送料を考えよう！

クラス（　　）番号（　　）氏名（　　　　　　　　　）

ヒロシさんは友達に荷物を送ることにしました。そこで、荷物の配送料について調べたところ、荷物の大きさによって決まることがわかりました。

次の料金表をもとに、配送料について考えましょう。

荷物の大きさは、次のように「縦と横と高さ」の和で決まる
例：縦 30cm、横 40cm、高さ 30cm　ならば　30＋40＋30=100　で 100cm

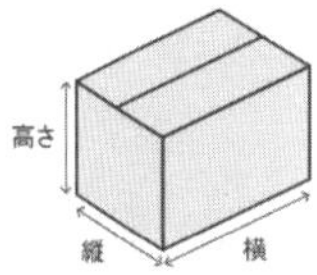

A 社の料金表

大きさ	60cm 以下	80cm 以下	100cm 以下	120cm 以下	140cm 以下
料金	1000 円	1200 円	1500 円	1900 円	2400 円

B 社の料金表

大きさ	70cm 以下	100cm 以下	130cm 以下	160cm 以下
料金	1100 円	1400 円	1700 円	2000 円

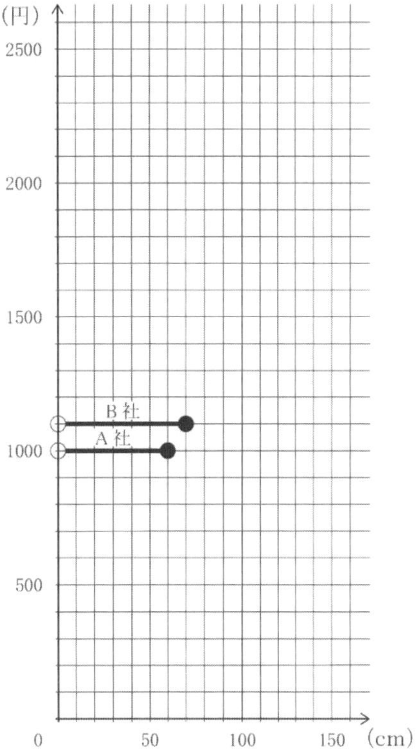

(1)　A 社と B 社のそれぞれの料金表をもとに、荷物の大きさと料金の関係を右のグラフにまとめましょう。

(2)　送りたい荷物が以下のような大きさと重さの場合、A 社と B 社のどちらを使うとよりお得になるか考えましょう。

（重さは 5kg）

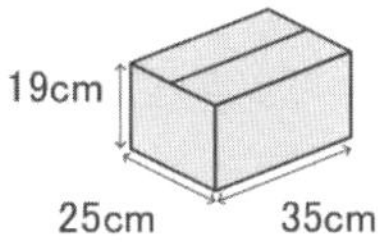

(3)　また、別の日に次のような荷物を送ることになりました。A 社と B 社のどちらを使うとよりお得になるか考えましょう。

（重さは 20kg）

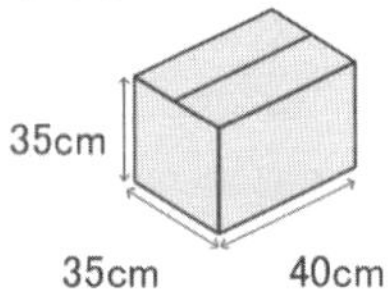

(4)　また、別の C 社では以下のように荷物の大きさと重さを比べ、どちらか大きい方のサイズを適用するという方法で配送料が決められています。<例：60cm の荷物だが、重さが 3kg であるならば 1150 円>

C 社の料金表

大きさ	60cm 以下	80cm 以下	100cm 以下	120cm 以下	140cm 以下	160cm 以下
重さ	2kg まで	5kg まで	10kg まで	15kg まで	20kg まで	25kg まで
料金	930 円	1150 円	1390 円	1610 円	1850 円	2070 円

C 社を含めて考えると、(2) や (3) の問題で送ろうと考えた荷物は、それぞれどの会社を使うとお得になるか考えましょう。

(5)　自分で送りたい荷物を考え、A 社・B 社・C 社の料金表をもとにどの会社を使うとお得になるかを答えさせる問題を考えましょう。

（重さは？kg）

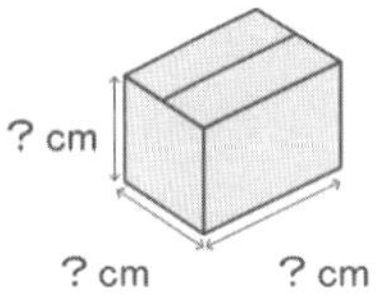

≪今日の授業の振り返り・感想≫

41 関数×深める
グラフに潜む暗号を読み解け！

座標やグラフをかく作業を通して、中学校3年間で学んだ関数の復習を行います。中学校1年生の座標、比例、2年生の一次関数、3年生での関数 $y=ax^2$ と順に出題することで、苦手意識をもっている生徒にも配慮しています。さらに、教科書では出題されていない、関数 $y=ax^2$ と一次関数の交点を求める問題を取り扱うことで、関数の理解を深めます。

準備するもの 教師：ワークシート、グラフ黒板　生徒：定規

授業展開例

SCENE 1

・個人で問題解決に取り組む。
・必要に応じて一次関数のグラフのかき方などを復習する。

→

SCENE 2

・グループ活動もしくは全体で座標やグラフを確認する。

→

SCENE 3

・式とグラフの関係を確認する。

先生方へ

「暗号を読み解け！」と生徒の興味をひくことで、比例や一次関数、関数 $y=ax^2$ の問題演習として、ただ座標や直線、曲線をグラフ用紙にかくだけでなく、楽しみながら取り組ませることができます。また、1年生の座標など基礎的な内容から始めることで、数学に苦手意識をもっている生徒でも取り組みやすいと感じさせることができると考えます。

課題1では、座標や比例、方程式とグラフ、対称移動について復習していきます。課題2では、比例と一次関数を復習し、切片と傾きをもとにしたグラフのかき方について復習していきます。課題3では、2点がわかるときの一次関数の式の求め方の復習と、関数 $y=ax^2$ のグラフのかき方、式の値の計算について復習していきます。課題4では、一次関数と関数 $y=ax^2$ のグラフから式の求め方を復習するとともに、グラフの交点はそれぞれの式の連立方程式の解と一致することから、グラフから読み取れない交点を求める活動を行います。この際、教科書では一次関数と関数 $y=ax^2$ の交点については取り扱われていないので、一次関数の交点は2つの式の連立方程式の解と一致することを振り返られると良いと考えます。

グループ活動もしくは全体でグラフを確認したあと、「グラフからアルファベットが読み取れますか？」や「並べ替えてみよう」と問いかけ、グラフに潜んだ暗号を解読させることで、3年間の関数について総復習でき、課題が解決したことで達成感を味わわせることができます。

グラフに潜む暗号を読み解け！

クラス（　　）番号（　　）氏名（　　　　　　　　　）

課題１～４のグラフには暗号が隠されています。関数の復習をしながら謎を解き明かしましょう。

課題１ 次のグラフについて、(1)～(4)の問いに答えましょう。

(1) 点 A, 点 B, 点 C の座標を求めましょう。

(2) 点 A と y 軸について対称な位置にある点 D をかき込みましょう。

(3) グラフ上の直線ℓを表す式は、次のア～エのどれでしょうか。

ア：$y=-6$　　イ：$y=-6x$　　ウ：$x=-6$　　エ：$x-y=-6$

(4) 方程式 $2x-8=0$ のグラフをかきましょう。

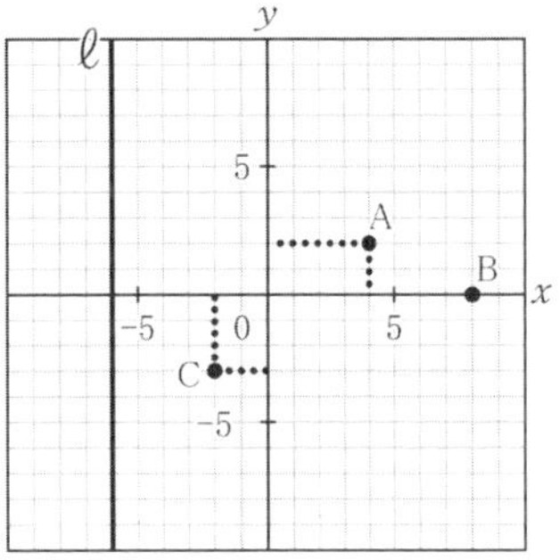

課題２ 右のグラフに、(1),(2)の直線をかき入れましょう。

(1) $y=5x$

(2) $y=-\frac{1}{4}x+11$

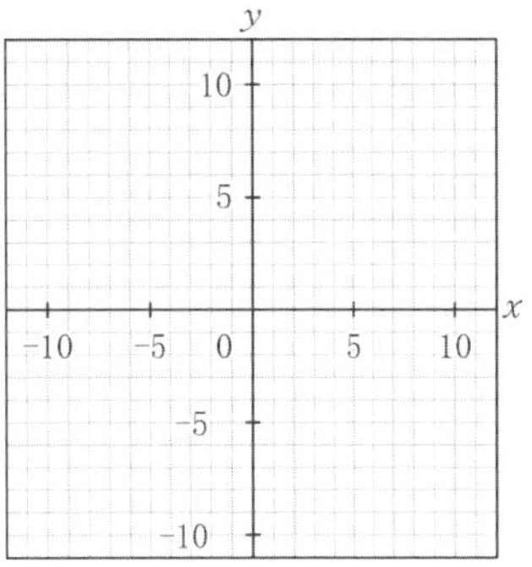

課題３ 次の問いに答えましょう。

(1) 右のグラフに２点 (6, 9), (12, 0) を通る直線をかき入れ、この直線の式を求めましょう。

(2) 右のグラフに $y=\frac{1}{4}x^2$ のグラフをかき入れましょう。

(3) $y=\frac{1}{4}x^2$ と (-6, 9) で交わり、傾きが 3 である直線を左のグラフにかき入れましょう。

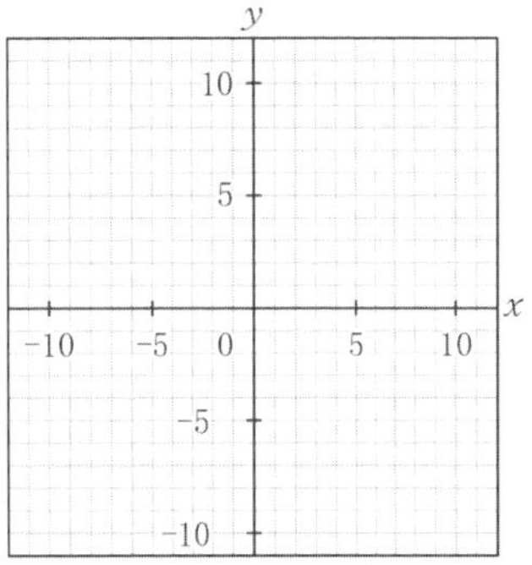

課題４ 次の問いに答えましょう。

(1) 右のグラフ中の①は関数 $y=ax^2$のグラフです。
xとyの対応する値を読んで、a の値を求めましょう。

(2) 右のグラフ中の②は①の曲線と 2 点で交わる直線です。
インク汚れで読み取れなくなってしまった交点を求めましょう。

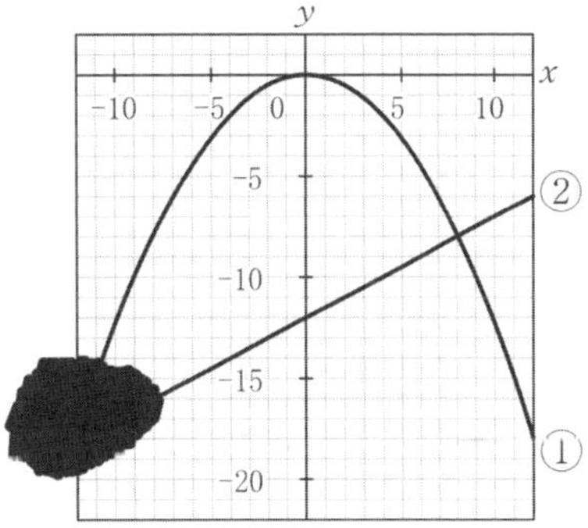

最終ヒント：課題１のグラフ上の点 A と点 D を結び、グラフを並び替えて暗号を読み解きましょう。

≪今日の授業の振り返り・感想≫

42 関数×深める

表を完成させよう！

表の空欄をうめる作業を通して、中学校３年間で学んだ関数の復習を行います。一般には中学校で学習しない関数まで扱い、関数に関する理解を深めます。さらに、課題２において測定値を扱うことで、生徒から「グラフをかいてもいいですか」という発言をひきだし、表、式、グラフのよさを感得させることがねらいです。

準備するもの 教師：ワークシート、グラフ用紙、グラフ表示するICT（Excel等）

授業展開例

SCENE 1

- 課題１に取り組む。
- グラフ用紙等は、はじめから全員に配布せず、必要な人が判断して使うように伝える。

SCENE 2

- 課題１、課題２に取り組む。
- 問題には難易度に差があるので、個人解決とグループ活動は区別せず、自由に話し合う。

SCENE 3

- 表、式、グラフの役割とよさを確認する。

先生方へ

表の空欄を埋めるという課題は、パズル・ゲーム感覚で取り組むことができるものです。そのため「このような関数は習っていない」というネガティブな発言よりも、「このような関数もあるんだ」というポジティブな発言が期待できます。こうしたつぶやきがあれば、大いに賞賛しましょう。

課題１では、中学校３年間に学んだすべての関数（比例、反比例、一次関数、関数$y=ax^2$）を扱っており、３年間の総復習を行うことが可能です。また、発展的に指数関数や$y=ax^2$の逆関数を扱い、関数への理解を深めます。この段階でも、「グラフをかいてもいいですか」「グラフ用紙をください」という生徒の発言が出てくることを期待します。

課題２では測定値を扱います。そのため表にある数値だけでは判断できず、グラフをかくこと、グラフから判断することが必要となります。課題２の③の式は$y=\frac{1}{12}x^2$で表の値は小数点第２位を四捨五入した値です。表からだけでは式に至りませんが、グラフ（右図）をかくことで、xとyの関係が推測できます。

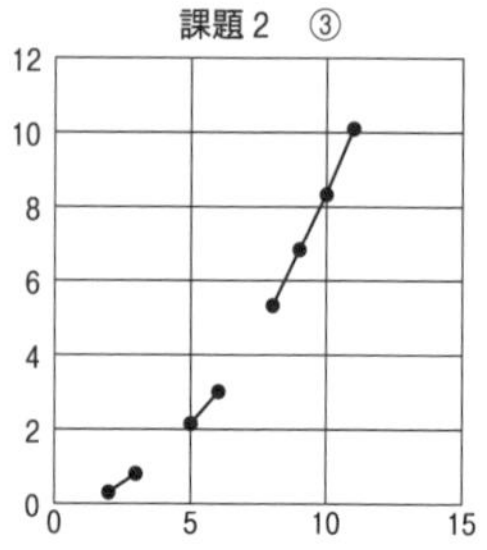

１時間のトピック授業であるので、新たに獲得する知識・技能はありませんが、まとめとして表、式、グラフのそれぞれの役割とそのよさを確認します。

●参考文献・先行実践
鈴木明裕『中学校数学科言語活動プラン＆評価問題』（明治図書出版、2016年）

表を完成させよう！

クラス（　　　　）　番号（　　　　）氏名（　　　　　　　　　　　　）

課題１　次の表は、それぞれ関数関係を表したものです。
空欄をうめて表を完成させましょう。

パズルみたいな
問題だね！

①

x	-2	-1	0	1	2	3
y	8	4	□	□	-8	□

②

x	-2	-1	0	1	2	3
y	-3	-1	□	□	5	7

③

x	-2	-1	0	1	2	3
y	2	$\frac{1}{2}$	0	$\frac{1}{2}$	□	□

④

x	-2	-1	0	1	2	3
y	$-\frac{1}{2}$	-1	□	□	$\frac{1}{2}$	$\frac{1}{3}$

⑤

x	0	1	2	3	4	5
y	□	2	4	□	16	□

⑥

x	-12	-6	-4	-3	-2
y	□	4	□	8	12

⑦

x	-3	-2	-1	0	1
y	3	□	□	1	$\frac{1}{3}$

⑧

x	-3	-2	-1	0	1
y	-6	$-\frac{8}{3}$	□	0	$-\frac{2}{3}$

⑨

x	-2	-1	0	1	2	3
y	5	2	1	□	5	□

⑩

x	1	4	9	16	25	36
y	1	□	3	4	□	6

課題２　次の表は、それぞれ実験を行った測定値です。
空欄にあてはまる適切な数は何でしょうか。

①

x	2	3	4	5	6	7	8	9	10	11	12
y	0.3	0.5	□	0.8	1	□	1.3	1.5	1.7	1.8	□

②

x	2	3	4	5	6	7	8	9	10	11	12
y	3	2	□	1.2	1	□	0.8	0.7	0.6	0.5	□

③

x	2	3	4	5	6	7	8	9	10	11	12
y	0.3	0.8	□	2.1	3	□	5.3	6.8	8.3	10	□

測定値だから
誤差があるよね。

《今日の授業の振り返り・感想》

43 円周角の定理×深める
角の大きさが等しくなる線を引こう！

円周上を12等分した点と点を結んで、同じ大きさの角を作る活動を通して、円周角の定理の学習を行います。円周角から弦と弦が交わってできる角まで、生徒から「この角も30°になりそうだ」という発言をひきだし、円周角の定理の本質を知ったり、そのよさを感得させたりします。

準備するもの 教師：ワークシート

授業展開例

SCENE 1
・課題１で、円周角が等しい線分を引く。

→

SCENE 2
・円周角以外にも等しい角があることを確認し、課題１、課題２に取り組む。
・個人解決とグループ活動は区別せず、自由に話し合う。

→

SCENE 3
・円周角の定理のよさを確認する。
・見つけた角の大きさの説明で、円周角の定理や他の定理を利用していたことを知る。

先生方へ

円周角の定理については、「ゴールをねらうサッカー少年が円周上でキックすれば、シュートコース角度はいつも30°になる」などといった問題や、「ある建物の端から端まで写真に撮るとき、どんな位置で撮影するとよいか」といった問題がよく見受けられます。こうした問題は、円周角の定理の逆の考え方を用いています。円周角の定理の本質を知るには、そもそも円があって、そこに自由に線分をかき入れる活動が大切です。

そこで、円周上を12等分した点と点を結んで、同じ大きさの角を作ることを課題にします。ユークリッド原論の第３巻命題20の中には、中心角は円周角の２倍の関係であること、タレスの定理では直径の円周角が直角になることが明示されています。またユークリッド原論では、同じように円周に線をかき入れて円周角の定理を証明しています。タレスやユークリッドといった偉大な数学者と同じような証明を追体験させることで、数学を発見する楽しさを味わえるのではないかと考えます。

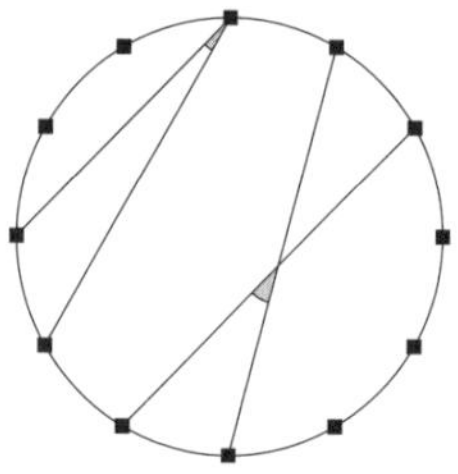

見つけた角がなぜ等しい大きさになるのかを説明させることは、円の半径の長さが等しいことや、円内にできる二等辺三角形や平行線に着目することにつながります。困っている生徒への助言の参考にしてください。このことは、円の本来の性質について深く考え、円周角と中心角との関係を見直すことになると考えます。

●参考文献・先行実践
野崎昭弘『意味がわかれば数学の風景が見えてくる』（ベレ出版、2011年）

角の大きさが等しくなる線を引こう！

クラス（　　　　　）　　番号（　　　　）氏名（　　　　　　　　　　　　　　　　）

課題１　円周を 12 等分した点がついた円があります。点と点を結んで、この図に 30°の角度をたくさん表しましょう。

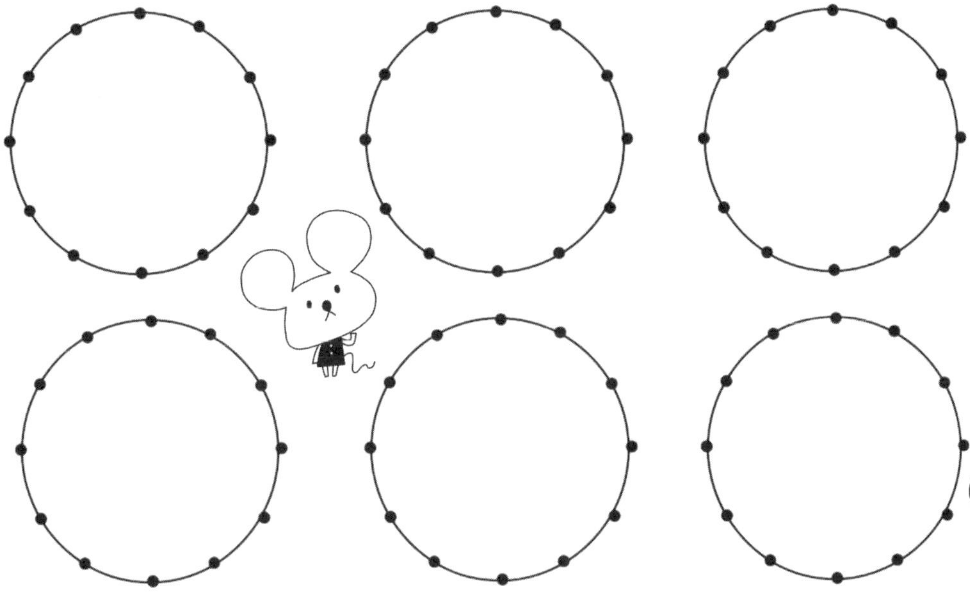

課題２　課題１の図を参考にして、30°以外にも、どのような角度が作れるか考えましょう。

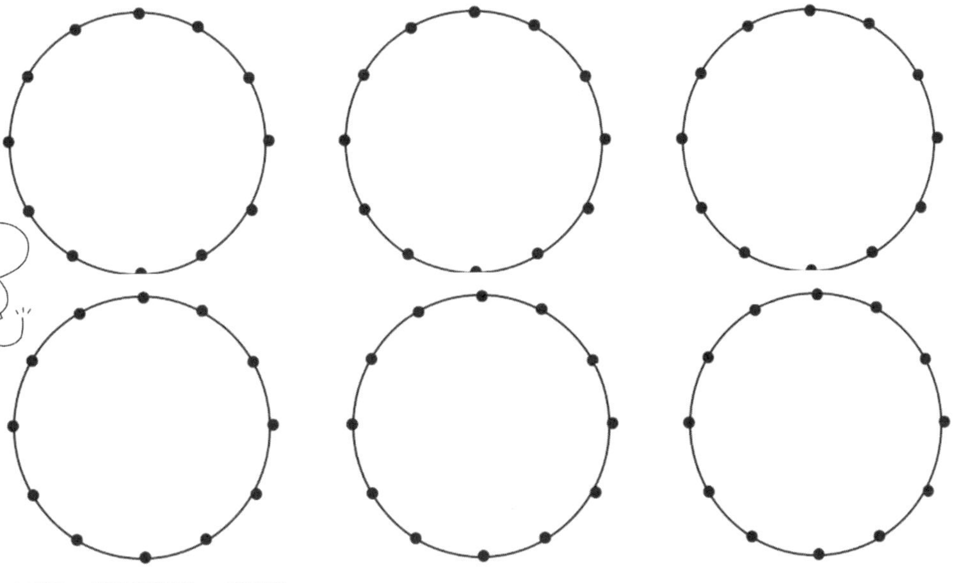

《今日の授業の振り返り・感想》

44

（相似）×（深める）

折り紙で数学？数学で折り紙？

折り紙の仕組みを論理的に考える問題です。実際にプリントを折り試行錯誤を繰り返すことで、相似の理解を深めます。さらに、相似の問題を解きながら、折り紙の折れ線を一次関数のグラフと考えられるようになると、数学の奥の深さを知ることもできます。

準備するもの　教師：ワークシート、A4かB5の紙を数枚

授業展開例

SCENE 1	SCENE 2	SCENE 3
・相似の学習内容を利用して課題1に取り組む。	・課題2、課題3では、具体的な操作活動をしたり、見方を変えたりして取り組む。 ・なぜその方法でよいのかの説明を考える。	・紙を折って試行錯誤を繰り返すうちに形が見えてきたことを確認する。 ・直線を一次関数のグラフとして見ると説明できることを知る。

先生方へ

小学生の頃に何度も遊んだ「折り紙」を数学的に考えます。計算をして論理的に正しいことが証明できると、折り紙の楽しみ方が増えませんか。他にも調べてみると、参考になるものが多く出てきます。

課題1は、長方形を3等分する折り目を見つけます。これまでに習った形を見つけられるかがポイントになります。相似の学習の復習として解いてもいいかもしれませんし、課題1の発展問題として、点GからＢＣに垂線を下ろし、その垂線の長さを考えても面白いと思います。

課題2では、実際に折るという活動を提案します。「3等分ができたから、4等分はどうやって折るのだろう？」と追究していくと、5等分の折れ線の一部が出てきます。このように順序立てて考えられることは大切なことです。

課題3【チャレンジ】では、見方を変えて「一次関数のグラフで垂直に交わるときの条件は？」と、ヒントを出しても良いでしょう。A4（210 mm×297 mm）、B5（182 mm×257 mm）用紙ともに、比率は1：1.414（＝$\sqrt{2}$）になります。「平面図形の問題を一次関数のグラフにかかれた直線と見る」という考え方を使うことで、図形と関数を関連づけて考える力がつき、高校の学習へとつながります。

振り返り・感想では、計算にこだわらず、実際に折る活動をした生徒や、一次関数と見ることができた生徒を価値づけたいものです。

●参考文献・先行実践

Yoshita『折り紙で学ぶ数学２』（星の環会、2008年）

折り紙で数学？数学で折り紙？

クラス（　　　　）　番号（　　　）氏名（　　　　　　　　　　　　　　）

ＡＢ＝ a ｃｍ、ＡＤ＝ b ｃｍの長方形ＡＢＣＤについて、次の問題に答えましょう。

課題１　この長方形をＡＥ＝ＥＤのように折ったとき、ＧＨの長さはいくつでしょう。

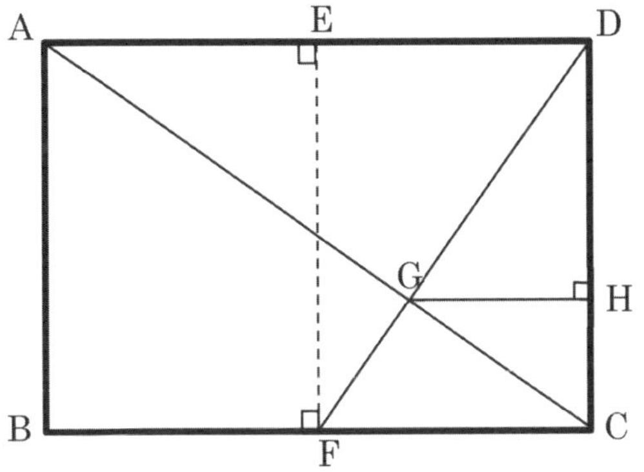
A
E
D
G
H
B
F
C

ということは、EFに平行で、Gを通る折り目は、長方形を○等分するためのものだ！

課題２　この長方形を５等分するためには、どんな折り目をつけるとよいでしょうか。

A
D
B
C

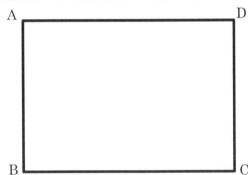

実際にこのプリントを折ってみよう！

課題３【チャレンジ】ＡＥ＝ＥＤでＡＣ⊥ＤＦのとき、ＡＤの長さを a を使って表しましょう。

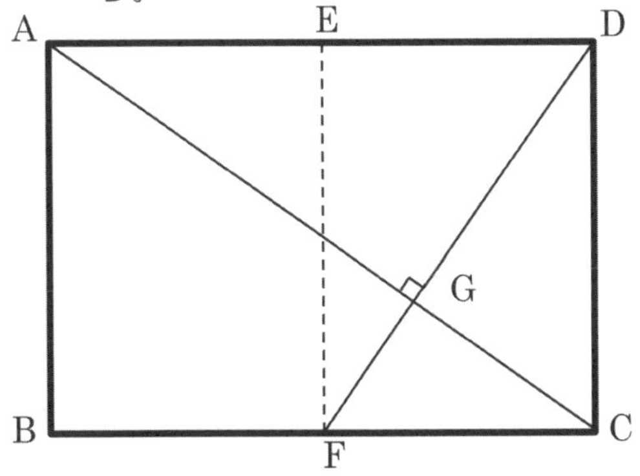
A
E
D
G
B
F
C

《今日の授業の振り返り・感想》

45 三平方の定理 × 広げる
正方形をかいてみよう！

三平方の定理を学習した後、1 cm^{2}から10 cm^{2}の正方形の作図をする活動を行います。これまでの学習を想起しながら作図しますが、三平方の定理を学習すると、コンパスを利用すればすべての正方形を作図することができることがわかります。

準備するもの　教師：ワークシート　生徒：定規、コンパス

授業展開例

SCENE 1
・プリントに定規を使って正方形をかいてみる。

→

SCENE 2
・個人解決とグループ活動は区別せず、自由に話し合う。どうやって作図したかを説明し合う。

→

SCENE 3
・どのように作図したのかをお互いに説明し合いながら、作図方法を吟味する。

先生方へ

三平方の定理の学習時期は、中学校での学習も終盤に差し掛かり、生徒は 9 年間（小学校 1 年生から中学校 3 年生まで）のまとめを意識して学習に向かっている時期です。

課題 1 では、「定規を使って正方形を作図しよう」と生徒に投げかけます。そして、平方根の学習の導入でよく使われる一辺が □ cm の正方形の作図を行うことから始まります。1 cm^2、4 cm^2、9 cm^{2}の正方形は簡単に作図できます。2 cm^2、8 cm^{2}も工夫すれば簡単に作図できます。しかし、5 cm^2、10 cm^{2}は少し考えなければ作図することができません。また、作図が完成したら、「なぜ、それでよいのかを説明しよう」と生徒に投げかけます。すると、方眼の面積で説明する生徒や、これまでに学習した三平方の定理を利用して説明する生徒も出てきます。この説明する活動を通して、平方根で学習したことと三平方の定理で学習したことがつながっていることを確認していきます。

課題 2 では、3 cm^2、6 cm^2、7 cm^{2}の正方形を作図をします。これらは、三平方の定理を必要とするため、平方根の学習場面では扱っていません。残していた問題があり、それを解決しようとする態度を育成したいところです。三平方の定理を学習した直後なので、「コンパスを使ってもいいですか？」と生徒の発言が出てくることを期待します。ここで「コンパスをどのように使うと正方形がかけますか？」と問い、正方形と三平方の定理を活用して作図する方法を説明し作図することで、単元を広げて考えていくことの楽しさを感じさせることができます。

●**参考文献・先行実践**
文部科学省『中学校学習指導要領（平成29年告示）解説』数学編（日本文教出版、2018年）

正方形をかいてみよう！

クラス（　　　　）　番号（　　　）氏名（　　　　　　　　　　　　　　）

課題１　下の方眼用紙を使って、１cm^2、２cm^2、４cm^2、５cm^2、８cm^2、９cm^2、10 cm^2 の正方形を作図しましょう。

まずは、定規だけを使って作図しよう！

課題２　３cm^2、６cm^2、７cm^{2}の作図方法をこれまでの学習を振り返って考えてみましょう。
ヒントをもとに話し合い、仲間と協力して作図してみよう。

定規だけで作図はできるかな？

《今日の授業の振り返り・感想》

46 三平方の定理×出会う
三平方の定理をいろいろな方法で証明しよう！

三平方の定理の証明は多くの数学者が取り組んできています。ここでは、多くの教科書の章末や巻末でも取り上げられている最も有名なユークリッド原論における証明を図に色を塗ることで追体験します。また、別の視点の証明であるガーフィールドの証明に挑戦します。このような活動を通して、三平方の定理の理解を深めます。

準備するもの 教師：ワークシート

授業展開例

SCENE 1

・三平方の定理の証明には多くの方法があることを知る。

→

SCENE 2

・教科書等を参考にしてユークリッドの証明を追体験したり、ガーフィールドの証明を考えたりする。

→

SCENE 3

・他の証明方法に関心をもつとともに、興味深く感じた方法について話し合う。

先生方へ

三平方の定理の証明には、それだけで１冊の本ができるくらい多くの証明方法があります。その中で最も有名な証明は、ユークリッド原論における証明でしょう。多くの教科書で章末・巻末に示されています。しかし、時間的余裕がなくて扱いきれないのが実際ではないでしょうか。

ユークリッド原論の証明を生徒が自分達の力で見いだすことはとても困難なことです。証明を読んで理解するのも簡単なことではありません。そこで、図の中にある等しい面積の図形を探し、色を塗っていく活動を、ときには補助線を使って行います。困っている生徒には、教科書にある証明を参考にしながら、①から④へ移動する途中の②③の図形を探すよう指示します。そうしてユークリッド原論の証明を追体験させたいものです。

ユークリッド原論の方法を体験したなら、教科書に書かれていない他の証明方法にも挑戦したいものです。その一つとして、ガーフィールドの証明を取り上げます。

ジェームズ・ガーフィールドは第20代アメリカ合衆国大統領で、1831年から1881年まで生きた人です。この図自体が素晴らしいアイデアです。このアイデアを生かすと、中学生でも「自分で説明できた！」と感じることができます。この活動を機に、様々な三平方の定理の証明に興味をもたせたいものです。

●参考文献・先行実践

E・マオール『ピタゴラスの定理―4000年の歴史』（岩波書店、2008年）

三平方の定理をいろいろな方法で証明しよう！

クラス（　　　　）　番号（　　　　）氏名（　　　　　　　　　　　　　　　　）

課題１　数学者のユークリッドは、補助線を引いて、等積変形させることによって三平方の定理を証明しました。

その方法は、右の図の①の面積が④の面積と等しいことを説明することが基本です。どのように等しい面積の図形が移動していったのか、補助線をひいて、順々に色を塗っていきましょう。

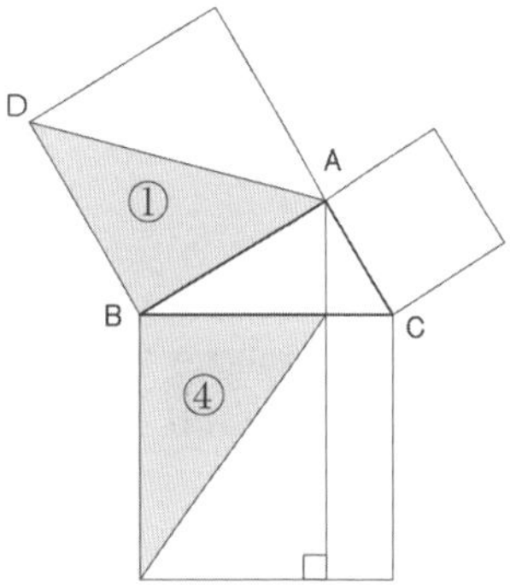

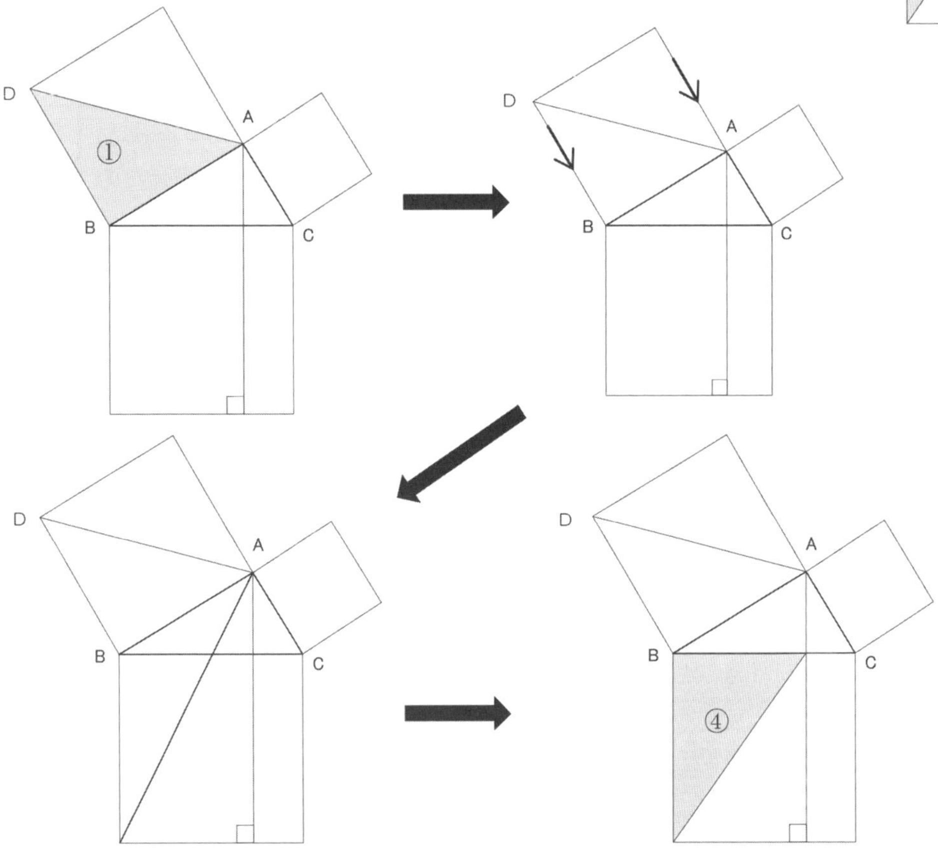

課題２　ガーフィールドは直角三角形に２つの三角形をかき加えて、面積を使って証明しました。その証明を考えましょう。

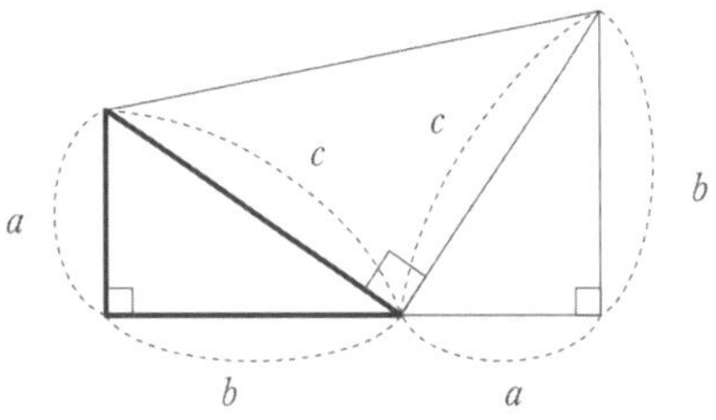

《今日の授業の振り返り・感想》

47 三平方の定理 × 深める
よりよく三角形の面積を求めよう！

三平方の定理を活用して三角形の面積を求めます。底辺の位置を変えることで、高さについて生徒から「こっちの方が求めやすそうだ！」という発言を引き出し、三平方の定理を活用する力を高め、多様な考え方をすることのよさを感得させます。

準備するもの 教師：ワークシート

授業展開例

SCENE 1		SCENE 2		SCENE 3
・三角形の面積を求めるために、高さを設定し、三平方の定理を活用する。	≫	・多様な考え方で取り組むとともに共有する。 ・個人解決とグループ活動は区別せず、自由に話し合う。	≫	・三平方の定理のよさ、多様な考え方のよさを確認する。

先生方へ

三角形の底辺の位置の置き方を変えて、三角形の面積を求めるにあたり、その高さをどこに置くとよいかを考える課題です。

社会一般によくある三角形では、３辺の長さはわかるが、高さは測って求められないという場合は少なくありません。しかし、算数・数学の三角形の問題では、高さが与えられています。そこで今回は、どんな三角形も３辺の長さがわかれば、三平方の定理を用いることで面積を求めることができることに気づかせます。

まず課題１で、どこを底辺として考えるとよりよく面積が求めることができるかを、二等辺三角形を横倒しにした問題を解かせることで気づかせます。このままの位置で考えると、底辺が10cm、高さをｈとした三平方の定理をもとにした連立方程式を解かなければなりません。しかし、二等辺三角形であることに気づけは、ＡＣを底辺として高さｈを求めることは容易です。

課題２では、「７５８の三角形」と呼ばれる３辺の長さが異なる三角形の面積を求めます。高さだけではなく、一部の角度の大きさも求めることができるおもしろい問題です。さらにここでの体験は、高等学校で学習するヘロンの公式（三角形の３辺の長さのみで面積を求める公式）につながるものとなっています。

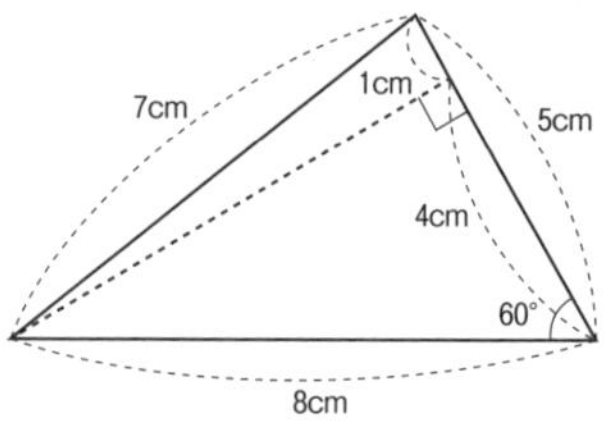

●参考文献・先行実践
野崎昭弘『意味がわかれば数学の風景が見えてくる』（ベレ出版、2011年）

よりよく三角形の面積を求めよう！

クラス（　　　　）　番号（　　　）氏名（　　　　　　　　　　　　　）

課題１　三辺の長さがＡＢ＝１０㎝、ＢＣ＝１０㎝、ＣＡ＝$\sqrt{10}$ ㎝の△ＡＢＣがあります。このままでは面積は求められません。まず、求めることができそうなことを挙げましょう。そして得られた値を観察して面積を求めましょう。

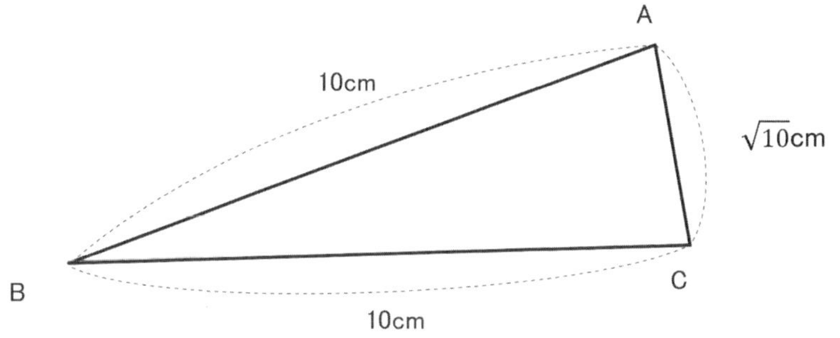

課題２　三辺の長さがＡＢ＝７㎝、ＢＣ＝８㎝、ＣＡ＝５㎝の△ＡＢＣがあります。この三角形の面積を求めるために、求めることができそうなことを挙げましょう。そして得られた値を観察して面積を求めましょう。

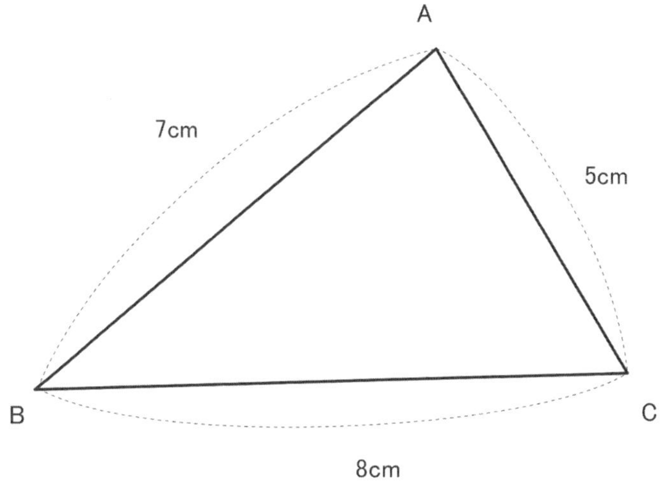

《今日の授業の振り返り・感想》

48 データの活用×深める
実験！母集団の平均値を推定しよう

標本調査では、母集団の平均値（以下、母平均）を推定するために、標本平均を用いることを学びます。しかし、どうして標本平均から母平均を推定できるのでしょうか。ここでは、実際に標本抽出を繰り返し、標本サイズを変えた標本平均の分布を作成することで、理論と関連づけて、その理由を実感させることをねらいとしています。

準備するもの 教師：ワークシート、乱数表

授業展開例

SCENE 1

・問題場面を確認する。
・標本サイズ 4、8、12、20と 2 班ずつに分かれる。

SCENE 2

・班ごとに乱数表を用いて指定されたサイズの標本を抽出する。
・ヒストグラムと箱ひげ図を作成する。

SCENE 3

・標本サイズが大きい標本平均の分布ほど正規分の形に近づくことを確認する。
・標本サイズが大きいほど散らばりが小さく、箱ひげ図の箱も狭くなることを確認する。

先生方へ

標本サイズ 4 、8 、12、20で各20回ずつ標本を無作為に抽出し、その標本平均（単位：m）を求めました。その結果、標本平均の分布（ヒストグラム：階級の幅 1 ）は、例えば次のようになります。

	標本サイズ 4	標本サイズ 8	標本サイズ12	標本サイズ20
1	31.5	24.0	22.9	24.1
2	21.0	26.4	23.4	24.1
3	24.3	21.9	23.6	23.1
4	21.0	25.4	24.3	24.2
5	22.5	24.3	24.2	25.5
6	25.8	23.5	22.3	23.0
7	23.8	24.4	24.9	25.3
8	26.0	25.5	24.5	24.2
9	27.8	22.6	24.1	24.7
10	23.8	24.5	24.3	24.1
11	26.8	23.9	22.8	25.7
12	22.5	22.6	25.3	23.3
13	25.0	22.8	22.4	24.0
14	22.8	26.3	26.3	23.6
15	24.0	25.1	26.4	24.1
16	27.5	23.0	25.6	24.3
17	21.5	23.0	24.6	25.0
18	24.0	23.4	24.1	23.5
19	23.8	24.6	24.5	24.3
20	27.5	25.3	24.9	24.7

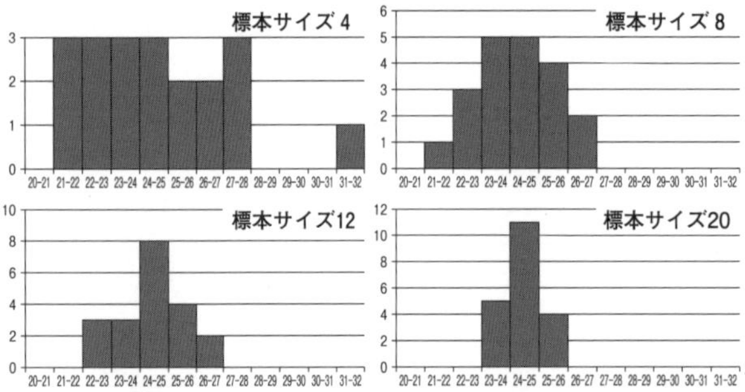

標本サイズが大きいと、実験も大変

実験結果（各標本サイズに対する20個の標本平均）の分布から、標本サイズが大きいほど、標本平均の分布は正規分布（釣鐘型）に近づき、散らばりも小さくなることがわかります。箱ひげ図を用いれば、さらに箱の部分（50%の区間）が狭くなるため、実験結果（標本平均）が密集することを視覚的に把握できます。この背景には、統計学で学ぶ「標本平均の分散」と「中心極限定理」があります。この実験を行えば、なぜ標本平均から母平均を推定できるのか、標本サイズが重要なのか、といった疑問にも、実感を伴って納得することができます。

●参考文献・先行実践
柗元新一郎編『中学校数学科統計指導を極める』（明治図書、2013年）

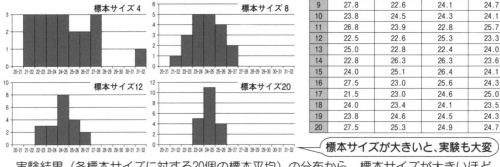

実験！母集団の平均値を推定しよう

クラス（　　　　　）　番号（　　　　）氏名（　　　　　　　　　　　　　　　　）

【課題】

右表はある中学校の 3 年生男子のハンドボール投げの記録（単位：m）です。この表から、母集団の平均値をよりよく推定する方法を考えよう。

(1)　計算をせずに母集団の平均値を予想しよう。

予想：　　　　　(m)

(2)　(1)の予想を確かめるため、班ごとにア～エのいずれかに従い、乱数表を用いて標本を無作為に抽出し、標本平均を求めます。これを 20 回繰り返し、20 個の標本平均の分布について、ヒストグラムと箱ひげ図を作成しよう。

ア：標本として 4 人抽出する（標本サイズ 4）

イ：標本として 8 人抽出する（標本サイズ 8）

ウ：標本として 12 人抽出する（標本サイズ 12）

エ：標本として 20 人抽出する（標本サイズ 20）

表：中学 3 年生の男子 80 人の記録(m)

	記録(m)		記録(m)		記録(m)		記録(m)
1	18.0	21	20.0	41	27.0	61	26.0
2	28.0	22	21.0	42	26.0	62	28.0
3	24.0	23	22.0	43	25.0	63	27.0
4	27.0	24	20.0	44	25.0	64	27.0
5	23.0	25	24.0	45	25.0	65	22.0
6	30.0	26	25.0	46	22.0	66	22.0
7	25.0	27	26.0	47	23.0	67	19.0
8	32.0	28	27.0	48	23.0	68	22.0
9	31.0	29	30.0	49	21.0	69	21.0
10	22.0	30	28.0	50	27.0	70	23.0
11	21.0	31	24.0	51	26.0	71	23.0
12	22.0	32	19.0	52	24.0	72	22.0
13	19.0	33	26.0	53	25.0	73	18.0
14	20.0	34	25.0	54	21.0	74	22.0
15	24.0	35	22.0	55	16.0	75	21.0
16	25.0	36	19.0	56	20.0	76	19.0
17	24.0	37	29.0	57	19.0	77	31.0
18	26.0	38	29.0	58	23.0	78	29.0
19	30.0	39	28.0	59	28.0	79	35.0
20	24.0	40	22.0	60	21.0	80	31.0

ア　標本サイズ 4 の実験結果

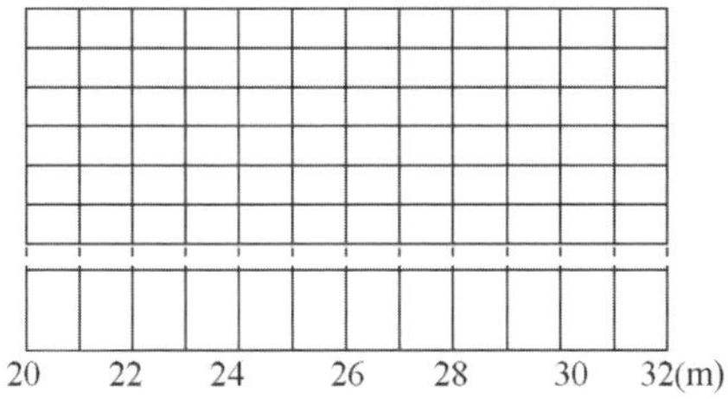
20 22 24 26 28 30 32(m)

イ　標本サイズ 8 の実験結果

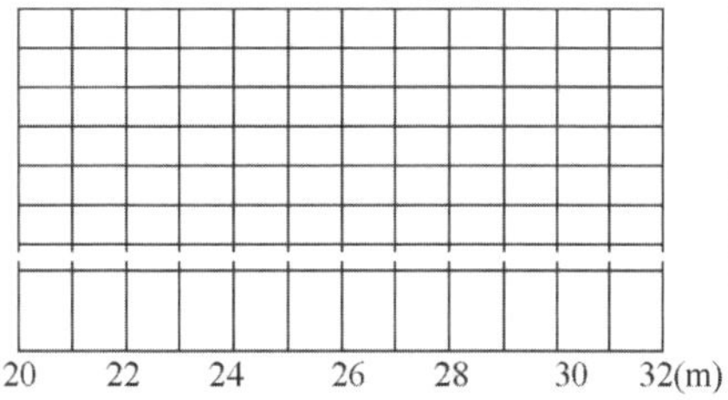
20 22 24 26 28 30 32(m)

軸の値を決めて、上にヒストグラム、下に箱ひげ図を書こう！

ウ　標本サイズ 12 の実験結果

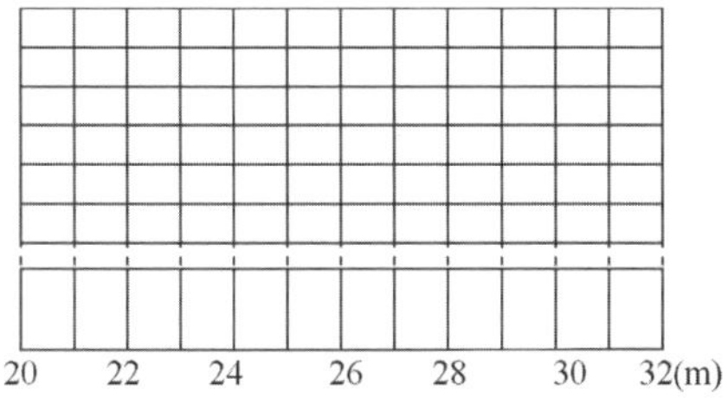
20 22 24 26 28 30 32(m)

エ　標本サイズ 20 の実験結果

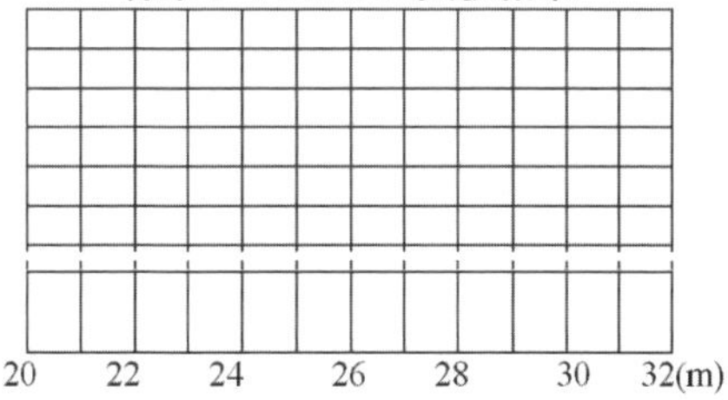
20 22 24 26 28 30 32(m)

(3)　母集団の平均値を実際に求め、実験結果と比べよう。標本平均の分布の比較を通して、標本から母集団の平均値を推定できる理由について、どんなことがわかったかまとめよう。

<わかったこと>

母集団の平均値：　　　　　(m)

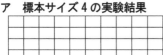

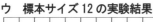

49 数と式×深める
数学パズル ピラミッド計算にチャレンジ！

数学を楽しむパズルです。基本はピラミッド形の最大２数のたし算です。条件を増やしたりすることで、学年や領域を問わず行うことができます。こつこつ計算したり、文字に置き換えて取り組んだりと、自分に合った方法で数学を楽しむことができます。

準備するもの 教師：ワークシート

授業展開例

SCENE 1

・〔例〕を参考にし、計算の方法を知る。

SCENE 2

・個人やグループで問題を解くことを楽しむ。
・試行錯誤したり、そこから推論をしたりしながら粘り強く問題に取り組む。

SCENE 3

・試行錯誤することが、解決の見通しを立てるのに有効であることを確認する。

先生方へ

このピラミッド計算は、以前、バラエティー番組でも放送された有名なパズル問題です。現役東大生などが取り組んでいた問題ですが、中学生でも十分チャレンジできる内容です。

最下段に入る数は１桁の正の整数で、それをたしていけば良いので計算方法はとても簡単です。決められた解答にするために試行錯誤をすることで、ある数を入れると解答の数の大きさを予想したり、ある場所に入れることで、その数に強く影響するのか、そうでないのかを判断したりして、いつの間にかパターンを考えて問題を解くことができます。【中級】では、解答が何通りかあったり、少し悩んだりするので友達に「できた！」と伝えたくなります。それを聞いた友達は、いままで考えていた数字と違うことを言われる場合があるので、必然的に確かめたり、考え方を聞いたりするなどの会話が生まれます。また、最下段に abcde などの文字を入れると、最上段は $a+4b+6c+4d+e=100$ となり、文字式で解くことが困難になります。【上級】では、答えが１つしかなく、難易度が上がります。友達と相談しながら解けると、数学を楽しめます。

振り返り・感想では、生徒の学習の様子から試行錯誤するよさや場合に分けて考えたことを価値づけることで、普段の授業でもそういった力が発揮できる動機になることを期待します。

●参考文献・先行実践
「たけしのコマ大数学科」（フジテレビ、2006～2013年）

数学パズル　ピラミッド計算にチャレンジ！

クラス（　　　　）　番号（　　　　）氏名（　　　　　　　　　　　　　　）

右のようなピラミッド状の積み木があります。
最下段には１桁の異なった１～９の数字が入ります。
隣り合う２つの数の和を上の段に記入していきます。
<例>最下段に１、２、３が入ると、右の図のようになります。

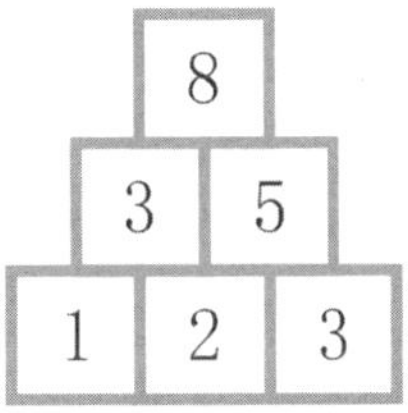

8
3 5
1 2 3

【初級】最上段が 30 になるとき、最下段に入る数は何でしょう。

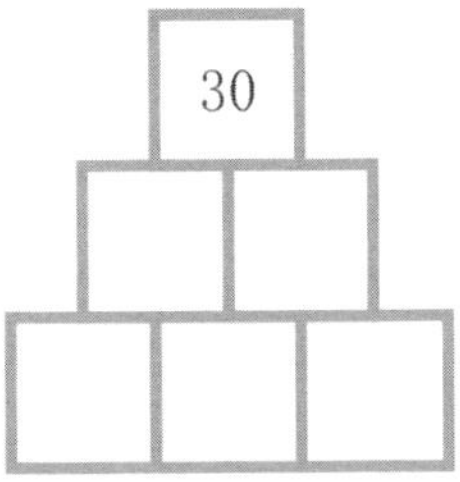

30

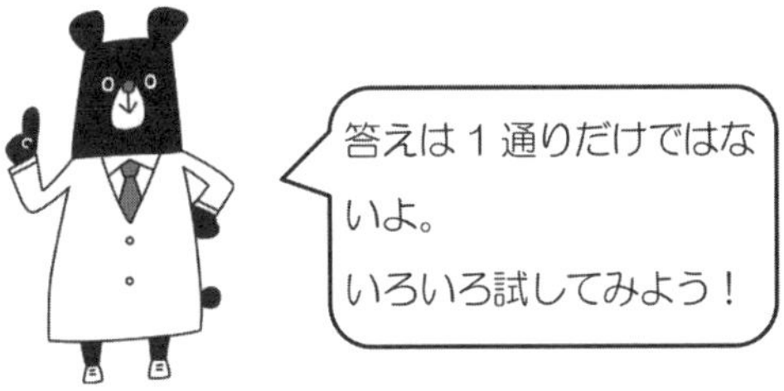

答えは１通りだけではないよ。
いろいろ試してみよう！

【中級】最上段が 100 になるとき、最下段に入る数は何でしょう。

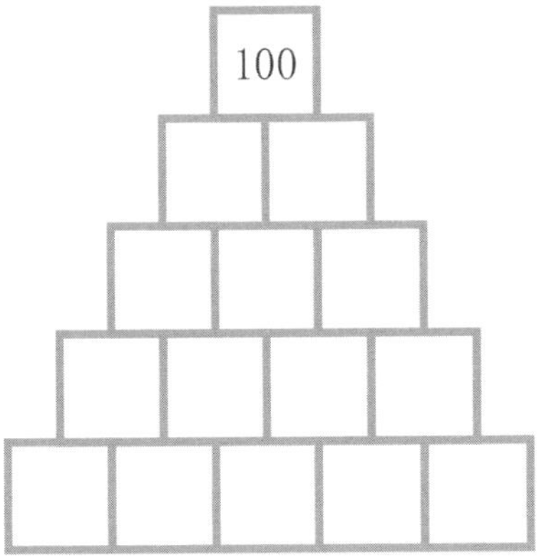

100

【上級】最上段が 100 になり、最下段の数の和が最小になるとき、最下段に入る数は何でしょう。

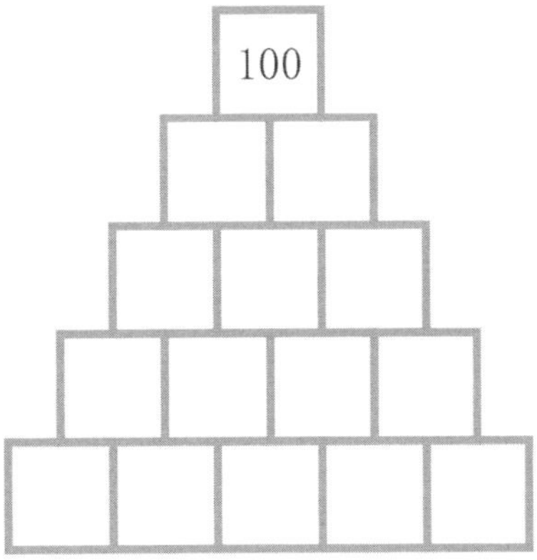

100

《今日の授業の振り返り・感想》

50 数と式×出会う 数学パズル“虫食い算”・“覆面算”にチャレンジ！

数学を楽しむパズルとして有名な虫食い算、覆面算を行います。純粋に数学パズルを知り、楽しむことは、学年を問わず行うことができます。数学が好き、得意という生徒には、推論の進め方、文字の式との比較まで深めることもできます。

準備するもの 教師：ワークシート

授業展開例

SCENE 1

・虫食い算、覆面算という数学パズルがあることを知る。

SCENE 2

・パズルで数学を楽しむ。
・試行錯誤や推論をしながら問題に取り組む。

SCENE 3

・古くから数学を楽しむ文化があったことを知る。
・パズルの解き方を振り返り、数学的な見方・考え方を活用していたことを確認する。

先生方へ

「虫食い算」という名称の由来は、計算式の中に虫に食われたような穴があることです。洋の東西を問わず、古くから楽しまれた数学パズルであり、現在では、Web 検索をすると参考になるものも多く出てきます。

このような数学パズルがあること、古くから多くの人々が楽しんできたことを知ることは、数学を身近に感じたり、見方を変えたりするきっかけとなるでしょう。純粋に数学パズルを楽しむこと自体に意味があるので、数学が苦手な生徒は1問でも楽しく取り組めればよいでしょう。

数学が得意な生徒には、問題を解くときに、条件を整理したり、推論を働かせたり、それを振り返ったり、文字の式を使っての解き方と比較をしたりして、さらに学びを深めることができます。

例えば【覆面算】①では、$C+C=A$ について、文字の式を使って解こうとした時も繰り上がりがある場合（$C \geqq 5$）とない場合（$C<5$）を区別して考える必要があります。数学パズルを解こうとして思考、推論していることが、かなり高度なことを自然に行っていたことを確認できます。

また【特別な虫食い算】については、1から9の数の順列だから $9!=362880$ 通り試みれば必ず答えを得られますが、そのようなことはしません。「この□に入る数は○か○しかない」等の数学的な見方・考え方を働かせて問題解決を行います。このことを振り返りで確認できるとよいです。

●参考文献・先行実践

Newton 別冊『数学パズル 論理パラドックス』（ニュートンプレス、2011年）

数学パズル “虫食い算”・“覆面算”にチャレンジ！

クラス（　　　　）　番号（　　　　）氏名（　　　　　　　　　　　　　　　　　）

【虫食い算】

次の□に適切な数（0から9）を入れ、計算が成り立つようにしよう。

① $\square 7 \square 6 \square \times 7 = 3 \square 2 9 \square 6$

②
$$\begin{array}{r} \square\square \\ \times\ 2\square \\ \hline \square\square\square \\ +\ \ \square\square \\ \hline \square\square 1 \square \end{array}$$

答えが１通りだけでない問題もあるよ。楽しく考えよう！

【覆面算】

次の計算で、同じ文字には同じ数が入ります。
適切な文字の値を求め、計算が成り立つようにしよう。

「鳥は木が好きです」
言葉遊びになってるね。

①
$$\begin{array}{r} ABC \\ +BAC \\ \hline CACA \end{array}$$

②
$$\begin{array}{r} TREE \\ +\ \ LIKE \\ \hline BIRDS \end{array}$$

【特別な虫食い算】

次の□には、１から９までの数字が１回ずつ、すべての数字が入ります。
計算が成り立つように、□に適切な数を入れよう。

①
$$\begin{array}{r} \square\square \\ \times\ \ \square \\ \hline \square\square \\ +\square\square \\ \hline \square\square \end{array}$$

②
$$\begin{array}{r} \square\square\square \\ -\square\square\square \\ \hline \square\square\square \end{array}$$

《今日の授業の振り返り・感想》

コラム④

「回したいのは先生ですよね？」

❖回転すると面白い課題

30数年前、大学の附属中学校に勤務していた頃、研究発表会１週間前に起こった出来事です。

私は、公開授業でコンピュータを使うように副校長から指示を受けていました。そのため、数ヶ月前からプログラミングをしていたのです。同僚に出来上がったソフトウエアを見せたところ、激賛されて安心していました。発表会１週間前には、助言者であるＩ先生にも見ていただくことになっていて、どんな反応をされるか、楽しみにしていました。

公開授業の課題は、「線分ＡＢ上に点Ｃをとり、辺ＡＣ、辺ＢＣを１辺とする正三角形ＡＣＤ、正三角形ＢＣＥを同じ側に作ったとき、線分ＡＥとＢＤは常に等しいことを示せ」でした。

この課題が面白いのは、点Ｃを中心に正三角形ＢＣＥが回転しても、いつもＡＥ＝ＢＤが成り立つことです。私はキーボタンを押すと、正三角形ＢＣＥが回転するソフトウエアを自作しました。生徒が操作しながら「おや、この長さはいつも等しいのでは？」と課題を発見し、数学的に明らかにしようとする授業展開を考えたのです。

❖生徒は回したいでしょうか？

このソフトウエアをＩ先生に見せたときです。「三角形を回したいのは先生ですね。生徒が『なぜ回すの？』と聞いたら、どう答えますか」と言われたのです。「回すと面白いことがわかるからです」と答えたのですが、「生徒は三角形を回したいと思うでしょうか」と言われました。「点Ｃが線分ＡＢ上になくてもＡＥ＝ＢＤと言えます。点Ｃを固定すると、たまたま回転しているように見えるだけで、それはこの課題の本質ではありません。教材研究不足です」とばっさり斬られました。まったくその通りでした。己の教材研究の甘さを突きつけられ、公開授業を辞退したいと思うほど強く打ちひしがれました。数学教師として永遠に忘れられない思い出です。

（玉置崇）

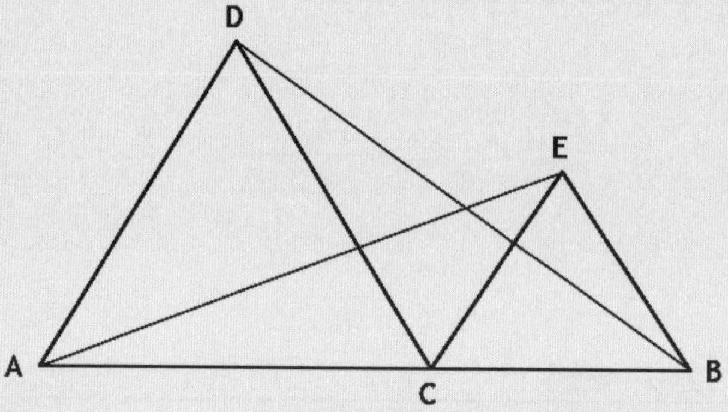

解答編

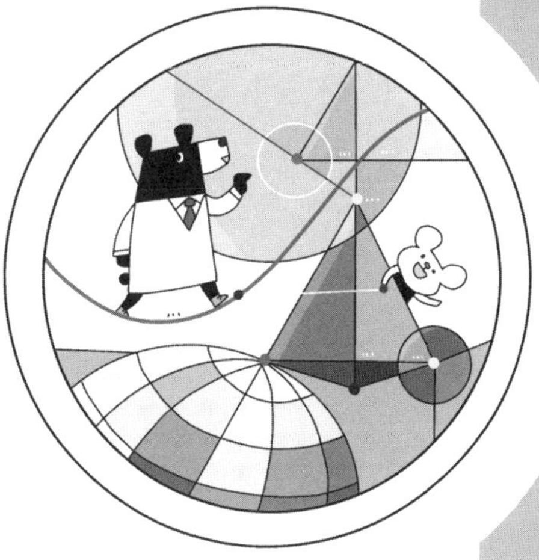

※ここに掲載されている内容は、あくまでも解答の一例です。

No.1

いろいろな民族の昔の数字を学ぼう！

クラス（　　）番号（　　）氏名（　　　　　　　　）

古代、それぞれの民族が、数を表す文字（記号）を考案し、利用していました。

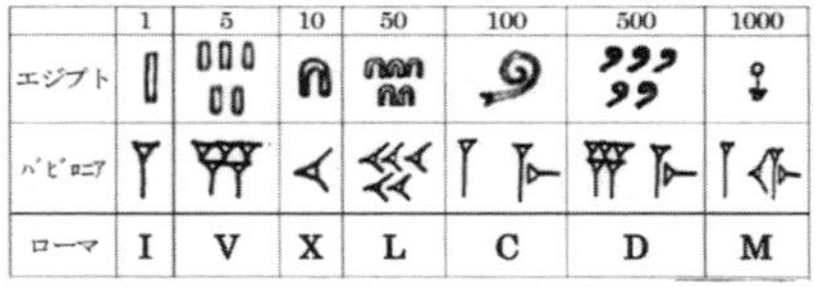
1
5
10
50
100
500
1000
エジプト
バビロニア
ローマ
I V X L C D M

（「数字の歴史」　ジョルジュ・イフラー著　平凡社 より）

課題1　次の数が読めるかな？

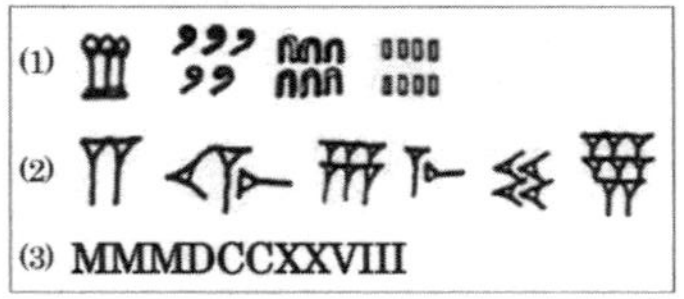
(1)
(2)
(3) MMMDCCXXVIII

(1) 3568
(2) 2648
(3) 3728

課題2　１９６５を、それぞれの民族の文字で表してみましょう。

(1) エジプト

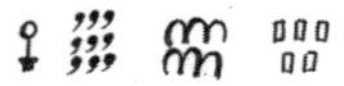

(2) バビロニア

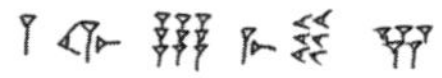

(3) ローマ

MDCCCCLXV

課題3　現在世界中で使われている「1、2、3…」の数字は、アラビア数字と言います。なぜ世界中でアラビア数字が使われているのでしょうか。いろいろな民族の数字を使ってみて、あなたが感じた理由を書いてみましょう。

アラビア数字は書くのも読むのも簡単。少ないマークで表している。
他の数字は、位を記号で表し、位の数を記号がいくつあるかで表している。

No.2

長方形のナゾを解け！

クラス（　　）番号（　　）氏名（　　　　　　　　）

課題1　1 cm²の正方形を 12 個全部並べて長方形を作ります。考えられる長方形をすべて作り、縦と横の長さをそれぞれ答えよう。

縦 (cm)	1	2	3	4	6	12
横 (cm)	12	6	4	3	2	1

<例>縦3枚、横4枚並べると…

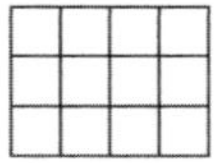

課題2　1 cm²の正方形を 40 個全部並べて長方形を作ります。考えられる長方形をすべて作り、縦と横の長さをそれぞれ答えよう。

縦 (cm)	1	2	4	5	8	10	20	40
横 (cm)	40	20	10	8	5	4	2	1

縦と横の関係はどんなことが言えるかな？

課題3　1 cm²の正方形を 165 個全部並べて長方形を作ります。考えられる長方形をすべて作り、縦と横の長さをそれぞれ答えよう。

縦 (cm)	1	3	5	11	15	33	55	165
横 (cm)	165	55	33	15	11	5	3	1

課題4　100 までの素数を求めてみよう。時間があれば、100 以上の素数を探してみよう。

1	2	3	4	5	6
7	8	9	10	11	12
13	14	15	16	17	18
19	20	21	22	23	24
25	26	27	28	29	30
31	32	33	34	35	36
37	38	39	40	41	42
43	44	45	46	47	48
49	50	51	52	53	54
55	56	57	58	59	60
61	62	63	64	65	66
67	68	69	70	71	72
73	74	75	76	77	78
79	80	81	82	83	84
85	86	87	88	89	90
91	92	93	94	95	96
97	98	99	100		

素数とは「1とその数自身しか約数をもたない数」ですね。ちなみに、1は素数ではありません。課題4で素数をさらに考えてみましょう。

エラトステネスの篩《ふるい》と言います。

「指数マニア」を目指せ！

クラス（　　）番号（　　）氏名（　　　　　　　　）

課題1　$2^{\square}$ の値を求めよう。

$2^1=$ 2　　$2^2=$ 4　　$2^3=$ 8　　$2^4=$ 16　　$2^5=$ 32

$2^6=$ 64　　$2^7=$ 128　　$2^8=$ 256　　$2^9=$ 512　　$2^{10}=$ 1024

例えば
$2^3=2\times2\times2$ と
いう意味だったね。

課題2　2^0を考えよう。

＜予想＞

$2^4=$ 16　　$2^3=$ 8　　$2^2=$ 4　　$2^1=$ 2　　$2^0=$ 1

× 1/2　× 1/2　× 1/2　× 1/2

● 2^2　2^3　2^5　の関係性を考えよう。

$2^2\times2^3=2^5$　　$2^2\times2^3=2^{(2+3)}$
$4\times8=32$

…このことから

$2^m\times2^n=$ $2^{(m+n)}$ だと言える。

ほかの場合でも
言えるのかな？

●m＝2，n＝0の場合を考えると…

$2^2\times2^0=2^{(2+0)}$　　$2^2\times2^0=2^2$　　$2^0=1$

…このことから

$2^0=$ 1 だと言える。

$2^2\times2^{-1}=2^1$
$4\times2^{-1}=2$　　$2^{-1}=\frac{1}{2}$

課題3　□が負の数の場合を上のように考えよう。

《今日の授業の振り返り・感想》

「ビリヤード台」の法則を見つけよう

クラス（　　）番号（　　）氏名（　　　　　　　　）

頂点Aから45度の方向にビリヤードの玉を打ちます。玉は壁で同じ角度でバウンドし、コーナーで終了です。様々な長さのビリヤード台で①②を調べ、法則を発見しよう。

①球がすべての正方形のマスを通るのは、縦横がどんな場合？

②終了する場所は？（終了するB、C、Dに○を付けよう）

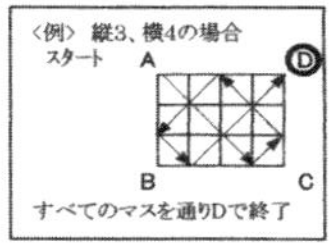
〈例〉縦3、横4の場合
スタート
A
D
B
C
すべてのマスを通りDで終了

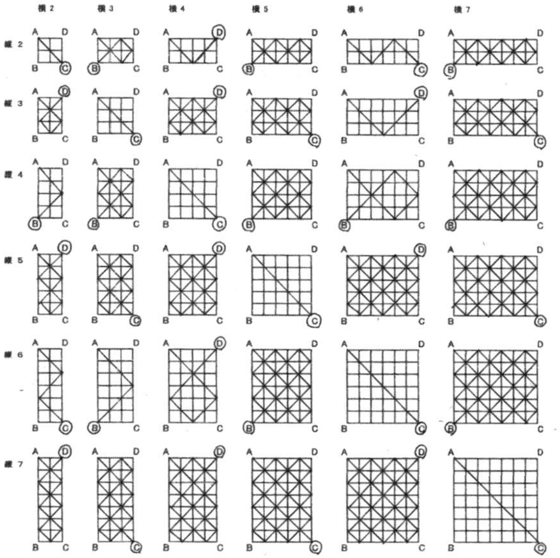
横2
横3
横4
横5
横6
横7
縦2
縦3
縦4
縦5
縦6
縦7

発見した法則を書こう。

全てのマスを通るのは、縦と横のマスの数の最大公約数が1の場合。

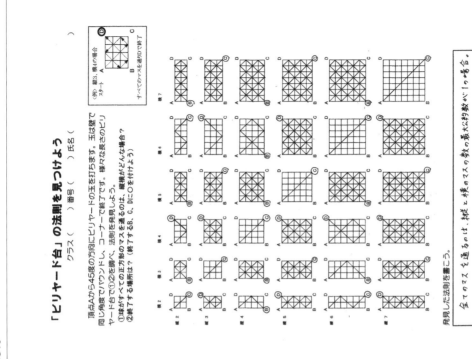

No.5

一次式のペアを探そう！

クラス（　　）番号（　　）氏名（　　　　　　　　）

課題１　次の計算をしよう。また、計算結果が等しくなる式があれば、問題番号横にある（　）にその式の問題番号を記入しよう。

①（12） $2x+3x=(2+3)x$ $=5x$	②（　） $6a-4a=(6-4)a$ $=2a$	③（21） $5x-4x=(5-4)x$ $=x$	④（11） $7a-a=(7-1)a$ $=6a$
⑤（13） $x-\frac{4}{3}x=(1-\frac{4}{3})x$ $=-\frac{1}{3}x$	⑥（22） $4a-5+3a+2$ $=4a+3a-5+2$ $=7a-3$	⑦（10） $2(3x-1)$ $=2\times3x-2\times1$ $=6x-2$	⑧（18） $-(4a-3)$ $=-1\times4a-1\times(-3)$ $=-4a+3$
⑨（14） $(-x+6)+(7x-3)$ $=-x+6+7x-3$ $=6x+3$	⑩（7） $(5x-3)-(-x-1)$ $=5x-3+x+1$ $=6x-2$	⑪（4） $3\times2a$ $=3\times2\times a$ $=6a$	⑫（1） $10x\div2=\frac{10}{2}x$ $=5x$
⑬（5） $5x\div(-15)$ $=-\frac{5}{15}x$ $=-\frac{1}{3}x$	⑭（9） $-3(-2x-1)$ $=-3\times(-2x)-3\times(-1)$ $=6x+3$	⑮（23） $\frac{2a-3}{8}\times12$ $=(2a-3)\times4$ $=8a-12$	⑯（　） $\frac{-3a+1}{4}\times(-8)$ $=(-3a+1)\times(-2)$ $=6a-2$
⑰（27） $\frac{3}{4}\times(16x-20)$ $=\frac{3}{4}\times16x-\frac{3}{4}\times20$ $=12x-15$	⑱（8） $(8a-6)\div(-2)$ $=-\frac{8}{2}a+\frac{6}{2}$ $=-4a+3$	⑲（28） $(10x+16)\div(-8)$ $=-\frac{10x+16}{8}$ $=-\frac{5x+8}{4}$	⑳（26） $(-16x+14)\div(-12)$ $=\frac{16}{12}x-\frac{14}{12}$ $=\frac{4}{3}x-\frac{7}{6}$
㉑（3） $(4-x)+2(x-2)$ $=4-x+2x-4$ $=x$	㉒（6） $3(1+a)+2(2a-3)$ $=3+3a+4a-6$ $=7a-3$	㉓（15） $-2(3-a)+6(a-1)$ $=-6+2a+6a-6$ $=8a-12$	㉔（　） $2(1-2a)-3(2a-3)$ $=2-4a-6a+9$ $=-10a+11$
㉕（　） $-3(1-a)-2(-a-2)$ $=-3+3a+2a+4$ $=5a+1$	㉖（20） $\frac{1}{3}(x+1)-\frac{1}{2}(3-2x)$ $=\frac{1}{3}x+\frac{2}{6}-\frac{9}{6}+x$ $=\frac{4}{3}x-\frac{7}{6}$	㉗（17） $12(\frac{1}{2}x-\frac{1}{4})+8(\frac{3}{4}x-\frac{3}{2})$ $=6x-3+6x-12$ $=12x-15$	㉘（19） $\frac{2-3x}{4}-\frac{x+5}{2}$ $=\frac{2-3x-2x-10}{4}$ $=\frac{-5x-8}{4}$

課題２　課題１で（　）に入れる番号が見つからなかった式と計算結果が等しくなる式を作ろう。

② $(-5-2a)+(4a+5)$
$=2a$

⑯ $(12a-4)\div2$
$=6a-2$

㉔ $-10(a-1.1)$
$=-10a+11$

㉕ $-(-5a-1)$
$=5a+1$

No.6

この方程式の解から何の言葉ができるかな？

クラス（　　）番号（　　）氏名（　　　　　　　　）

課題１　次の方程式を解き、解が２になる問題の記号を並びかえて、言葉を作ろう。

ア $4x=3x+5$ $4x-3x=5$ $x=5$	㋑ $-5x=-10$ $\frac{-5x}{-5}=\frac{-10}{-5}$ $x=2$	㋒ $8x-5=6x-1$ $8x-6x=-1+5$ $2x=4$ $x=2$	エ $4x-7=-5x-19$ $4x+5x=-19+7$ $9x=-12$ $x=-\frac{4}{3}$	オ $x-2=4x+1$ $x-4x=1+2$ $-3x=3$ $x=-1$
カ $4x+10=52-3x$ $4x+3x=52-10$ $7x=42$ $x=6$	㋖ $-x+5=-3x+9$ $-x+3x=9-5$ $2x=4$ $x=2$	ク $-3x+2=-2x+7$ $-3x+2x=7-2$ $-x=5$ $x=-5$	ケ $-2x+7=4x+19$ $-2x-4x=19-7$ $-6x=12$ $x=-2$	コ $9x-1=7x+5$ $9x-7x=5+1$ $2x=6$ $x=3$
サ $8-5x=3x-6$ $-5x-3x=-6-8$ $-8x=-14$ $x=\frac{7}{4}$	㋛ $3x-7=2x-5$ $3x-2x=-5+7$ $x=2$	ス $5x-1=-x+1$ $5x+x=1+1$ $6x=2$ $x=\frac{1}{3}$	セ $7x+1=4x-5$ $7x-4x=-5-1$ $3x=-6$ $x=-2$	ソ $-3x+2=x+14$ $-3x-x=14-2$ $-4x=12$ $x=-3$
タ $x-6=-3x-2$ $x+3x=-2+6$ $4x=4$ $x=1$	チ $-6x+1=-x+1$ $-6x+x=1-1$ $-5x=0$ $x=0$	ツ $4x+8=2(1-x)$ $4x+8=2-2x$ $4x+2x=2-8$ $6x=-6$ $x=-1$	㋢ $2(x-1)+4=6$ $2x-2+4=6$ $2x=6-2$ $2x=4$ $x=2$	ト $-x-7=2(x+1)$ $-x-7=2x+2$ $-x-2x=2+7$ $-3x=9$ $x=-3$
ナ $0.2x+1.2=0.8x-0.6$ $2x+12=8x-6$ $2x-8x=-6-12$ $-6x=-18$ $x=3$	ニ $3.5-0.3x=1.2x-4$ $35-3x=12x-40$ $-3x-12x=-40-35$ $-15x=-75$ $x=5$	ヌ $0.3(x-2)=0.6+0.1x$ $3x-6=6+x$ $3x-x=6+6$ $2x=12$ $x=6$	ネ $0.25x=0.2x-0.1$ $25x=20x-10$ $25x-20x=-10$ $5x=-10$ $x=-2$	ノ $0.7x-0.2=0.4(x+7)$ $7x-2=4x+28$ $7x-4x=28+2$ $3x=30$ $x=10$
ハ $\frac{x}{7}-2=\frac{x}{2}+3$ $2x-28=7x+42$ $2x-7x=42+28$ $-5x=70$ $x=-14$	ヒ $\frac{7}{10}x+2=\frac{1}{5}x-\frac{1}{2}$ $7x+20=2x-5$ $7x-2x=-5-20$ $5x=-25$ $x=-5$	フ $\frac{3x+5}{4}=\frac{5x-1}{6}$ $3(3x+5)=2(5x-1)$ $9x+15=10x-2$ $9x-10x=-2-15$ $-x=-17$ $x=17$	ヘ $x-\frac{3-2x}{3}=4$ $3x-3+2x=12$ $5x=15$ $x=3$	㋭ $\frac{1}{2}x-\frac{2}{3}=\frac{3}{4}x-\frac{7}{6}$ $6x-8=9x-14$ $6x-9x=-14+8$ $-3x=-6$ $x=2$

答え（ホウテイシキ　）

課題２　解が１になる方程式をたくさん作ろう。

（例）$5x-1=3x+1$
$2x=2$
$x=1$

$9-2(x+1)=3$
$9-2x-2=3$
$-2x=3-5$
$-2x=-2$
$x=1$

$0.2(x+3)=0.3x+0.5$
$2(x+3)=3x+5$
$2x+6=3x+5$
$-x=-1$
$x=1$

No.7

姉妹の日記の秘密を探ろう！

クラス（　　　）番号（　　　）氏名（　　　　　　　　　）

課題１　姉は日記を始めてから今日でちょうど 45 日目です。妹は 13 日目です。姉が日記を書いた日数が妹の日数の[3倍]になるのはいつでしょう。

	0	1	2	③ 日後
姉	45	46	47	48
妹	13	14	15	16

（3倍）

3倍になるのをx日後とすると

$45+x=3(13+x)$

$3x-x=45-39$

$2x=6$

$x=3$

3日後

方程式を使っても、
表を使ってもわかるよ。

課題２　上の問題で、[5倍]となるのはいつでしょう。

5倍となるのをx日後とすると

$45+x=5(13+x)$

$5x-x=45-65$

$4x=-20$

$x=-5$

−5日後は5日前

方程式で解がマイナス
5となったら、5日前
ということだね。

課題３　□倍を１倍、２倍、４倍、６倍、７倍･･･といろいろ変えて、どの倍数のときに、○日後、○日前となるか、秘密を探りましょう。ならないときは「ない」と記録しておきましょう。例えば、１倍になるときはありませんね。

１倍　･･･　ない
２倍　･･･　19日後
３倍　･･･　３日後
４倍　･･･　ない
５倍　･･･　5日前
６倍　･･･　ない
７倍　･･･　ない
８倍　･･･　ない
９倍　･･･　9日前
１０倍　･･･　ない
１１倍　･･･　ない
１２倍　･･･　ない
１３倍　･･･　ない
14倍　･･･　ない
15倍　･･･　ない
16倍　･･･　ない
17倍　･･･　11日前

18倍～32倍までない
33倍･･･　12日前

まとめると

（差）	倍	日	（差）
	2	19	
1	3	3	−16
2	5	−5	−8
4	9	−9	−4
8	17	−11	−2
16	33	−12	−1

みんなで手分けして調べてもいいね。
秘密がわかるまでには、かなりの□倍まで調べないといけないよ。
13倍までで安心しないでね。

No.8

暗号文を解読しよう！

クラス（　　　）番号（　　　）氏名（　　　　　　　　　）

課題１　座標上に次のような点をとり、左から順に結んでみよう。暗号文である動物を表しています。矢印がない場合は結びません。

(7, 4)→(5, 5)→(2, 4)→(0, 2)　(8, −1)→(4, −2)→(0, −2)→(0, −3)→(4, −3)→(11, −2)→

(12, 1)→(11, 4)→(9, 6)→(6, 7)→(2, 8)→(−2, 7)→(−5, 6)→(−8, 5)→(−10, 6)→(−9, 4)→

(−10, 2)→(−10, 0)→(−9, −2)→(−5, −3)→(−1, −2)→(0, 0)→(0, 2)

(−3, 6)→(−2, 5)→(0, 6)→(−1, 4)→(0, 2)

(−5, −3)→(0, −3)　(−8, 3)→(−6, 2)　(−4, 2)→(−2, 3)

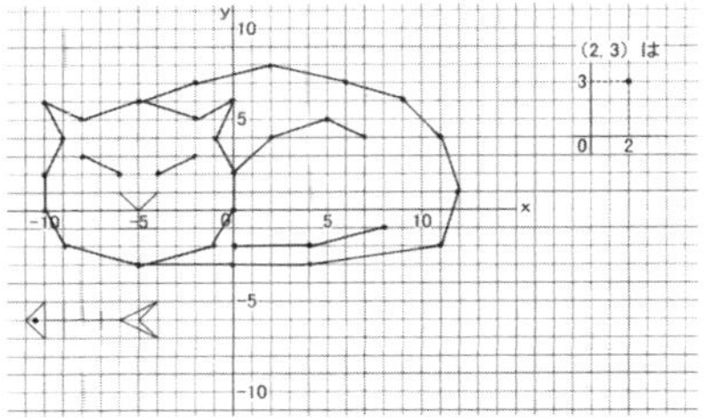

(2, 3) は

暗号文で表されている
動物は…ひょっとし
て！？

課題２　例にならって次の暗号文を解読しよう。

＜例＞　(5, 4)→(1, −2)→(0, 4)→(2, 0)→(5, 2)
　　ア　リ　ガ　ト　ウ

(1)　(2, 4)→(5, 3)→(3, 1)→(2, 2)→(1, 4)→
　　タ　イ　セ　ツ　ナ

(1, 4)→(4, 4)→(3, −1)
　　ナ　カ　マ

(2)　(4, 4)→(4, 1)→(0, 4)→(5, 1)→(1, 0)→
　　カ　ケ　ガ　エ　ノ

(1, 4)→(5, 3)→(−1, 3)→(4, 4)→(−2, −3)
　　ナ　イ　ジ　カ　ン

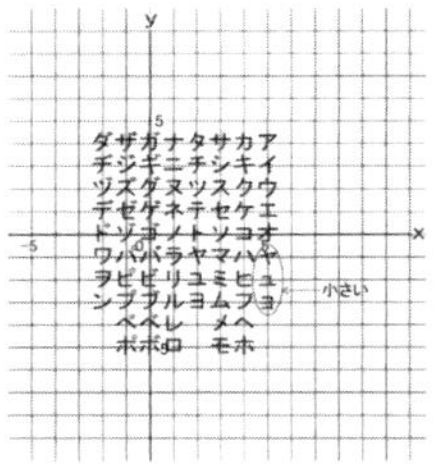

ダザガナタサカア
ヂジギニチシキイ
ヅズグヌツスクウ
デゼゲネテセケエ
ドゾゴノトソコオ
ワバパラヤマハャ
ヲビピリユミヒュ
ンブプルヨムフョ
ベペレ　メヘ
ボポロ　モホ
小さい

課題３　暗号文を作り、近くの人と解読し合おう。

＜例＞　4文字　アイサツ　　　**3文字**

(5, 4)→(5, 3)→(3, 4)→(2, 2)　　(4, −4)→(−2, −3)→(−1, 3)
　　　　　　　　　　　　　　　　ヘ　ン　ジ

No.9

垂直な比例のグラフの法則を見つけよう

クラス（　　）番号（　　）氏名（　　　　　　　　）

課題１　下は比例定数が１、２、３のグラフです。これと垂直に交わる比例のグラフをかいて、比例定数を求めよう。元の比例定数とどんな関係になっていますか？

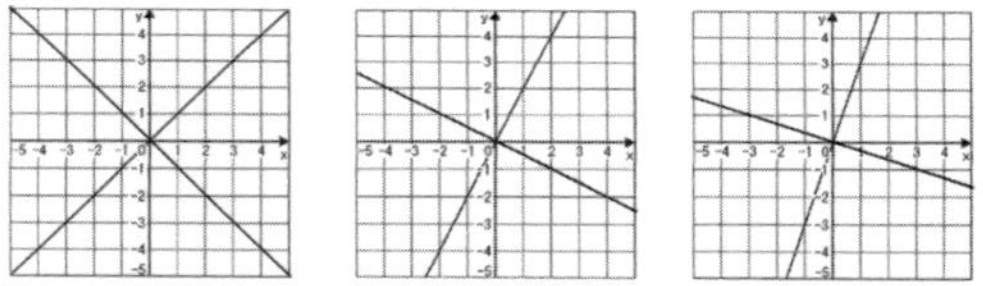

比例定数　1と-1　　2と$-\frac{1}{2}$　　3と$-\frac{1}{3}$

課題２　下は比例定数が$\frac{2}{3}$、$\frac{4}{3}$、$\frac{5}{3}$のグラフです。これと垂直に交わる比例のグラフをかいて、比例定数を求めよう。元の比例定数とどんな関係になっていますか？

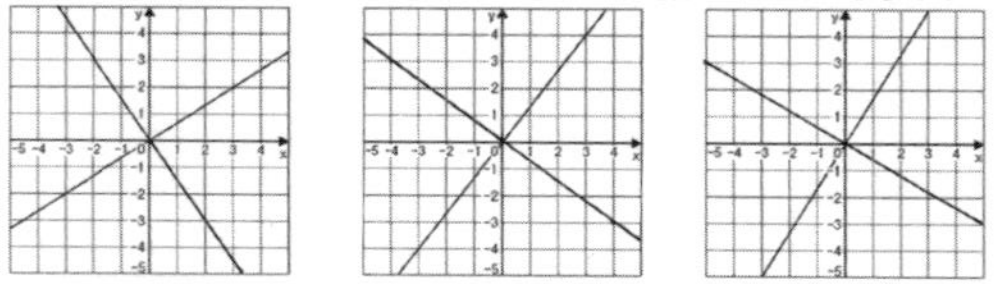

比例定数　$\frac{2}{3}$と$-\frac{3}{2}$　　$\frac{4}{3}$と$-\frac{3}{4}$　　$\frac{5}{3}$と$-\frac{3}{5}$

<気づいた法則>　2つの比例定数を掛けると−1になる。
元の比例定数の分子と分母を逆にして、符号を変えたものになる。

課題３　気づいた法則が本当に正しいかどうか他の場合で確かめてみよう。

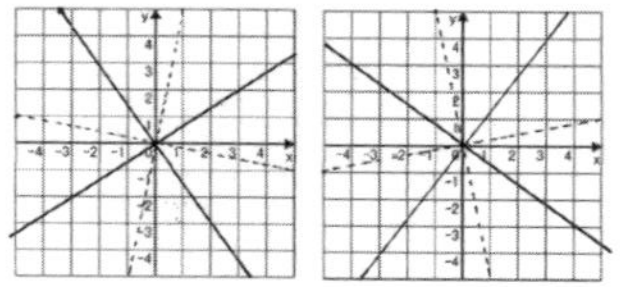

できた人は、上のグラフと45度に交わる比例のグラフをかき足し、比例定数を求めよう。

45度に交わるグラフの比例定数は、垂直に交わる2つのグラフの比例定数と、どんな関係があるかな？　どんな法則があるのかな？

No.10

正方形と円でできる面積は？

クラス（　　）番号（　　）氏名（　　　　　　　　）

課題１　次の図の斜線部の面積を求めよう。

①

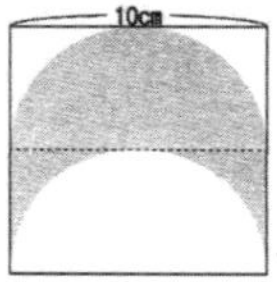

50 cm²

②

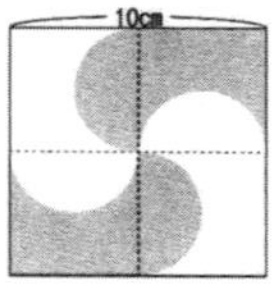

50 cm²

③

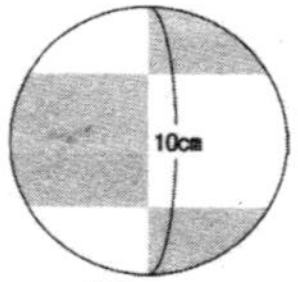

$\frac{25}{2}\pi$ cm²

④

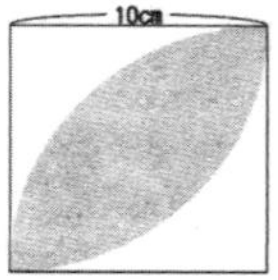

$50\pi - 100$ (cm²)

⑤

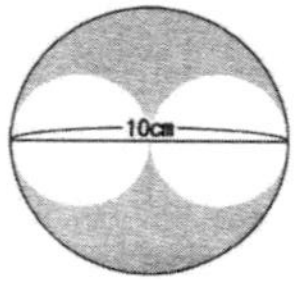

$\frac{25}{2}\pi$ cm²

⑥

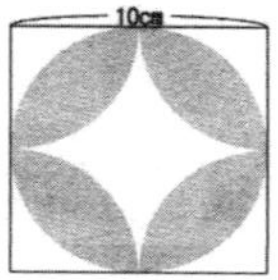

$50\pi - 100$ (cm²)

図形の一部を移動させるような工夫はできないかな？

課題２　課題１を参考にして、工夫して面積を求められる図形を考えよう。

など

《今日の授業の振り返り・感想》

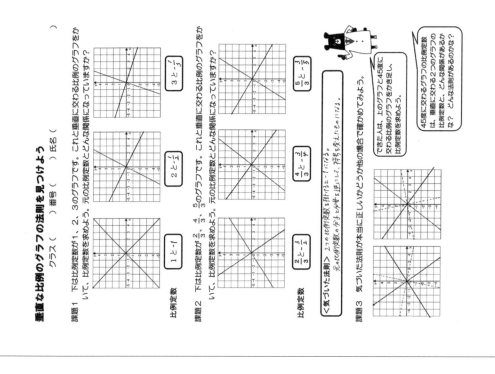

No.12

「麻の葉」ジャングルで図形探し

クラス（　　）番号（　　）氏名（　　　　　　　　）

下の図は、「麻の葉」と呼ばれている日本古来の文様です。

課題１　色を付けた図形を平行移動した図形をすべて見つけ、塗りつぶそう。

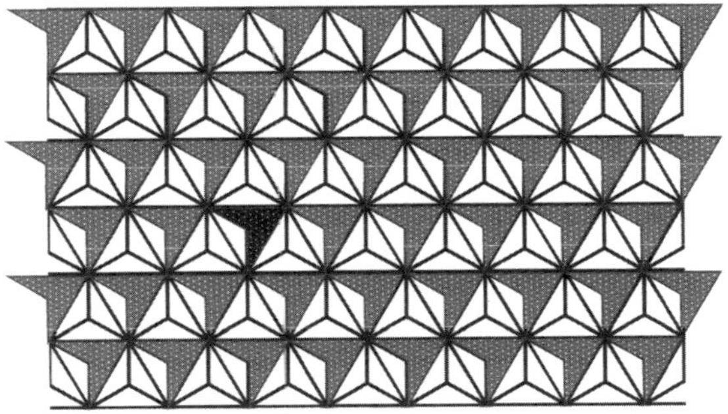

課題２　色を付けた図形を対称移動した図形をすべて見つけ、塗りつぶしてみよう。

対称移動は、線対称になるように移動させることだね。対称軸と移動した図形には、どんな関係があるかな？

《今日の授業の振り返り：新たな気づき・新たな疑問・感想など》

No.11

【こ】の謎をすべて解決しよう！

クラス（　　）番号（　　）氏名（　　　　　　　　）

・四角形ＯＡＢＣは一辺の長さが12㎝の正方形　・点Ｆは直線ＡＨ上にある

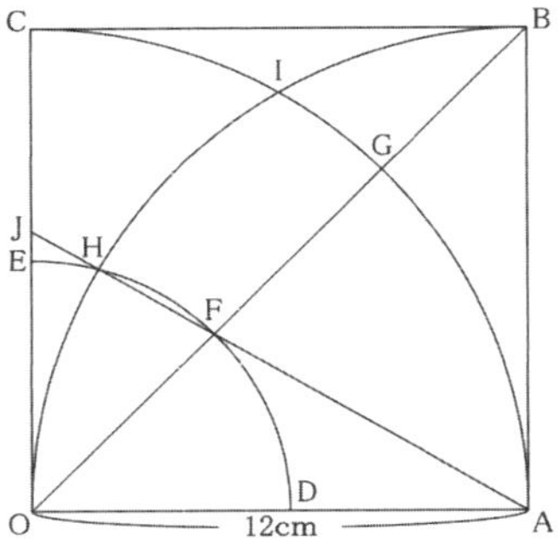
C
B
I
G
J
H
E
F
D
O
12cm
A

・弧ＡＣ、弧ＯＢは、点Ｏ、点Ａを中心とした半径１２㎝の円の一部。

・点Ａ、Ｆ、Ｈ、Ｊが一直線上に並ぶように作図。

△ＯＡＩは、どんな三角形になるかな？

① 弧の長さを求めよう。

$\overset{\frown}{AG}$＝　3π　㎝　　$\overset{\frown}{GI}$＝　π　㎝

$\overset{\frown}{IC}$＝　2π　㎝　　$\overset{\frown}{BI}$＝　2π　㎝

$\overset{\frown}{IH}$＝　2π　㎝　　$\overset{\frown}{HO}$＝　2π　㎝

線分ＯＨをかくと二等辺三角形が２つできるね。そこから中心角を求めてみよう！

２つで銅メダル　４つで銀メダル　６つで金メダル！

② 弧の長さの比を求めよう。

$\overset{\frown}{EH}$：$\overset{\frown}{HF}$：$\overset{\frown}{FD}$＝　1　：　2　：　3　.

《今日の授業の振り返り・感想》

No.13

点を結ぶと何種類できる？

クラス（　　）番号（　　）氏名（　　　　　　　　）

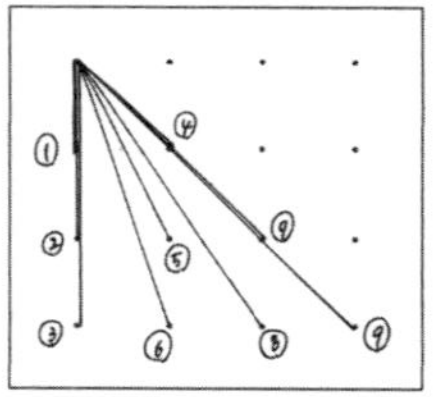

左の図のように、縦・横に16個の点が、１㎝の等間隔で並んでいます。

この中の２点をとって線分を作ったり、３点をとって三角形を作ったりします。

課題１　２点をとり、その２点を両端とする線分を作ります。
何通りの長さの線分ができるでしょうか。

9通り

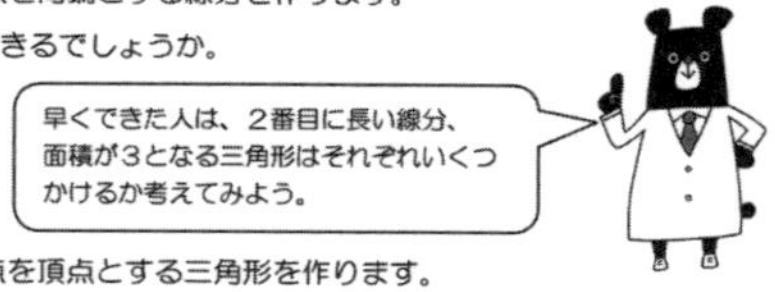
早くできた人は、２番目に長い線分、面積が３となる三角形はそれぞれいくつかけるか考えてみよう。

課題２　３点をとり、その３点を頂点とする三角形を作ります。
何通りの面積の三角形ができるでしょうか。

9通り

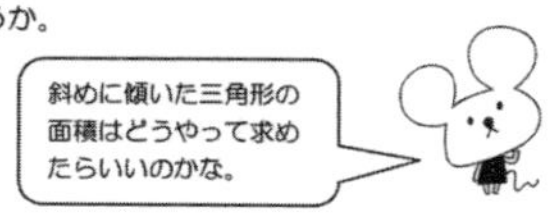
斜めに傾いた三角形の面積はどうやって求めたらいいのかな。

試し書き用

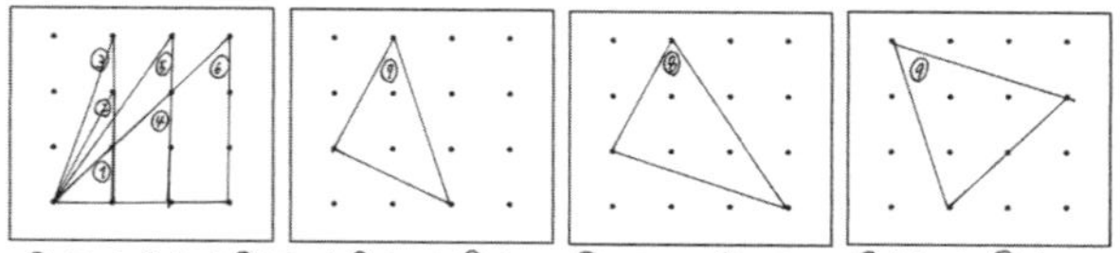

① 0.5cm²　② 1cm²　③ 1.5cm²　④ 2cm²　⑤ 3cm²　⑥ 4.5cm²　⑦ 2.5cm²　⑧ 3.5cm²　⑨ 4cm²
（図形は一例です。）

《授業の振り返り・感想》

No.14

多面体マスターになろう！

クラス（　　）番号（　　）氏名（　　　　　　　　）

課題１　次の見取り図の多面体の名称と面、辺、頂点の数を調べて、表を完成させよう。

見取り図	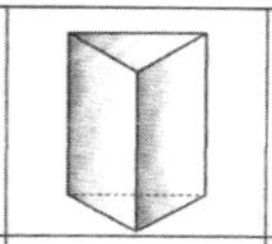	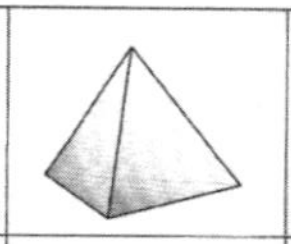	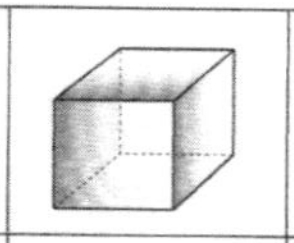	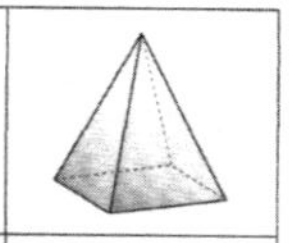
名称	三角柱	正四面体	正六面体	四角錐
面の数	5	4	6	5
辺の数	9	6	12	8
頂点の数	6	4	8	5
見取り図	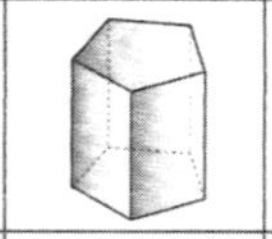	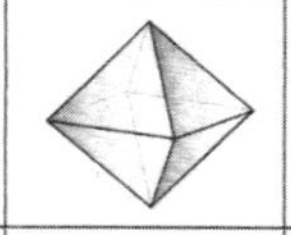	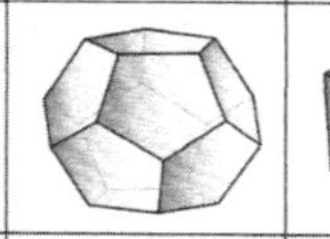	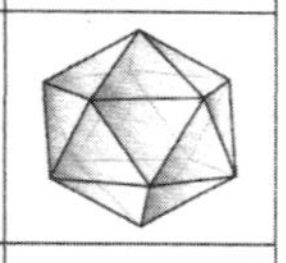
名称	五角柱	正八面体	正十二面体	正二十面体
面の数	7	8	12	20
辺の数	15	12	30	30
頂点の数	10	6	20	12

課題２　面、辺、頂点の数について、どんなことが言えるでしょうか。

面の数＋頂点の数－辺の数＝2

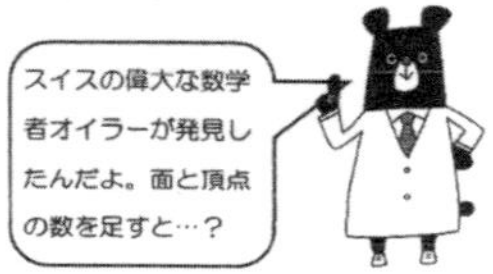
スイスの偉大な数学者オイラーが発見したんだよ。面と頂点の数を足すと…？

《今日の授業の振り返り・感想》

No.16

あなたはどちらの乾電池を選ぶ？

クラス（　　　）番号（　　　）氏名（　　　　　　　）

Ａ社とＢ社の 15 本の乾電池を用意し、耐久時間のテストを行ったところ、右のようなデータが得られました。あなたなら、どちらの会社の乾電池を選びますか？　代表値やヒストグラムを用いて、選んだ会社とその理由について話し合いましょう。

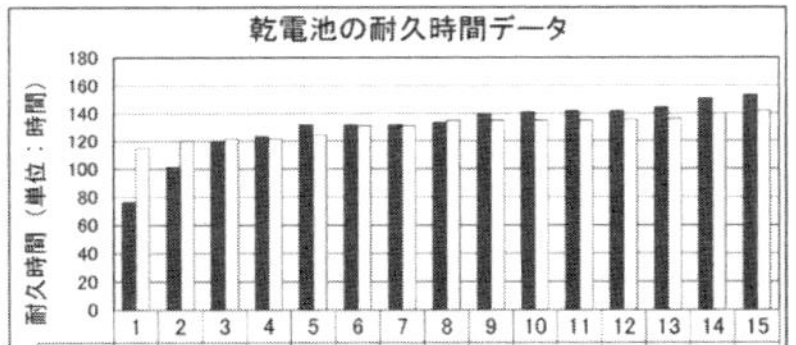

	1	2	3	4	5	6	7	8	9	10	11	12	13	14	15
■Ａ社	77	102	120	124	133	133	133	134	140	141	142	142	145	151	154
□Ｂ社	116	120	122	122	125	132	132	136	136	136	136	136	137	140	142

【A 社の耐久時間】
平均値：131.4、中央値：134、最頻値：133

【B 社の耐久時間】
平均値：131.2、中央値：136、最頻値：136

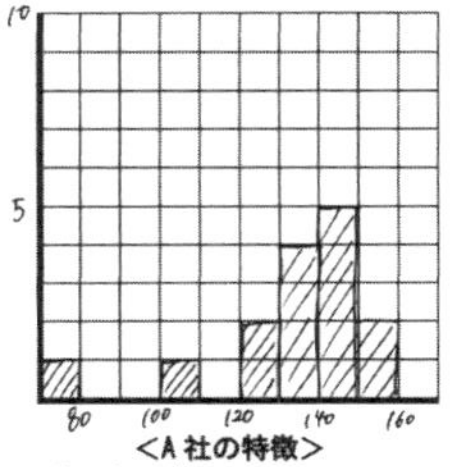

<A 社の特徴>

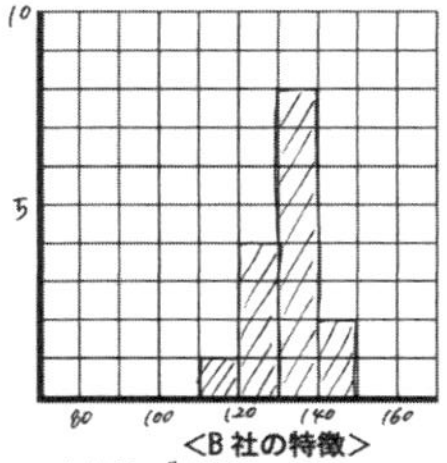

<B 社の特徴>

(例)・平均値はB社より大きい
・耐久時間の散らばりが大きい

・中央値、最頻値はA社より大きい
・耐久時間の散らばりが小さい

わが班は　B　社の乾電池をおススメします！　理由は…
(例) 耐久時間が安定している方が、乾電池の買い替えの時期が分かりやすいから。

No.15

位置関係を完成させよう

クラス（　　　）番号（　　　）氏名（　　　　　　　）

右の図のような、底面ＢＦＧＣが台形の四角柱ＡＥＨＤ―ＢＦＧＣがあります。この四角柱にある直線と平面の位置関係を調べます。

下の表は、隣り合う直線と直線、平面と平面、直線と平面の位置関係を一文字で表したものです。

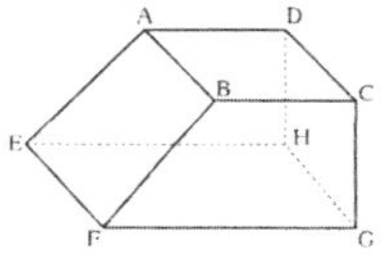

(交)…交わる　(平)…平行である　(ね)…ねじれの位置にある

(垂)…垂直に交わる　(上)…直線は平面上にある

【課題１】位置関係を書き込もう。

直線 EF	平	平面 ABCD	垂	直線 DH
垂		平		ね
直線 AE	交	平面 EFGH	平	直線 BC
ね		垂		平
直線 CD	垂	平面 AEHD	上	直線 EH
ね		平		交
直線 EH	平	平面 BFGC	垂	平面 AEFB
平		平		交
直線 FG	平	直線 AD	垂	平面 DHGC
垂		ね		交
直線 GH	垂	直線 CG	交	直線 BF

【課題２】あてはまる直線や平面を答えよう。

直線 AB	平	平面 EFGH	上	直線 EH
平		平		垂
直線 EF	平	平面 ABCD	平	直線 GH
垂		交		平
直線 BF	上	平面 AEFB	平	直線 CD
平		垂		上
平面 AEHD	平	平面 BFGC	垂	平面 DHGC
平		平		交
直線 CG	平	直線 DH	交	直線 AE
ね		ね		ね
直線 AD	平	直線 BC	平	直線 FG

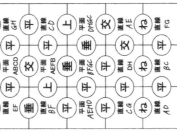

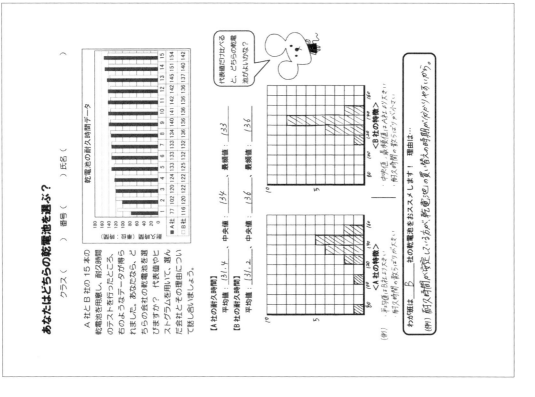

No.17

計算まちがい探し

クラス（　　）番号（　　）氏名（　　　　　　　）

まちがって計算しているところに線をひいて、正しい計算式やアドバイスを示しましょう。

（1）$3x+8x$ ⇒ $(3+8)x$ $=11x^2$ 　$=11x$ 分配法則を使うよ	（2）$4a-b-2a+7b$ $=4a-2a-b+7b$ $=2a+6b$ // $=8ab$ × 分配法則が使えないから、これ以上計算できないよ
（3）$(3x+2y)-(2x-5y)$ $=3x+2y-2x-5y$ 　$-(+2x-5y)$ $=3x-2x+2y-5y$ 　$-2x+5y$ $=x-3y$ → $x+7y$ 1次式の減法は、ひく式の（ ）内の各項の符号を変えるよ	（4）$6y\times2y$ ⇒ $6\times y\times2\times y$ $=(6\times2)y$ 　$=6\times2\times y\times y$ $=12y$ 　$=12y^2$ 乗法は乗法の交換法則を使って計算するよ
（5）$3x\div\frac{3}{2}x$ ⇒ $3x\times\frac{2}{3x}$ $=\frac{3x}{1}\times\frac{2x}{3}$ 　$=2$ $=2x^2$ $\frac{3}{2}x$の逆数は$\frac{2}{3x}$	（6）$4ab\div b\times4a$ $=4ab\div4ab$ $=1$ $=4a\times4a$ $=16a^2$ ×，÷だけが混じった式は、前から順番に計算するよ
（7）※×と÷をつけた式にしましょう。 $\frac{x}{yz}$ ⇒ $x\times\frac{1}{yz}$ 乗法で考えよう $=x\div yz$ 　$=x\times\frac{1}{y}\times\frac{1}{z}$ $=x\div y\times z$ 　$=(x\div y\div z)$	（8）$4x^2\div(-2x)^2$ → $(-2x)\times(-2x)$ $=4x^2\div(-4x^2)$ 　$=4x^2$ $=-1$ （+） 符号も2回かけるから $(-)\times(-)=+$
（9）$4x^2\div(-2x)^2$ $=4x^2\div(-2x)\times(-2x)$ $=-2x\times(-2x)$ $=4x^2$ 　$4x^2\div4x^2=1$ 指数の計算は一番先にするよ	（10）$(10x-6y)\div2$ $=\frac{10x-6y}{2}$ ⇒ $\frac{10x}{2}-\frac{6y}{2}$ $=5x-3y$ $=5x-5y$ $\frac{b+c}{a}=\frac{b}{a}+\frac{c}{a}$

《今日の授業の振り返り・感想》

No.18

ビリヤードの球の面積を文字式で表すと？

クラス（　　）番号（　　）氏名（　　　　　　　）

課題1　右の図のAの円の直径は、正方形の一辺の長さと等しいです。一方、Bの円の直径は、Aの円の直径の1／2の長さであり、その円をAと同じ大きさの正方形の中に4つ並べたものです。Aの円の面積とBの4つの円の面積の和は、どちらが大きいでしょうか？

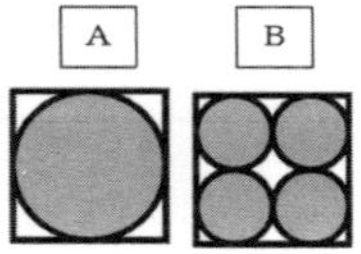
A
B

【予想】　①A＞B　②A＝B　③A＜B　　番号　②

【Aの円の面積】	【Bの4つの円の面積の和】
半径をrとすると、面積は、 πr^2	1つの円の半径は$\frac{r}{2}$と表せるので、 $\pi\left(\frac{r}{2}\right)^2\times4=\frac{\pi r^2}{4}\times4=\pi r^2$

Aの円の半径を文字で表して、AとBの面積をそれぞれ求めるとよいね。

【結論】　Aの円の面積とBの4つの円の面積の和は等しい。

課題2　太郎さんは、ビリヤードに使われている16個のボールが正方形の箱に入っているのを見て、真上から見たときの16個の円の面積の和は、もしかして、同じ大きさの正方形の中にある円の面積と等しいのではないかと考えました。太郎さんの考えは正しいのか正しくないのか確かめましょう。

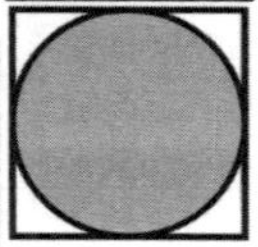

【自分の考え】　正しい　・　正しくない

大きい円の半径をrとすると、面積はπr^2である。ビリヤード1個の「円」の半径は$\frac{r}{4}$と表せるので、$\pi\left(\frac{r}{4}\right)^2\times16=\frac{\pi r^2}{16}\times16=\pi r^2$
よって、16個の円の面積の和と同じ大きさの正方形の中にある円の面積は、等しいので、太郎さんの考えは正しい。

《今日の授業の振り返り・感想》

No.19

中国の算術に挑戦だ！

クラス（　　　）番号（　　　）氏名（　　　　　　　　　　）

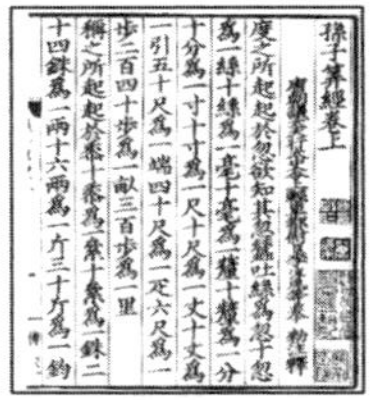

みなさんは、一次方程式や連立方程式の歴史を知っていますか？　現存している最古のものとしては、「九章算術《きゅうしょうさんじゅつ》」という算術書が中国にあるそうです。

そんな中国の算術書に、これから学習する連立方程式にまつわる面白い問題を見つけました。その問題は、「孫子算経《そんしさんけい》」という算術書に記載されている問題です。「孫子算経《そんしさんけい》」とは、中国が南北朝時代に書かれた算術書であり、唐の時代に編修された算経十書の一つ。上巻・中巻・下巻の３部構成の書物になっており、日本の鶴亀算のもととなった問題が掲載されています。方程式を利用して解決してみよう！

課題１　中国の算術書「孫子算経《そんしさんけい》」に挑戦してみよう！

今有雉兎同籠
上有三十五頭
下有九十四足
問雉兎各幾何

左の問題を読み解き、答えを求めなさい。

【漢字の読み方ヒント】

雉（キジ）　兎（ウサギ）　籠（カゴ）

☆分かっている数量は、何ですか？

☆何を x としますか？

頭35で…キジの足は２本だから…

一次方程式を用いて解くことができるね。
キジの数を x 羽にすると…

【式】

一次方程式

キジの数を x とすると

$2x+4(35-x)=94$

$2x+140-4x=94$

$-2x=-46$

$x=23$

ウサギの数は

$35-23=12$

連立方程式

キジを x 羽，ウサギを y 羽とすると

$\begin{cases} x+y=35 & \cdots ① \\ 2x+4y=94 & \cdots ② \end{cases}$

①×2－②

$2x+2y=70$

$-)\ 2x+4y=94$

$-2y=-24$

$y=12 \cdots ③$

③を①に代入すると

$x+12=35$

$x=23$

答　キジ…23羽，ウサギ…12羽

みなさんどうでしたか？　昔の人も、日常の具体的な場面から問題を作成し、数学の学習に取り組んでいたことがよくわかりますね。では、もう一問！上の問題が解決できたあなたならきっと解決できるはず！

課題２　Aさんは、１本30円と１本50円の鉛筆を合わせて30本買って、1260円払ったそうです。30円と50円の鉛筆を、それぞれ何本買ったのでしょう。

【式】一次方程式

30円の鉛筆を x 本とすると

$30x+50(30-x)=1260$

$30x+1500-50x=1260$

$-20x=-240$

$x=12$

50円の鉛筆は

$30-12=18$

答　30円の鉛筆12本，50円の鉛筆18本

どの問題も、一次方程式で解決できる問題ですが、これから学習する連立方程式を使うともっと簡単に解決できるようになります。これからの学習が楽しみですね。

No.20

太郎さんは正直者？

クラス（　　　）番号（　　　）氏名（　　　　　　　　　　）

令和2年6月22
リンゴ
ミカン　＝ 300（円）
バナナ　×5＝ 600（円）
総商品数　15
総　額　1300（円）
SALE
本日のみ！
な，なんと！！
ミカン2個で
リンゴ1個分
のお値段！

＜問題＞

太郎さんはスーパーでリンゴとミカンとバナナを買ってきました。

左の図はその際のレシートです。

母はこのレシートを見て「何かおかしいな」と思い、

「いくらのリンゴをいくつ買ってきたの？」

と、太郎さんに尋ねました。

するとと、太郎さんは、

「200円のリンゴを2個買ってきたよ。」

と答えました。

太郎さんが言っていることは正しいのでしょうか。

それとも、本当は値段か個数にウソがあるのでしょうか。

課題　次の表を使って連立方程式を作り、問題を解決してみましょう。

	リンゴ	ミカン	バナナ	合計
単価（円）	$\frac{400}{x}$	$\frac{300}{y}$	120	
個数	x	y	5	15
代金（円）	400	300	600	1300

（解決できた人は、文字にする数量を変えても解決できるか挑戦してみましょう！）

＜解答例＞

リンゴを x 個，ミカンを y 個買ったとすると

$\begin{cases} x+y=10 & \cdots ① \\ \frac{400}{x}=\frac{300}{y}\times 2 & \cdots ② \end{cases}$

②の両辺に xy をかけて

$\frac{400}{x}\times xy=\frac{600}{y}\times xy$

$400y=600x$

$y=\frac{3}{2}x \cdots ②'$

②′を①に代入して

$x+\frac{3}{2}x=10$

$2x+3x=20$

$5x=20$

$x=4$

①に代入して

$4+y=10$

$y=6$

よって $\begin{cases} x=4 \\ y=6 \end{cases}$

リンゴ4個，ミカン6個は問題の答えとしてよい。

リンゴの単価は

$\frac{400}{4}=100$（円）

したがって、

太郎さんは100円のリンゴを4個買ったことになり、値段も個数もウソであった。

消えた2個のリンゴは、コッソリと食べてしまったのかも!?

No.21

運動でカロリーを消費して、健康な身体をつくろう！

クラス（　　）　番号（　　）　氏名（　　　　　　　　　）

中学２年生の太郎さんは、最近の運動不足が気になりだしました。そこで、インターネットで30分間の運動と消費カロリーとの関係を調べたところ、次のようなデータを見つけました。

各運動を30分間行った際に消費するカロリーの一覧					
ウォーキング	ジョギング	ランニング	ボーリング	水泳	（　　）
80 kcal	200 kcal	250 kcal	？ kcal	ボーリングの3倍の消費カロリー	（　）kcal
読書	電話	立ち話	宿題	入浴	（　　）
35 kcal	40 kcal	50 kcal	50 kcal	60 kcal	（　）kcal
掃除	皿洗い	草取り	睡眠	釣り	（　　）
65 kcal	60 kcal	120 kcal	50 kcal	105 kcal	（　）kcal

太郎さんは、消費カロリーは運動時間に比例するものとみなして消費カロリーを計算し、計画的に運動をしていこうと考えました。

課題１　活動初日、ウォーキングを45分とジョギングを15分間行いました。このとき、消費したカロリーは何kcalでしょうか。

$80 \times \frac{45}{30} + 200 \times \frac{15}{30} = 120 + 100 = 220$

（ウォーキングでの消費カロリー）＋（ジョギングでの消費カロリー）

220　kcal

課題２　活動２日目、もっと消費カロリーを増やしたいと思った太郎さんは、ウォーキングとジョギングを合計１時間行い、320kcalを消費しようと目標を立てました。このとき、ウォーキングとジョギングはそれぞれ何分間行えばよいでしょうか。

ウォーキングを行った時間 x 分、ジョギングを行った時間 y 分とすると

$\begin{cases} x + y = 60 \\ 80 \times \frac{x}{30} + 200 \times \frac{y}{30} = 320 \end{cases}$

この連立方程式を解くと $\begin{cases} x = 20 \\ y = 40 \end{cases}$

ウォーキング　20　分、　ジョギング　40　分

課題３　上にあるデータや自分で調べたデータを使って、連立方程式の問題を作ってみましょう。

〈問題例〉活動3日目は、宿題と入浴で合計2時間行ったところ、合計210kcalでした。このとき、宿題と入浴は、それぞれ何分間行ったでしょう。	〈発展的な問題例〉活動3日目、ボーリングと水泳を合計1時間行ったところ、240kcalでした。もっと消費カロリーを増やしたいと思い、4日目は、水泳とボーリングの時間を入れかえて合計1時間行ったところ、消費カロリーは400kcalでした。ボーリングと水泳の30分間で消費するカロリーと、3日目、4日目に行ったそれぞれの運動時間をもとめましょう。

《今日の授業の振り返り・感想》

No.22

グラフは何でも知っている　～グラフに聞いてみよう～

クラス（　　）　番号（　　）氏名（　　　　　　　　　）

Ａ君、Ｂ君、Ｃ君の３人が公園から1600m離れた池まで釣りに向かった。Ａ君、Ｂ君は徒歩で、Ｃ君は自転車でそれぞれ一定の速さで池まで進むものとする。下のグラフは、Ａ君、Ｂ君が同時に公園を出発してからｘ分後の公園からの道のりをｙｍとして、進行の様子を途中まで表したものである。

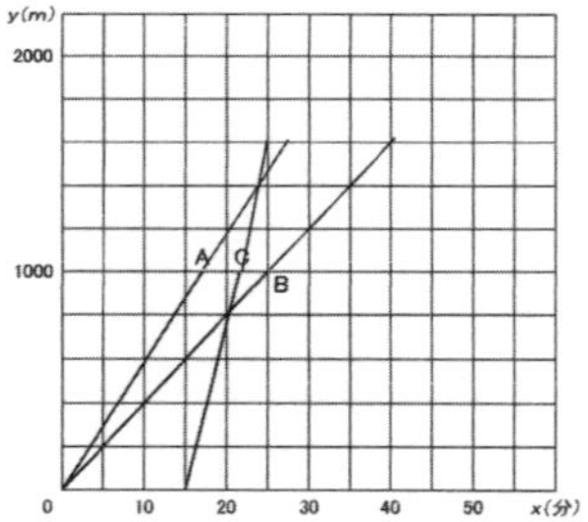

課題１　グラフからどのようなことが読み取れるだろう。５つ以上見つけてみよう。

- **Ｃ君は、Ａ君とＢ君が出発してから１５分後に公園を出発している。**
- **Ｂ君は、出発してから20分後に（公園から800mの地点で）Ｃ君に追いつかれている。**
- **Ａ君は、出発してから25分の手前でＣ君に追いつかれている。**
- **池に到着する順番は、Ｃ君、Ａ君、Ｂ君の順番である。**
- **進む速さはＡ君が分速60m、Ｂ君が分速40m、Ｃ君が分速160mである。**
- **Ａ君とＢ君のグラフは原点を通る直線で、比例のグラフになっている。**
- **Ａ君の進行の様子を式で表すとｙ＝60ｘ、Ｂ君の進行の様子を式で表すとｙ＝40ｘになる。等**

課題２　Ａ君、Ｂ君が公園を出発してから何分後に、公園から何mの地点でＣ君に追い抜かれるのかを求めてみよう。

・20≦ｘ≦25の進行の様子を表に表わすと、24分後に1440mの地点で追いつかれることが分かる。

【Ａ君】

x	20	21	22	23	24	25
y	1200	1260	1320	1380	1440	1500

【Ｃ君】

x	20	21	22	23	24	25
y	800	960	1120	1280	1440	1600

→ここで時間も距離も同じになる。

No.23

解けない連立方程式？

クラス（　　　）番号（　　　）氏名（　　　　　　　　　　　　）

課題１　次の連立方程式を解きなさい。

$$\begin{cases} 2x+6=3y & \cdots ① \\ 4x-6y=6 & \cdots ② \end{cases}$$

①′－②′

$4x-6y=-12$

$-)\ 4x-6y=12$

$0=24$ ……等式が成り立っていないぞ。

xもyも消去されちゃった。

２つの２元１次方程式を両方ともに成り立たせる $(x,\ y)$ のことを、連立方程式の解と言うね。

連立方程式の解 $(x,\ y)$ は、２つの２元１次方程式のグラフの交点になるね。

＜確かめ＞

２つの式のグラフを右の座標平面にかいて、確かめてみよう。

①より $y=\frac{2}{3}x+2$　傾きが同じだ。

②より $y=\frac{2}{3}x-1$

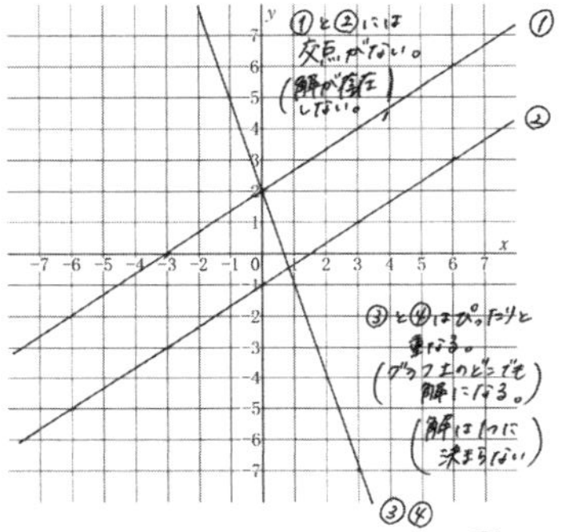

課題２　次の連立方程式を解きなさい。

$$\begin{cases} 3x-2=-y & \cdots ③ \\ 1.2x+0.4y=0.8 & \cdots ④ \end{cases}$$

③′－④′

$12x+4y=8$

$-)\ 12x+4y=8$

$0=0$ ……等式は成り立っているぞ。

xもyも消去されちゃった。

＜確かめ＞

２つの式のグラフを右の座標平面にかいて、確かめてみよう。

③より $y=-3x+2$

④より $y=-3x+2$

ぴったりと重なっちゃうぞ。

平面上の２つの直線は、交わる、平行、一致するかのどれかになるんだよね。

《今日の授業の振り返り・感想》

連立方程式は、①解が1つに決まる場合、②解が存在しない場合、③解がたくさんあって1つに決まらない場合がある。学校では、①の場合を扱ってきたんだね。

No.24

私に合うお得な料金プランは？

クラス（　　　）番号（　　　）氏名（　　　　　　　　　　　　）

課題１　太郎さんと花子さんはスマホ（Wi-Fi は使えない）を買うことになりました。太郎さんは、１カ月に 100 分の通信をします。どの会社を利用するのがお得ですか？　また、なぜそのプランが太郎さんにお得なのかを、店員になったつもりで伝えよう。

USA 社	Hardbank 社	Child 社
基本料金（１か月）1000 円	基本料金（１か月）0 円	基本料金（１か月）0 円
１分間の通信料 3 円	１分間の通信料 5 円	通信料定額 2800 円

Hard bank社がおすすめです。
太郎さんの場合、USA社だと通信料で300円に基本料金は1000円なので1ヶ月で1300円かかります。
Child社だと通信料2800円で1ヶ月どれだけ使ったとしても2800円になります。
Hardbank社だと通信料1分で5円かかるので太郎さんの1ヶ月100分だと500円かかります。
この3社を比べると圧倒的にHardbank社がお得だと思いませんか？いかがでしょう？

課題２　花子さんは自分にとっては Hardbank 社が最も得だと話しています。花子さんの１カ月の通信時間はどのようになっていると考えられますか？

USA社 → $y=3x$

Hardbank社 → $y=5x+1000$

Child社 → どれだけ使っても2800円

右のグラフから分かるように、500分未満なら一番安いのはHardbank社だから、花子さんは500分未満と分かる。

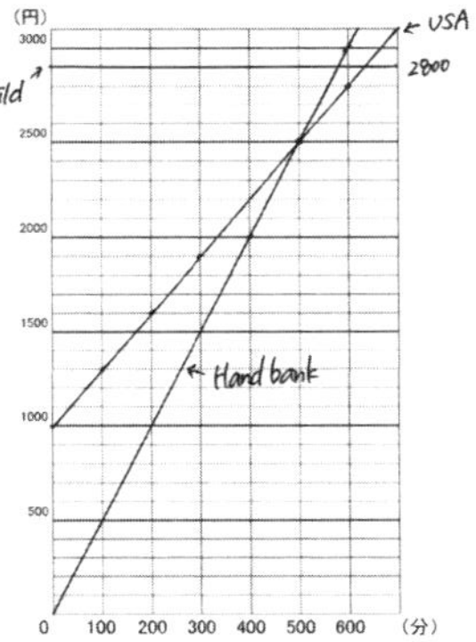

課題３　自分ならどの料金プランを選びますか？理由も答えてください。もし、選べる料金プランがない場合は、自分で新たなプランをつくってみよう！

＜マイプラン＞

基本料金 → 500円

通信料 → 50GBで、2000円を学割で15% OFF

1ヶ月2500円が、2200円のプラン!!

《今日の授業の振り返り・感想》

今日は携帯料金を比べる事をしました。グラフに表すだけで料金会社を比べてみることができて、自分の実生活に生かせそうだと思いました。身近なことでも1次関数が使えて、考えを広げることができました。

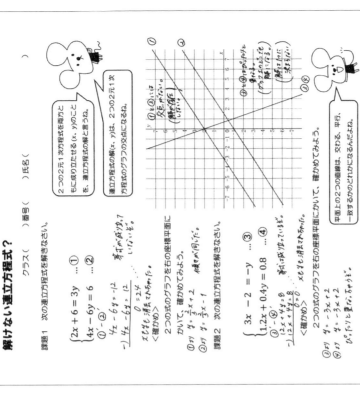

No.25

格子点を結んでできる図形の面積を求めよう！

クラス（　　　）　番号（　　　）　氏名（　　　　　　　　　　　　）

課題１　右の（１）～（10）の多角形について、辺上の点の数と面積を表にまとめましょう。

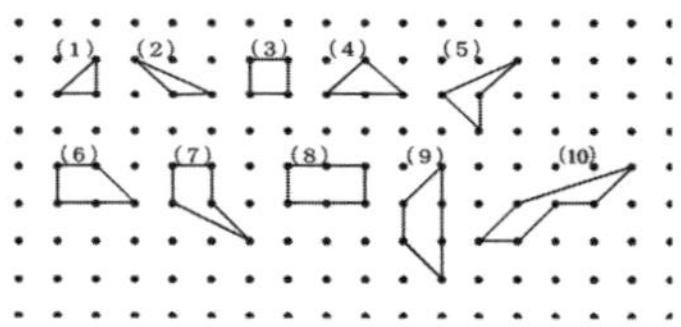

番　号	(1)	(2)	(3)	(4)	(5)	(6)	(7)	(8)	(9)	(10)
辺上の点の数(a)	3	3	4	4	4	5	5	6	6	6
面　積(S)	0.5	0.5	1	1	1	1.5	1.5	2	2	2

<辺上の点の数(a)と面積(S)には、どんな関係がありますか。Ｓをａを使った式で表しましょう>

$S = 0.5a - 1$

課題２　右の図で、辺上の点の数(a)が３のとき、内部の点の数(b)を１つずつ増やすと、面積(S)はどのように変わっていきますか。表にまとめましょう。また、辺上の点の数(a)が４のときはどうでしょうか。表にまとめましょう。

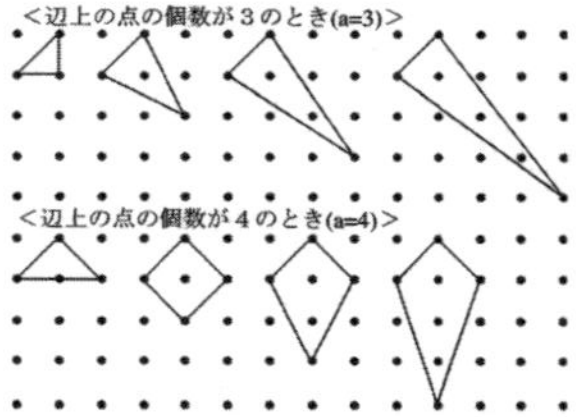

辺上の点の数(a)	3				4			
内部の点の数(b)	0	1	2	3	0	1	2	3
面積(S)	0.5	1.5	2.5	3.5	1	2	3	4

<辺上の点の数(a)と内部の点の数(b)と面積(S)には、どんな関係がありますか。Ｓをａ、ｂを使った式で表しましょう>

$S = 0.5a + b - 1$

《今日の授業の振り返り・感想》

No.26

令和版「超速！桃太郎」の大冒険

クラス（　　　）　番号（　　　）氏名（　　　　　　　　　　　　）

下記のグラフは、桃太郎が朝９時に家を出て、犬とサルとキジを味方につけ、鬼ヶ島で鬼退治をして家に帰った１日の行程を示すグラフです（キジは、鬼ヶ島へと桃太郎の応援に直接駆けつけます）。

課題１　グラフから１日の桃太郎の行動を読み取り、足りない部分を書こう。

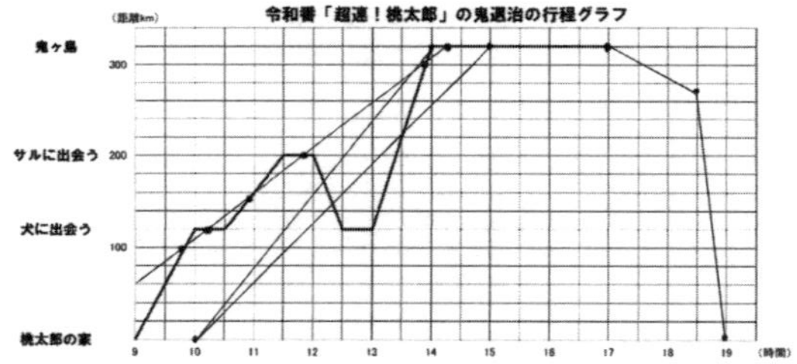

桃太郎は、朝９時に家を出て時速（120）kmで向かう途中、犬に（10）時に出会い家来にする。とどまったのは（30）分間で、その後時速（80）kmで鬼ヶ島に向かう。その後（11）時（30）分にサルに出会い家来にする。ところが、犬と出会った場所にきび団子を忘れたことに気づき、取りに戻る。再び時速（200）kmで鬼ヶ島に向かい（14）時に到着。鬼退治のために島にいた時間は３時間。帰りは時速30kmで1.5時間、そのあとスピードを上げ、時速（500）kmで一気に戻り、19時に家に着いた。

課題２　鬼退治に駆けつけるキジの行動を、グラフをかき、読み取ろう。

① キジが10時に桃太郎の家を出発し、鬼退治の桃太郎の応援のため、鬼ヶ島に次の時刻に駆け付けるには、時速何kmで追いかければよいでしょうか？

ア：桃太郎の到着と同時に鬼ヶ島に着く　時速80km

イ：鬼退治の真っ最中の15時に鬼ヶ島に着く　時速64km

グラフの傾きが速さだね。

② キジが８時より前に桃太郎の家を出発し、同じルートで、高い空を飛びながら桃太郎を見守るとすると、違う場所で、最大何回桃太郎の姿を見守ることができますか？　また、その証拠をグラフに書きましょう。

課題３　このグラフを利用して解くことができる楽しい問題を作ってみよう。

例：キジが桃太郎の一番弟子になるために、朝９時半に桃太郎の家を出た場合、時速何km以上で飛ばなければならないでしょう？

No.27

トレカの模様の角の和は？

クラス（　　）番号（　　）氏名（　　　　　　　）

課題１

サトシさんは、自分の持っているトレーディングカードの裏の模様が「四角形の中に三角形の穴」があいている図形になっていると気づきました。

また、数学の授業でやったことを思い出し、この図形の中にある７つの角の和が求められないかと考えました。

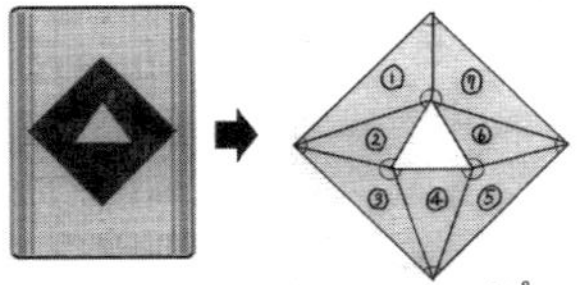

トレーディングカードの裏

180 × 7 ＝ 1260°

課題２　外側の形や内側の穴の形をいろいろ変えて、図形にできる角の和を求めてみよう。

①四角形の中に四角形

②四角形の中に五角形

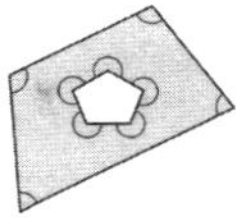

③四角形の中に六角形

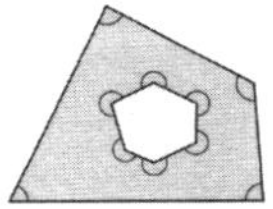

④五角形の中に三角形

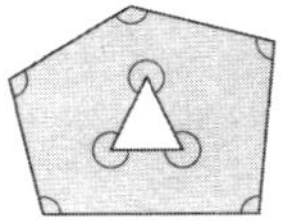

⑤五角形の中に四角形

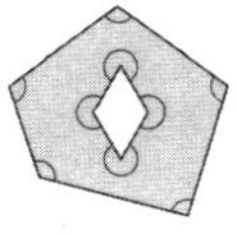

⑥六角形の中に三角形

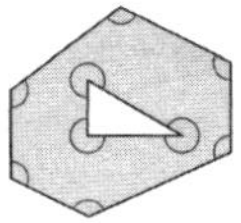

①	②	③	④	⑤	⑥
1440°	1620°	1800°	1440°	1620°	1620°

六十三角形の中に
三十七角形のときは、
求められるかな？

〈四角形の中に三角形の穴〉の他の解き方

四角形の内角の和は、
$180° \times (4-2) = 360°$
ほかの３つの角の和は、
$360° \times 3 - 180° = 900°$
だから
$360° + 900° = 1260°$

四角形の内角の和は
$180° \times (4-2) = 360°$
ほかの３つの角の和は
三角形の外角の和と
180°の３つ分
$360° + 180° \times 3 = 900°$
だから
$360° + 900° = 1260°$

〈m角形に
n角形の穴〉
180(m＋n)で
求められる。

180(63＋37)
＝180×100
＝18000°

No.28

図形で筋トレ！～証明の筋道をつくるトレーニングへようこそ～

クラス（　　）番号（　　）氏名（　　　　　　　）

課題１　下の図のように、△ABC に、BD＝CE、∠BDO＝∠CEO＝90°となるように、点D、点Eをとり、BEとCDの交点をOとします。

(1)　図の点Ａと点Ｏを結んで考えます。この図形の中にある合同な直角三角形の組をみつけましょう。

△OBEと△OCD
△BECと△CPB
△AEOと△ADO
△AECと△APB

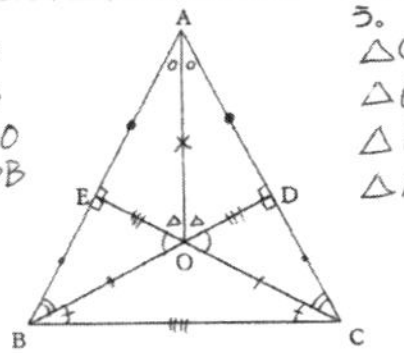

(2)　図の点Ｄと点Ｅを結んで考えます。この図形の中にある二等辺三角形をみつけましょう。

△ODE
△OBC
△ABC
△AED

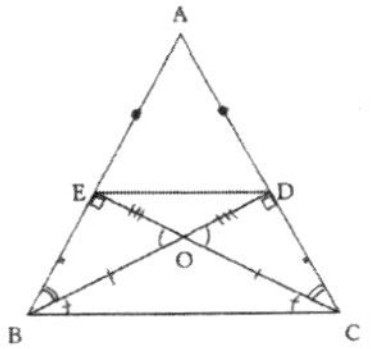

課題２　課題１で見つけた事柄が正しいことを証明するための筋道を考えます。仮定から順に、利用するとよい事実を箇条書きしてみましょう。

※条件を満たす図形をいくつも見つけた人は、どれか１つを選んで考えましょう。

(1)　合同な直角三角形であることの証明

結論　△OBE ≡△OCD
仮定　BE=CD、∠BEO=∠CDO=90°
↓以下、箇条書きで
・BE＝CD
∠BEO＝∠CDO＝90°
∠BOE＝∠COD
・∠EBO＝∠DCO
→1組の辺とその両端の角
△CBE≡△OCD

(2)　二等辺三角形であることの証明

結論　△ODE　は二等辺三角形
仮定　BE=CD、∠BEO=∠CDO=90°
↓以下、箇条書きで
・OE＝OD（△OBE≡△OCD）
→二辺が等しい
△ODEは二等辺三角形

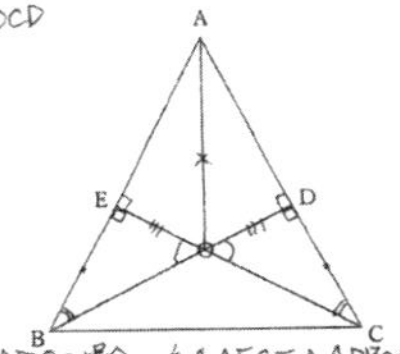

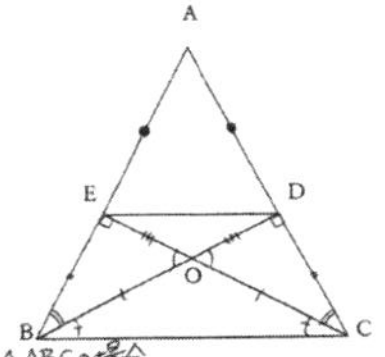

※△AEO≡△ADOの場合
・∠AEO＝∠ADO＝90°
・AO＝AO
・EO＝DO（△OBE≡△OCD）
→直角三角形の斜辺と他の一辺
△AEO≡△ADO

※△AEC≡△ADBの場合
・∠AEC＝∠ADB＝90°
・AE＝AD（△AEO≡△ADO）
・AC＝AB（△OBE≡△OCD）
（△AEO≡△ADO）
→直角三角形の斜辺と他の一辺
△AEC≡△ADB

※△ABCの場合
∠EBO＝∠DCO（△OBE≡△OCD）
∠OBC＝∠OCB（△OBE≡△OCD）
∠ABC＝∠ACB
→２つの角が等しい
△ABCは二等辺三角形

※△AEDの場合
EB＝DC（△OBE≡△OCD）
AB＝AC（△ABCは二等辺三角形）
・AE＝AD
→二辺が等しい
△AEDは二等辺三角形

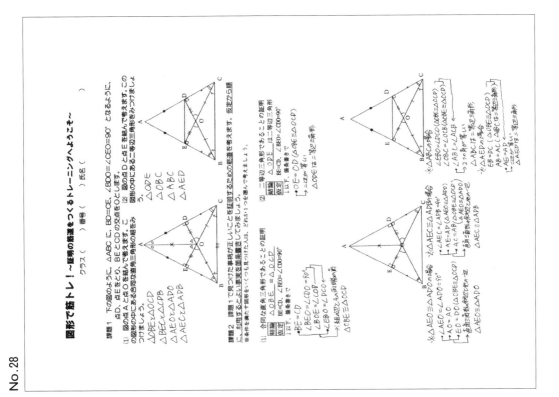

No.29

こんなところに平行四辺形！？

クラス（　　）番号（　　）氏名（　　　　　　　）

課題１　次の写真の中から平行四辺形を見つけてみよう。

課題２　見つけた図形が平行四辺形であることを証明しよう。
※どのように作ったのかということが仮定になります。

番号①　工具箱の場合　　　　　　**※③はしご、④卓球台も同様**

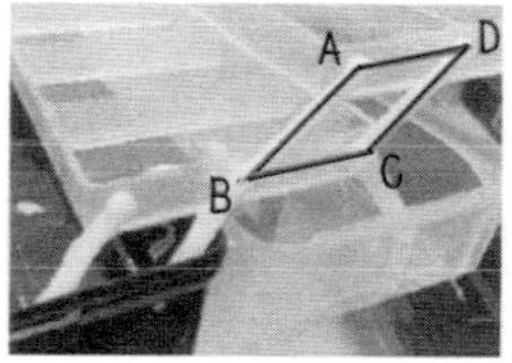
A
D
B
C

左図の四角形 ABCD について同じ長さになるように作ってあることから、
AB=DC ・・・ ①
AD=BC ・・・ ②
①、②より、２組の対辺がそれぞれ等しいので、
四角形 ABCD は平行四辺形である。

番号②　テーブルの場合

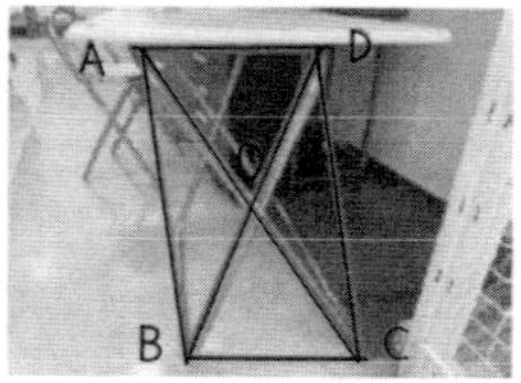
A
D
B
C

左図の四角形 ABCD について、対角線の交点を O とすると、
AC、BD の中点で交わるように作ってあることから、
AO=CO ・・・ ①
BO=DO ・・・ ②
①、② より、２つの対角線がそれぞれの中点で交わるので、四角形 ABCD は 平行四辺形である。

No.30

星形の図形に隠された秘密をあばけ！

クラス（　　）番号（　　）氏名（　　　　　　　）

中学２年生の太郎さんは、小学生の妹の花子さんのために、花子さんが好きなアニメに出てくる魔法陣を書こうとしました。しかし、星形がどうしてもうまくかけません。太郎さんは、星形の図形の先端の角の大きさを分度器で測ってかくことを考えました。測った結果、１つの角の大きさは36°で、「星形の先端の５つの角の和が180° になっている」ことに気づき、偶然かどうか調べようと思いました。

課題１

（１）太郎さんは、右の図のような星形の図形をかいて調べました。自分で星形の図形をかいて本当に先端の角の和は 180° になっているか調べてみよう。

∠A = 57°　　∠E = 26°
∠B = 34°
∠C = 30°
∠D = 33°

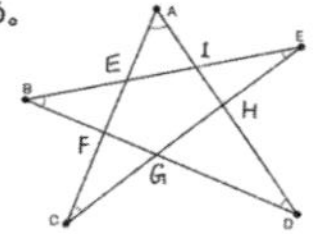
A
E
I
B
H
F
G
C
D

（２）星形の図形の５つの角の和は、常に 180° になっていることを説明しましょう。
例）△BGE で三角形の1つの外角はそれと隣合わない2つの
内角の和に等しいので ∠B+∠E = ∠FGC
同様に △AFD を見ると、∠A+∠D = ∠CFG
三角形の内角の和は180°なので
∠C+∠FGC+∠CFG = 180°
よって、∠A+∠B+∠C+∠E+∠D = 180°

三角形の内角の和も
180° だったよね。

課題２

（１）星形の図形の先端の角の数を増やすと「角の和」についてどんなことが言えるだろう。

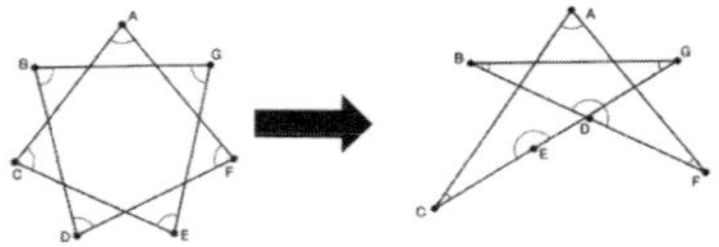
A
B
G
C
F
D
E
A
B
G
D
E
C
F

頂点DやEの位置を動かす
とさっきの星形になること
がわかるかな？

角の数 n	5	6	7
角の和	180	360	540

角の数1つ増えると角の和は
180°ずつ大きくなる。
1次関数の学習から 角の和 = 180n − 720
という式で表すことができる。

No.31

ビリヤードの球を命中させよう！

クラス（　）　番号（　　）氏名（　　　　　　　　　　）

どこをねらう？

ビリヤード台の球Ｐを打ち、球Ｑに命中させます。
あなたは、直接ねらえない球に、台の反射を利用し命中させることができますか？
ただし、ビリヤード台上では、球は次のように転がることとします。

・球はまっすぐに転がる。
・台の枠に当たった時は、∠a＝∠bとなるように跳ね返り、再びまっすぐ転がる。

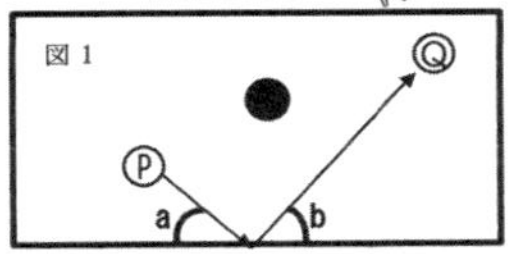
図１
P
Q
a
b

実は、確実に命中させる方法があるのです。その方法とは…。

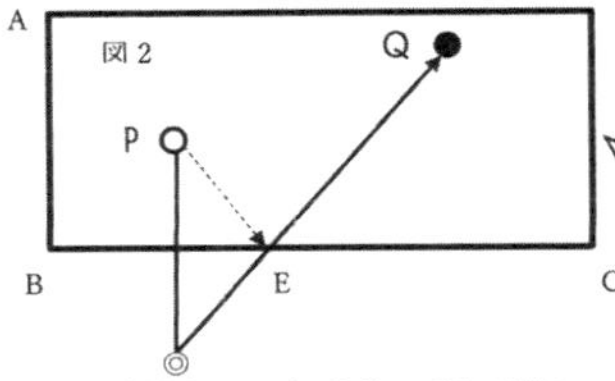
A
図２
P
Q
B
E
C

球Ｐと枠BCについて対称となる位置に球◎があると考える。その対称となる位置の球◎と球Ｑを直線で結び、直線と枠BCと交わっている点Ｅに向かって打てば球Ｑに確実に当たる！！

課題１　定規とコンパスを使って右の図の中に、点Ｅを作図しよう。
※点ＰとBCについて対称になっている点をR、BCとPRの交点をS、BCとRQの交点をＥとします。

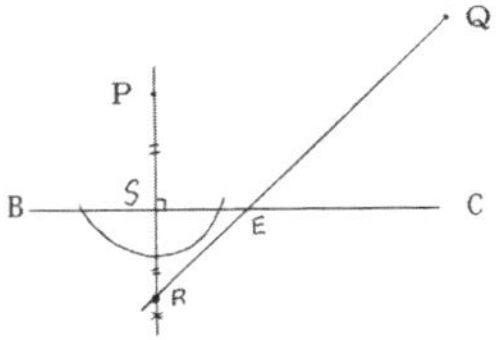
P
Q
B
S
E
C
R

課題２　作図の∠PES＝∠QECを証明し、球が命中することを確かめよう。

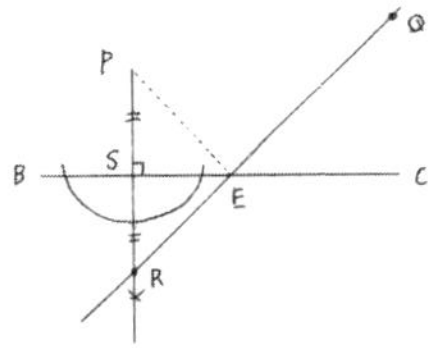
P
Q
B
S
E
C
R

△EPSと△ERSで
作図より
PS＝RS
∠PSE＝∠RSE＝∠R
共通な辺より
ES＝ES
よって２組の辺と挟む角がそれぞれ等しいので
△EPS≡△ERS

対応する角が等しいので
∠PES＝∠RES…①
対頂角が等しいので
∠RES＝∠QEC…②
①②より
∠PES＝∠QEC
だから
入射角＝反射角になるので
球Pは球Qに命中する。

No.32

誕生日を当てる予言者になれるかも！？

クラス（　　　）番号（　　　）氏名（　　　　　　　　　　）

Ｆさんは、次のような誕生日を当てる問題を考えました。　【例：１２月２２日】

① 生まれた月を５倍し、５を加える。
② ①の結果を 20 倍する。
③ ②の結果に生まれた日を加える。
④ ③の結果から 100 をひく。

➡

①１２×５＋５＝６５
②６５×２０＝１３００
③１３００＋２２＝１３２２
④１３２２－１００＝**１２２２**

★上の誕生日を当てる問題が、いつでも言えることを調べてみましょう。

生れた月をｘ、生まれた日をｙとすると、	文字を使って①～④のことがらを表そう！
①生まれた月を５倍し、５を加える。	① $5x+5$
②①の結果を 20 倍する。	② $(5x+5)\times 20=100x+100$
③②の結果に生まれた日を加える。	③ $100x+100+y$
④③の結果から 100 をひく。	④ $100x+y$

文字を使って計算をすると、最終的に誕生日は、$100x+y$ と表すことができる

★Ｆさんのような誕生日を当てる問題を、他にも作ってみましょう。

① 生まれた月を20倍して、生まれた日を加える。
$x\times 20+y=20x+y$
② ①の結果を5倍する。
$(20x+y)\times 5=100x+5y$
③ ②の結果から生まれた日の4倍をひく。
$(100x+5y)-4y=100x+y$

四則の計算方法や計算法則を使って、オリジナルの誕生日を当てる問題を考えてみよう！

《今日の授業の振り返り・感想》

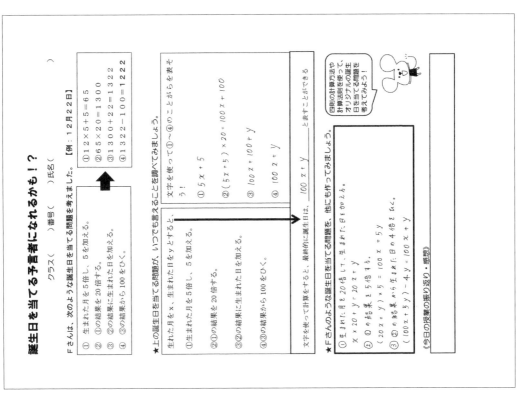

No.33

2 個の”変なさいころ”

クラス（　　　）　番号（　　　）氏名（　　　　　　　　　　）

【課題】立方体の６つの面に●のシールを３枚、■のシールを２枚、★のシールを１枚貼りました。これを“変なさいころ”と呼ぶことにします。このさいころを２個投げるとき、どの面とどの面が最も出やすいでしょうか？

※2 人組で実験

予想：● と ●　（例．★と★の面）

(1)　２個の“変なさいころ”を100回投げて、どの面とどの面が出やすいか調べよう。

実験結果集計表

面の出方	●と●	●と■	●と★	■と■	■と★	★と★
起きた回数(例)	25 （回）	32 （回）	17 （回）	13 （回）	11 （回）	2 （回）
相対度数（確率）	0、25	0、32	0.17	0、13	0、11	0、02

実験後の予想：● と ■　（例．★と★の面）

(2)　実験後の予想がなぜ正しいのか、あるは正しくないのか、図や表を用いて説明しよう。

<説明>

	○1	○2	○3	□1	□2	☆
●1	●1○1	●1○2	●1○3	●1□1	●1□2	●1☆
●2	●2○1	●2○2	●2○3	●2□1	●2□2	●2☆
●3	●3○1	●3○2	●3○3	●3□1	●3□2	●3☆
■1	■1○1	■1○2	■1○3	■1□1	■1□2	■1☆
■2	■2○1	■2○2	■2○3	■2□1	■2□2	■2☆
★	★○1	★○2	★○3	★□1	★□2	★☆

実際の確率

面の出方	●と●	●と■	●と★	■と■	■と★	★と★
確率	$\frac{9}{36}=\frac{1}{4}$	$\frac{12}{36}=\frac{1}{3}$	$\frac{6}{36}=\frac{1}{6}$	$\frac{4}{36}=\frac{1}{9}$	$\frac{4}{36}=\frac{1}{9}$	$\frac{1}{36}$

上の表より、確率を比べると ● と ■ の面が最も出やすい。

No.34

3都市の夏の暑さを比べよう！

クラス（　　　）　番号（　　　）氏名（　　　　　　　　　　）

［課題］右の地図を見ると、名古屋市（愛知県）、岐阜市（岐阜県）、富山市（富山県）は縦に並んでいます。ニュースでは１日の最高気温を紹介されることが多いですが、表はこれら３都市の８月の「日最高気温(℃)」のデータを表しています。表から各都市の暑さに違いはあるのでしょうか？

［出典］https://japan-map.com/top

	名古屋市	岐阜市	富山市
最大値	38.2	39.2	38.9
第３四分位数	37.2	37.3	36.5
第２四分位数（中央値）	36.5	36.2	34.2
第１四分位数	34.4	34.5	32
最小値	32.5	32.6	27.4
範囲	5.7	6.6	11.5

番号	名古屋	岐阜	富山	札幌	東京	那覇
1	32.5	32.6	27.4	20.3	29.4	28
2	32.6	33	30	21.7	31.5	28.7
3	32.9	33.4	30.7	23.6	31.8	29
4	33.7	33.5	30.8	23.9	32.2	29.2
5	33.8	33.9	31	23.9	32.3	29.8
6	34.1	33.9	31.1	24.8	32.3	29.8
7	34.2	34.3	31.6	26.2	32.3	30.5
8	34.4	34.5	32	26.6	32.6	31.9
9	34.5	34.7	32.1	26.8	33.1	31.9
10	35	34.8	32.7	26.9	33.1	32.2
11	35	35.2	32.8	27.1	33.6	32.3
12	35.8	35.6	33.6	27.2	34	32.4
13	36	35.8	33.7	27.3	34.2	32.5
14	36	36	33.9	27.3	34.2	32.7
15	36.2	36.1	34.1	28	34.2	32.7
16	36.5	36.2	34.2	28	34.3	32.7
17	36.6	36.5	34.2	28.6	34.5	32.9
18	36.7	36.6	34.3	28.7	34.7	32.9
19	36.7	36.6	34.3	28.7	34.8	32.9
20	36.9	36.7	34.8	28.8	34.9	32.9
21	36.9	36.9	35.1	29.5	35	32.9
22	37	37.1	35.2	29.6	35.2	33.1
23	37.1	37.1	35.4	29.7	35.2	33.2
24	37.2	37.3	35.5	30.2	35.4	33.3
25	37.4	37.6	35.6	31.2	35.4	33.7
26	37.4	37.6	35.7	31.3	35.8	33.7
27	37.6	37.8	36	31.5	36	33.8
28	37.6	37.8	36.8	32.6	36.1	33.8
29	37.8	37.9	37.5	32.7	36.1	33.9
30	38.1	38.1	38.4	33.1	36.5	33.9
31	38.2	39.2	38.9	34.3	37.3	34.7

表：2020年８月の日最高気温（℃）
［出典］気象庁 HP「過去の気象データ・ダウンロード」(2020年８月１日～31日)

<上の表を参考に箱ひげ図をかいてみよう>

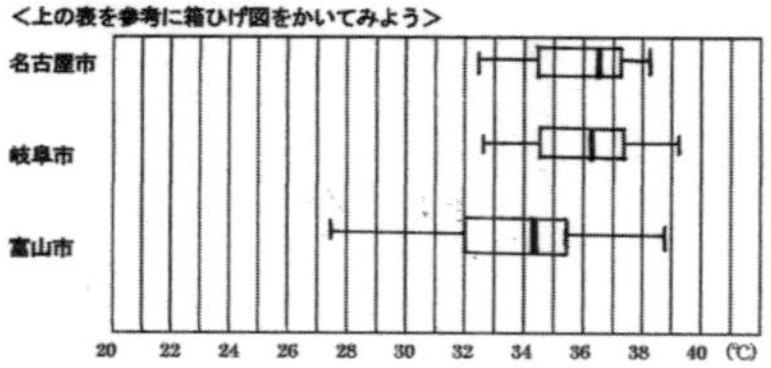

<3都市の日最高気温の違いは…？>

（例）名古屋市と岐阜市に比べ、富山市は涼しい。

［発展課題］

札幌市（北海道）や東京（東京都）、那覇市（沖縄県）は夏の有名な観光地です。これら３都市について、「夏の観光地として有名な都市は涼しい」といえるのでしょうか？　３都市の「日最高気温(℃)」の箱ひげ図を作成し特徴を調べよう。

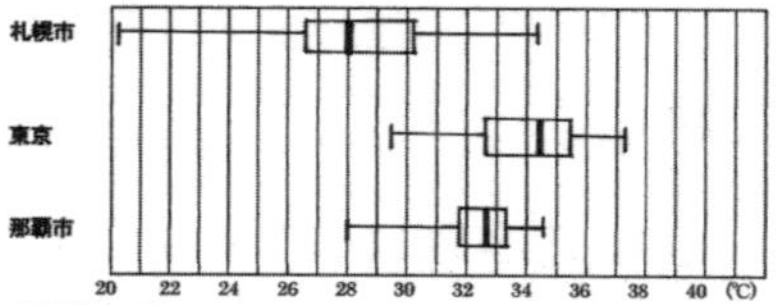

<特徴は…？>

（例）・避暑地として有名な札幌市は涼しい。
・那覇市は四分位範囲が狭く、安定して暑い。

No.35

楽をして計算しよう！

クラス（　　　）　番号（　　　）氏名（　　　　　　　　　　）

課題１　次の式を工夫して計算しましょう。

（１）９８×２５ $= (100-2)\times 25$

（２）９９^2 $= (100-1)^2$

（３）６７^2－３３^2 $= (67+33)(67-33) = 100\times 34$

（４）１２３４^2－１２３１×１２３７ $= 1234^2-(1234-3)(1234+3)$ $= 1234^2-(1234^2-3^2)$

課題２　課題１（３）のような計算をする問題を作ってみましょう。まずは流れに沿って作ってみましょう。そのあと、オリジナル問題を作ってみましょう。

① 式の展開の公式を利用します。
まず、数を決めましょう。

決めた数　37　　（例）２５

② その数を、差が１か２になるような２つの数に分けましょう。

和（ 19 ＋ 18 ）　差（ 19 － 18 ）

（例）１３＋１２＝２５　１３－１２＝１

③ ２つの数の和と差の式をかけましょう。

（ 19 ＋ 18 ）（ 19 － 18 ）

（例）（１３＋１２）（１３－１２）

④ ２乗の式に表すと問題が完成します。一度計算してみましょう。

問題　19^2-18^2　　（例）１３^2－１２^2

課題３　課題１の（１）～（４）のような計算をする問題を作って解き合いましょう。

例　問題　103×75　解答　$(100+3)\times 75 = 7500+225$ $= 7725$

問題　48^2　解答　$(50-2)^2 = 2500-200+4$ $= 2304$

《今日の授業の振り返り・感想》

※ No. 36「式の展開・因数分解カードゲーム」は、ワークシート内に解答例があるため、ここでは省略いたします。

No.37

平方根の魔方陣

クラス（　　　）　番号（　　　）氏名（　　　　　　　　　　）

課題１　次の魔方陣を完成させよう。ただし、すべて√の形で書きます。（０は０とします）

$-\sqrt{32}$	$\sqrt{18}$	$-\sqrt{8}$
$\sqrt{2}$	$-\sqrt{2}$	$-\sqrt{18}$
0	$-\sqrt{50}$	$\sqrt{8}$

$-\sqrt{48}$	$\sqrt{3}$	0
$\sqrt{27}$	$-\sqrt{3}$	$-\sqrt{75}$
$-\sqrt{12}$	$-\sqrt{27}$	$\sqrt{12}$

$\sqrt{75}$	$-\sqrt{75}$	$-\sqrt{108}$	$\sqrt{192}$
0	$\sqrt{12}$	$\sqrt{27}$	$-\sqrt{27}$
$\sqrt{48}$	$-\sqrt{12}$	$-\sqrt{3}$	$\sqrt{3}$
$-\sqrt{147}$	$\sqrt{147}$	$\sqrt{108}$	$-\sqrt{48}$

$-\sqrt{245}$	$-\sqrt{180}$	$\sqrt{245}$	$\sqrt{320}$
$\sqrt{125}$	$\sqrt{180}$	$-\sqrt{125}$	$-\sqrt{80}$
$\sqrt{80}$	$-\sqrt{5}$	$\sqrt{20}$	$-\sqrt{45}$
0	$\sqrt{45}$	$-\sqrt{20}$	$\sqrt{5}$

課題２　問題を作って友だちに解いてもらおう。

課題３　友だちの問題を解いてみよう。

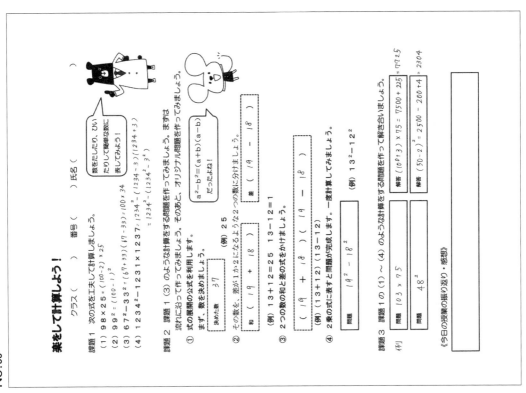

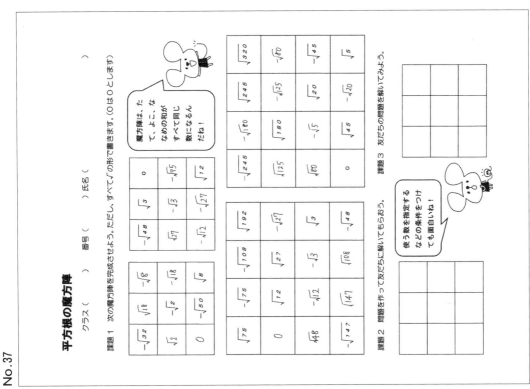

No.38

発見！マッチ棒の規則

クラス（　　　）　番号（　　　）氏名（　　　　　　　　）

同じ長さのマッチ棒がたくさんあります。この棒を使って、次のようなきまりで形を作ります。

【四角の場合】
① ② ③ ・・・ ⑤

【三角の場合】
① ② ③ ・・・ ⑤

【家型の場合】
① ② ③ ・・・ ⑤

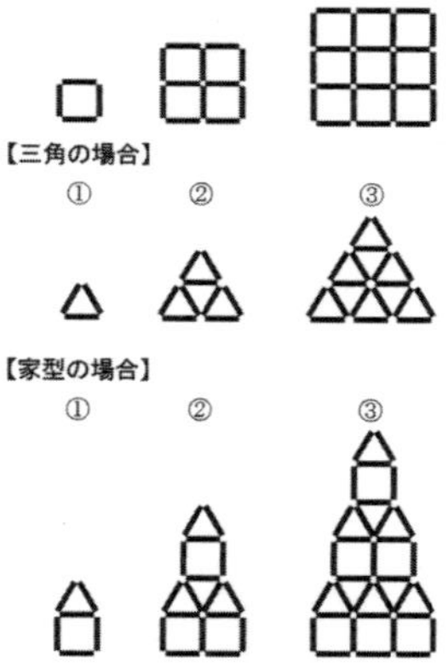

課題１　⑤の形を作るには、マッチ棒は何本必要でしょう。
四角 60　三角 45　家 80

課題２　⑤の形を作るとき、点の数はいくつになるでしょう。
また、マッチ棒で囲まれた三角形や四角形の数は、いくつになるでしょう。
点の数：四角 36　三角 21　家 41，囲まれた形の数：四角 25　三角 25　家 40

課題３　それぞれの場合について、マッチ棒の数と頂点の数とマッチ棒で囲まれた三角形や四角形の数には、どんな関係があるでしょう。
（点の数）−（マッチ棒の数）＋（囲まれた形の数）＝１

《今日の授業の振り返り・感想》

No.38

発見！マッチ棒の規則　補足解答

＜四角形＞

	①	②	③	④	⑤	n
辺の数	4	12	24	40	60	$2n(n+1)$
点の数	4	9	16	25	36	$(n+1)^2$
形の数（四角形）	1	4	9	16	25	n^2

＜三角形＞

	①	②	③	④	⑤	n
辺の数	3	9	18	30	45	$\frac{3}{2}n(n+1)$
点の数	3	6	10	15	21	$\frac{1}{2}(n+1)(n+2)$
形の数（三角形）	1	4	9	16	25	n^2

＜家＞

	①	②	③	④	⑤	n
辺の数	6	17	33	54	80	$\frac{1}{2}n(5n+7)$
点の数	5	11	19	29	41	n^2+3n+1
形の数（三角形と四角形）	2	7	15	26	40	$\frac{1}{2}n(3n+1)$

二次方程式を図で解こう！　補足解答

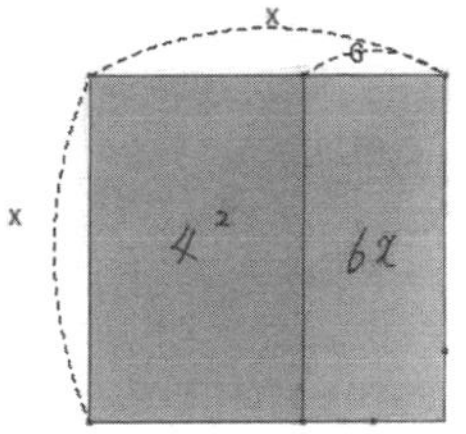

$x^2 - 6x = 4^2$

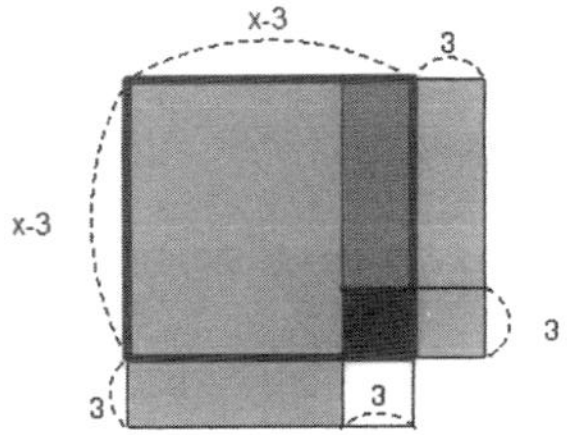

$(x-3)^2 - 3\times3 = 4^2$

$(x-3)^2 = 4^2 + 9$

$(x-3)^2 = 25$

$x - 3 = 5$　　　$x - 3 = -5$

$x = 8$　　　　$x = -2$

×

No.39

二次方程式を図で解こう！

クラス（　　　）　番号（　　　）氏名（　　　　　　　　　　）

8～12 世紀のアラビアでは、二次方程式を正方形の問題にして解いていました。
この方法を考えましょう。

課題１　二次方程式　$x^2 + 6x = 4^2$　で考えます。空欄をうめて解き方を示しましょう。

① １辺の長さが xの正方形をかきます。
その面積は x^2になります。

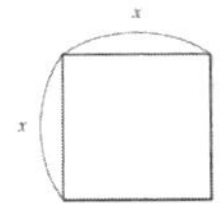

② 正方形の辺を横に6だけ延長して、
面積を□分ふやします。

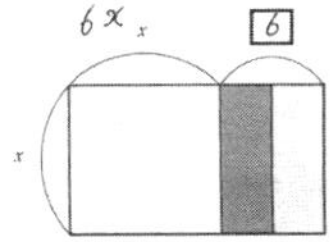

③ ②で突き出した分の長方形を半分にして、
横□、縦□ずつ延長した形にします。

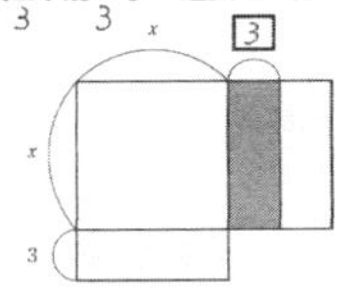

④ ③に１辺の長さ３の正方形をつければ、
１辺の長さ(□)の正方形が得られます。

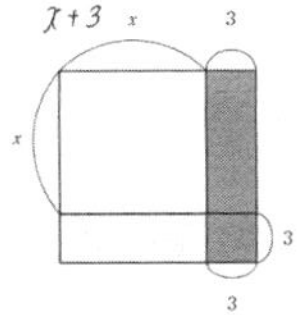

⑤ この図形の操作から、もとの二次方程式を次のように変形すれば、左辺が平方完成されることがわかります。

$x^2 + 6x = 4^2 \Rightarrow (x+3)^2 = 16 + 3^2 = 25$

よって、$x + 3 = 5$　より　$x = \mathbf{2}$　となります。

この時代には、負の数が考えられていなかったからこのような解き方が考えられたんだよ。

課題２　二次方程式　$x^2 + ax = b$ (a,b>0) について、解き方を示しましょう。

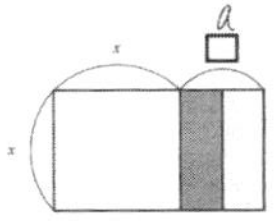

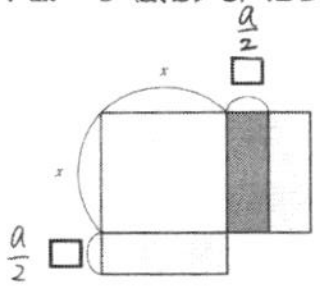

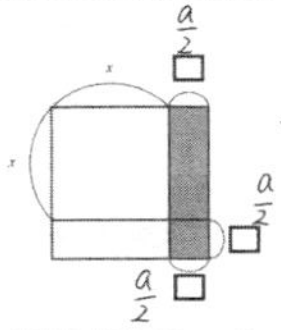

$x^2 + ax = b$

$\Rightarrow (x + \frac{a}{2})^2 = b + (\frac{a}{2})^2$

$x + \frac{a}{2} = \pm\sqrt{b + \frac{a^2}{4}}$

$x = -\frac{a}{2} \pm \sqrt{\frac{4b + a^2}{4}}$

$= \frac{-a \pm \sqrt{a^2 + 4b}}{2}$

課題３　二次方程式　$x^2 - 6x = 4^2$　ではどのような図になるか考えましょう。

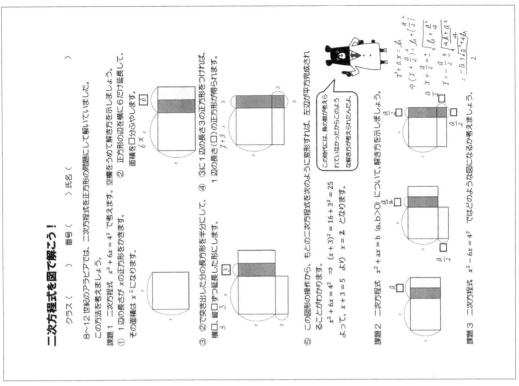

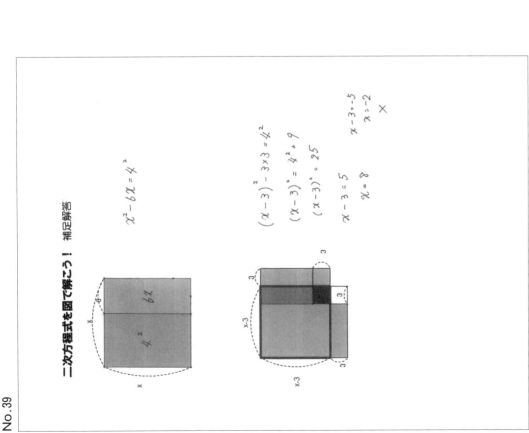

No.40

友達に荷物を送る配送料を考えよう！

クラス（　　）番号（　　）氏名（　　　　　　　）

ヒロシさんは友達に荷物を送ることにしました。そこで、荷物の配送料について調べたところ、荷物の大きさによって決まることがわかりました。

次の料金表をもとに、配送料について考えましょう。

〔荷物の大きさは、次のように「縦と横と高さ」の和で決まる
例：縦 30cm、横 40cm、高さ 30cm　ならば　30＋40＋30=100　で 100cm〕

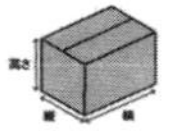

A 社の料金表

大きさ	60cm 以下	80cm 以下	100cm 以下	120cm 以下	140cm 以下
料金	1000 円	1200 円	1500 円	1900 円	2400 円

B 社の料金表

大きさ	70cm 以下	100cm 以下	130cm 以下	160cm 以下
料金	1100 円	1400 円	1700 円	2000 円

(1)　A 社と B 社のそれぞれの料金表をもとに、荷物の大きさと料金の関係を右のグラフにまとめましょう。

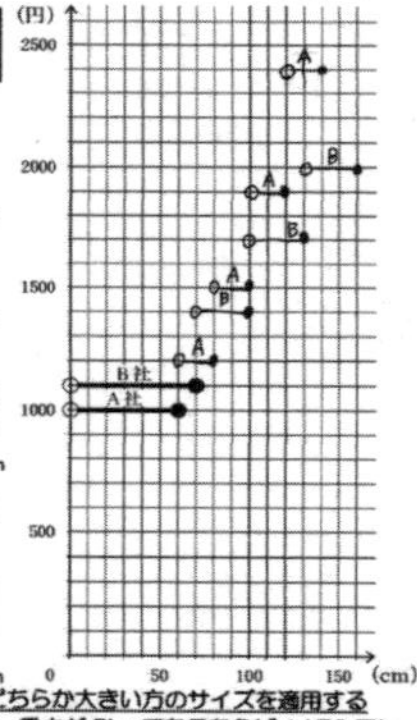

(2)　送りたい荷物が以下のような大きさと重さの場合、A 社と B 社のどちらを使うとよりお得になるか考えましょう。

（重さは 5kg）

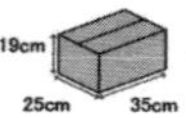

19＋25＋35＝79
A社 1200円
B社 1400円
A社がお得

(3)　また、別の日に次のような荷物を送ることになりました。A 社と B 社のどちらを使うとよりお得になるか考えましょう。

（重さは 20kg）

35＋35＋40＝110
A社 1400円
B社 1700円
B社がお得

(4)　また、別の C 社では以下のように荷物の大きさと重さを比べ、どちらか大きい方のサイズを適用するという方法で配送料が決められています。<例：60cm の荷物だが、重さが 3kg であるならば 1150 円>

C 社の料金表

大きさ	60cm 以下	80cm 以下	100cm 以下	120cm 以下	140cm 以下	160cm 以下
重さ	2kg まで	5kg まで	10kg まで	15kg まで	20kg まで	25kg まで
料金	930 円	1150 円	1390 円	1610 円	1850 円	2070 円

C 社を含めて考えると、(2) や (3) の問題で送ろうと考えた荷物は、それぞれどの会社を使うとお得になるか考えましょう。

(2) はC社が1150円で一番お得
(3) はC社では1850円となるので B社がお得

(5)　自分で送りたい荷物を考え、A 社・B 社・C 社の料金表をもとにどの会社を使うとお得になるかを答えさせる問題を考えましょう。（重さは ?kg）

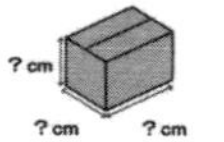

例：縦 41cm，横 61cm，高さ 36cm，重さ 22kg の荷物を送る

41＋61＋36＝138
A社 2400円
B社 2000円
C社 2070円（重さが 25kg まで）
B社がお得

No.41

グラフに潜む暗号を読み解け！

クラス（　　）番号（　　）氏名（　　　　　　　）

課題 1 〜 4 のグラフには暗号が隠されています。関数の復習をしながら謎を解き明かしましょう。

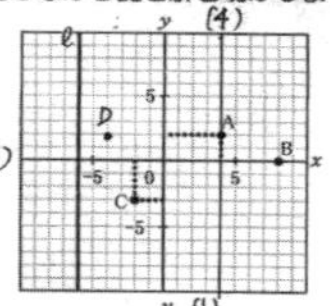

課題 1　次のグラフについて、(1)〜(4) の問いに答えましょう。

(1)　点 A, 点 B, 点 C の座標を求めましょう。A(4, 2) B(8, 0) C(−2, −3)

(2)　点 A と y 軸について対称な位置にある点 D をかき込みましょう。

(3)　グラフ上の直線 ℓ を表す式は、次のア〜エのどれでしょうか。

ア：$y=-6$　イ：$y=-6x$　(ウ)：$x=-6$　エ：$x-y=-6$

(4)　方程式 $2x-8=0$ のグラフをかきましょう。

↳ $x=4$

課題 2　右のグラフに、(1), (2) の直線をかき入れましょう。

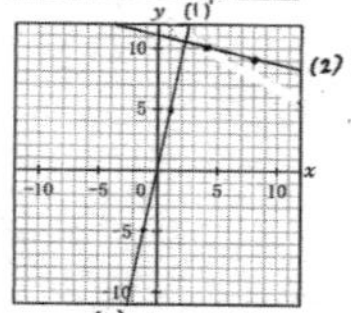

(1)　$y=5x$

(2)　$y=-\frac{1}{4}x+11$

課題 3　次の問いに答えましょう。

(1)　右のグラフに 2 点 (6, 9), (12, 0) を通る直線をかき入れ、この直線の式を求めましょう。

(2)　右のグラフに $y=\frac{1}{4}x^2$ のグラフをかき入れましょう。

(3)　$y=\frac{1}{4}x^2$ と (−6, 9) で交わり、傾きが 3 である直線を左のグラフにかき入れましょう。

↳ $y=3x+b$
$9=-18+b$　$y=3x+27$
$b=27$

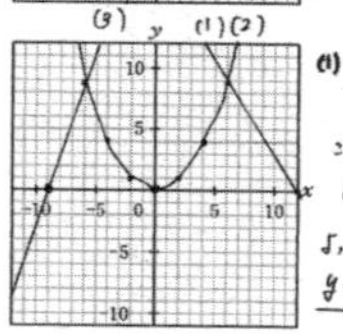

(1) $\begin{cases} 9=6a+b \\ 0=12a+b \end{cases}$
これを解くと
$a=-\frac{3}{2}$, $b=18$
よって
$y=-\frac{3}{2}x+18$

課題 4　次の問いに答えましょう。

(1)　右のグラフ中の①は関数 $y=ax^2$ のグラフです。
x と y の対応する値を読んで、a の値を求めましょう。

(8, −8) を通るので　$-8=64a$　$a=-\frac{1}{8}$

(2)　右のグラフ中の②は①の曲線と 2 点で交わる直線です。
インク汚れで読み取れなくなってしまった交点を求めましょう。

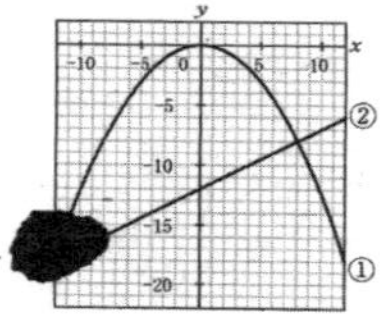

(0, −12) と (8, −8) を通るので
$\begin{cases} -12=b \\ -8=8a+b \end{cases}$ となるので　$a=\frac{1}{2}$, $b=-12$
よって　$y=\frac{1}{2}x-12$

$y=-\frac{1}{8}x^2$
$y=\frac{1}{2}x-12$
これを解くと、
$x=-12$
$y=-\frac{1}{8}x^2$ に $x=-12$ を代入すると、$y=-18$
(−12, −18)

最終ヒント：課題 1 のグラフ上の点 A と点 D を結び、グラフを並び替えて暗号を読み解きましょう。

『MATH』

No.43

角の大きさが等しくなる線を引こう！

クラス（　　　）　番号（　　　）氏名（　　　　　　　　　　　　　　）

課題 1　円周を 12 等分した点がついた円があります。点と点を結んで、この図に 30° の角度をたくさん表しましょう。

(例)

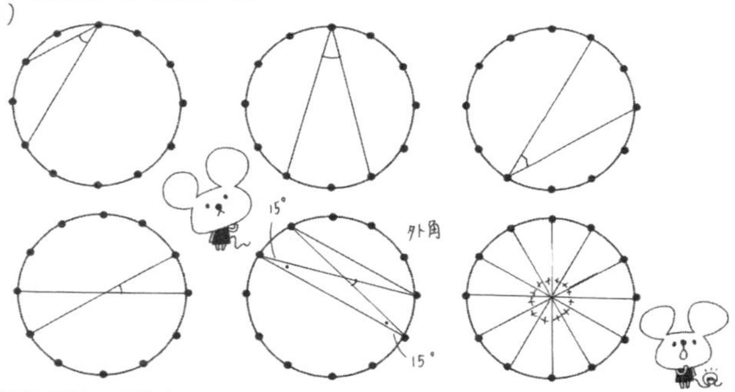

15°
外角
15°

課題 2　課題 1 の図を参考にして、30° 以外にも、どのような角度が作れるか考えましょう。

(例)

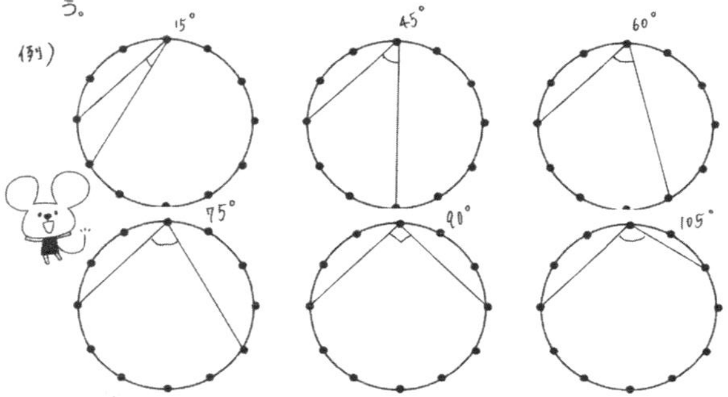

15°
45°
60°
75°
90°
105°

《今日の授業の振り返り・感想》

No.42

表を完成させよう！

クラス（　　　）　番号（　　　）氏名（　　　　　　　　　　　　　　）

課題 1　次の表は、それぞれ関数関係を表したものです。
空欄をうめて表を完成させましょう。

パズルみたいな
問題だね！

①

x	−2	−1	0	1	2	3
y	8	4	0	−4	−8	−12

$y=-4x$

②

x	−2	−1	0	1	2	3
y	−3	−1	1	3	5	7

$y=2x+1$

③

x	−2	−1	0	1	2	3
y	2	$\frac{1}{2}$	0	$\frac{1}{2}$	2	$\frac{9}{2}$

$y=\frac{1}{2}x^2$

④

x	−2	−1	0	1	2	3
y	$-\frac{1}{2}$	−1	×	1	$\frac{1}{2}$	$\frac{1}{3}$

$y=\frac{1}{x}$

⑤

x	0	1	2	3	4	5
y	1	2	4	8	16	32

$y=2^x$

⑥

x	−12	−6	−4	−3	−2
y	2	4	6	8	12

$y=-\frac{24}{x}$

⑦

x	−3	−2	−1	0	1
y	3	$\frac{2}{3}$	$\frac{5}{3}$	1	$\frac{1}{3}$

$y=-\frac{2}{3}x+1$

⑧

x	−3	−2	−1	0	1
y	−6	$-\frac{8}{3}$	$\frac{2}{3}$	0	$-\frac{2}{3}$

$y=-\frac{2}{3}x^2$

⑨

x	−2	−1	0	1	2	3
y	5	2	1	2	5	10

$y=x^2+1$

⑩

x	1	4	9	16	25	36
y	1	2	3	4	5	6

$y=\sqrt{x}$

課題 2　次の表は、それぞれ実験を行った測定値です。
空欄にあてはまる適切な数は何でしょうか。

①

x	2	3	4	5	6	7	8	9	10	11	12
y	0.3	0.5	0.7	0.8	1	1.2	1.3	1.5	1.7	1.8	2

$y=\frac{1}{6}x$

②

x	2	3	4	5	6	7	8	9	10	11	12
y	3	2	1.5	1.2	1	0.9	0.8	0.7	0.6	0.5	0.5

$y=\frac{6}{x}$

③

x	2	3	4	5	6	7	8	9	10	11	12
y	0.3	0.8	1.3	2.1	3	4.1	5.3	6.8	8.3	10	12

$y=\frac{1}{12}x^2$

測定値だから
誤差があるよね。

《今日の授業の振り返り・感想》

No.44

折り紙で数学？数学で折り紙？

クラス（　　　）　番号（　　　）氏名（　　　　　　　　　　　）

AB=acm、AD=bcmの長方形ABCDについて、次の問題に答えましょう。

課題１　この長方形をAE＝EDのように折ったとき、GHの長さはいくつでしょう。

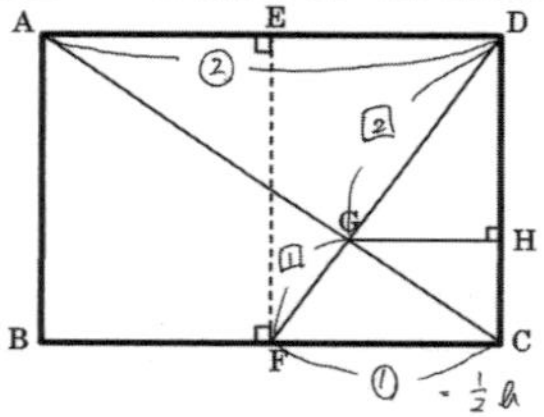
A
E
D
H
B
F
C
G
②
①
$-\frac{1}{2}b$

$2 : GH = 3 : 1$
$GH = \frac{2}{3}$
$GH = \frac{2}{3} \times \frac{1}{2} b = \frac{1}{3} b$

ということは、EF に平行で、G を通る折り目は、長方形を○等分するためのものだ！

課題２　この長方形を５等分するためには、どんな折り目をつけるとよいでしょうか。

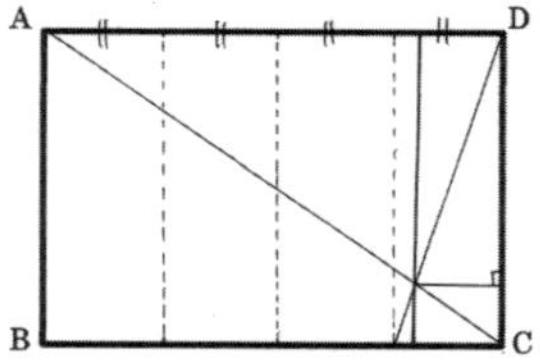
A
D
B
C

線分の交点を通ってABに平行な直線を折り目とする。

実際にこのプリントを折ってみよう！

課題３【チャレンジ】AE＝EDでAC⊥DFのとき、ADの長さをaを使って表しましょう。

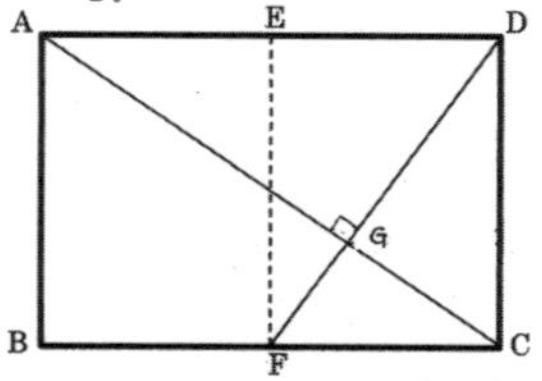
A
E
D
G
B
F
C

ACの傾きは、$-\frac{a}{b}$
DF 〃 $\frac{a}{\frac{b}{2}} = \frac{2a}{b}$
AC⊥DF なので
$-\frac{a}{b} \times \frac{2a}{b} = -1$
$2a^2 = b^2$
$b^2 - 2a^2 = 0$
$(b + \sqrt{2}a)(b - \sqrt{2}a) = 0$
$b = \pm\sqrt{2}a$
$a > 0, b > 0$ なので
$b = \sqrt{2}a$
よって、$AD = \sqrt{2}a$

《今日の授業の振り返り・感想》

No.45

正方形をかいてみよう！

クラス（　　　）　番号（　　　）氏名（　　　　　　　　　　　）

課題１　下の方眼用紙を使って、$1cm^2$、$2cm^2$、$4cm^2$、$5cm^2$、$8cm^2$、$9cm^2$、$10cm^2$ の正方形を作図しましょう。

まずは、定規だけを使って作図しよう！

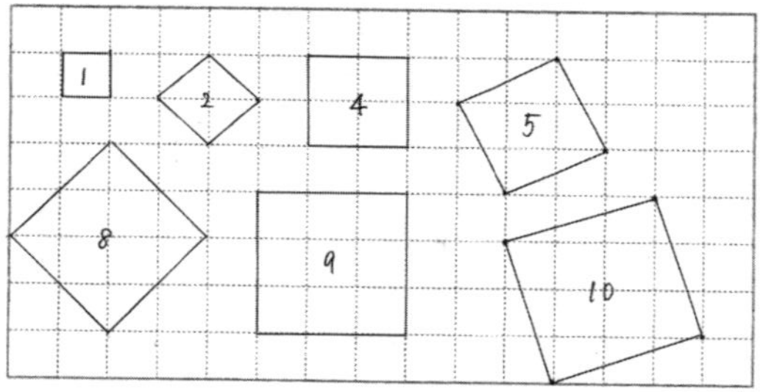
1
2
4
5
8
9
10

課題２　$3cm^2$、$6cm^2$、$7cm^2$の作図方法をこれまでの学習を振り返って考えてみましょう。
ヒントをもとに話し合い、仲間と協力して作図してみよう。

〈例〉

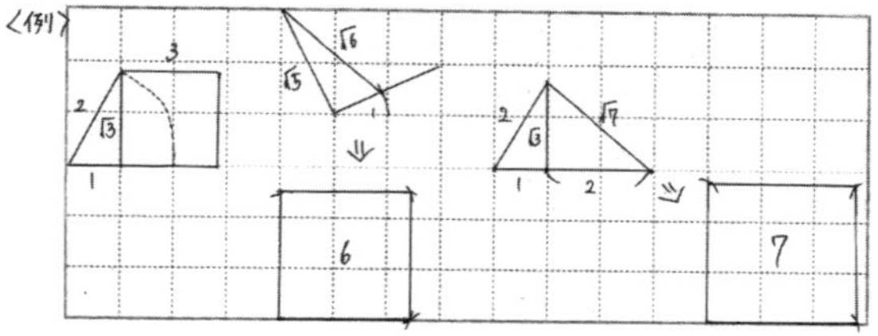
3
2
√3
1
√6
√5
6
2
G
√7
1
2
7

定規だけで作図はできるかな？

《今日の授業の振り返り・感想》

よりよく三角形の面積を求めよう！

クラス（　　　）　番号（　　　）氏名（　　　　　　　　　　）

課題１　三辺の長さがAB＝１０cm、BC＝１０cm、CA＝ $\sqrt{10}$ cmの△ABCがあります。このままでは面積は求められません。まず、求めることができそうなことを挙げましょう。そして得られた値を観察して面積を求めましょう。

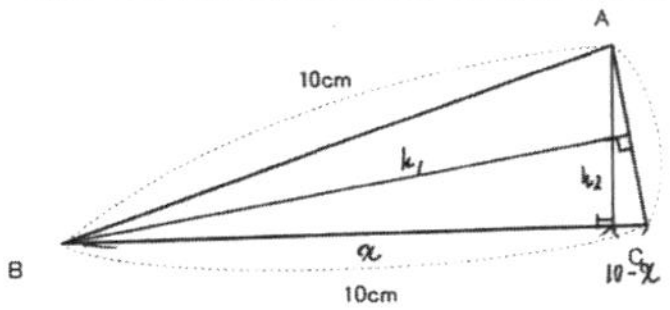

〈解1〉h_1の場合

$h_1^2+\left(\frac{\sqrt{10}}{2}\right)^2=10^2$

$h^2=\frac{390}{4}$

$h>0$　$h=\frac{\sqrt{390}}{2}$

$S=\frac{1}{2}\times\sqrt{10}\times\frac{\sqrt{390}}{2}$

$=\frac{5\sqrt{39}}{2}$

〈解2〉h_2の場合

$10^2-x^2=(\sqrt{10})^2-(10-x)^2$

$x=\frac{19}{2}$

$10^2-\left(\frac{19}{2}\right)^2=\frac{39}{4}$

$h_2=\frac{\sqrt{39}}{2}$

$S=\frac{1}{2}\times10\times\frac{\sqrt{39}}{2}$

$=\frac{5\sqrt{39}}{2}$

課題２　三辺の長さがAB＝7 cm、BC＝8 cm、CA＝5 cmの△ABCがあります。この三角形の面積を求めるために、求めることができそうなことを挙げましょう。そして得られた値を観察して面積を求めましょう。

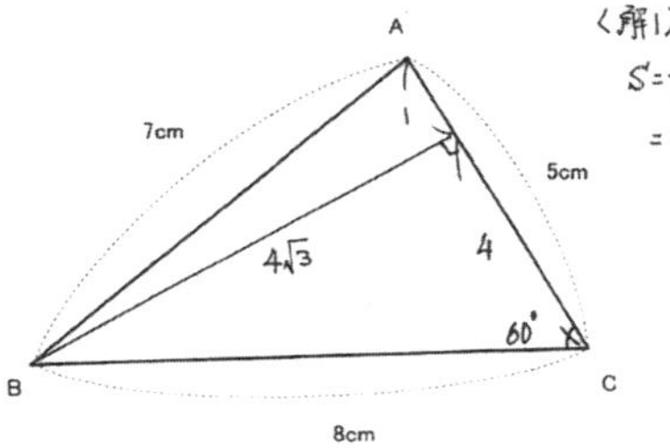

〈解1〉

$S=\frac{1}{2}\times5\times4\sqrt{3}$

$=10\sqrt{3}$

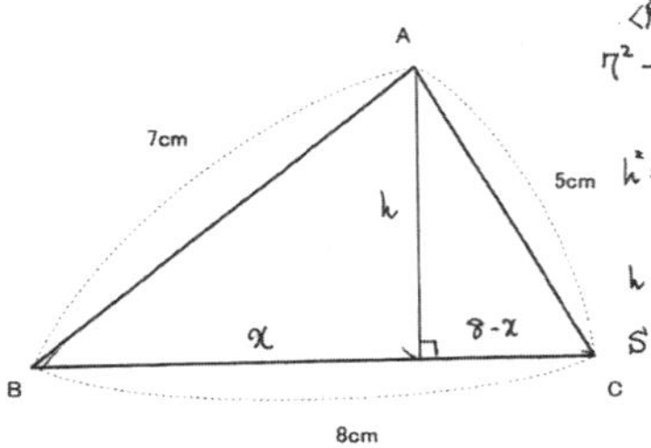

〈解2〉

$7^2-x^2=5^2-(8-x)^2$

$x=\frac{11}{2}$

$h^2=7^2-\left(\frac{11}{2}\right)^2$

$=\frac{75}{4}$

$h=\frac{5\sqrt{3}}{2}$

$S=\frac{1}{2}\times8\times\frac{5\sqrt{3}}{2}$

$=10\sqrt{3}$

三平方の定理をいろいろな方法で証明しよう！

クラス（　　　）　番号（　　　）氏名（　　　　　　　　　　）

課題１　数学者のユークリッドは、補助線を引いて、等積変形させることによって三平方の定理を証明しました。

その方法は、右の図の①の面積が④の面積と等しいことを説明することが基本です。どのように等しい面積の図形が移動していったのか、補助線をひいて、順々に色を塗っていきましょう。

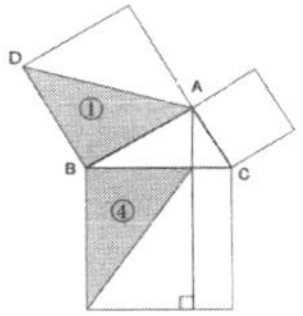

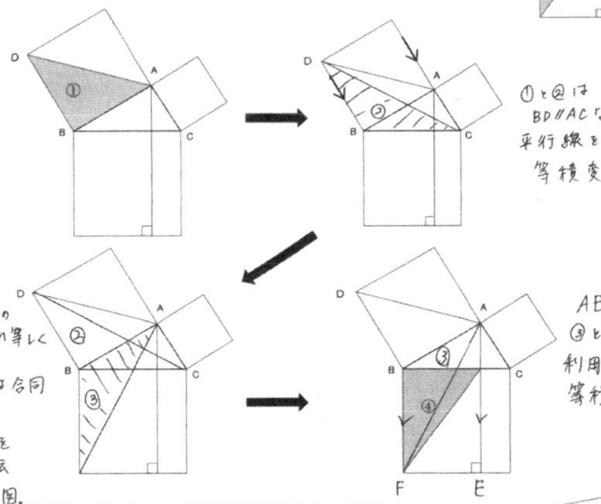

①と②は BD//AC なので、平行線を利用して等積変形した図

2辺とその間の角がそれぞれ等しく △DBCと △ABFは合同なので、③は②を90°回転移動した図。

AE//BF なので ③と④は平行線を利用して等積変形した図

課題２　ガーフィールドは直角三角形に２つの三角形をかき加えて、面積を使って証明しました。その証明を考えましょう。

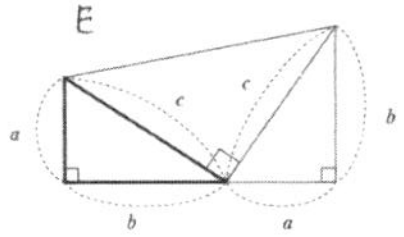

台形の面積を2つの方法で表すと、

$\frac{1}{2}(a+b)\times(a+b)=\frac{1}{2}ab+\frac{1}{2}ab+\frac{1}{2}c^2$

↑台形　　　　↑3つの三角形

$a^2+2ab+b^2=ab+ab+c^2$

$a^2+b^2=c^2$

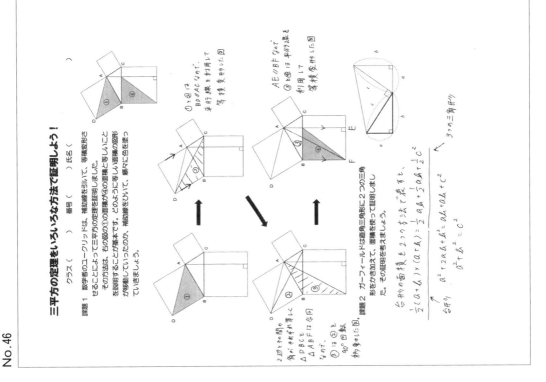

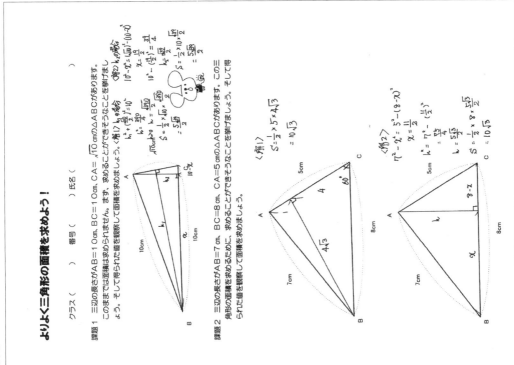

No.48

実験！母集団の平均値を推定しよう

クラス（　　　）　番号（　　　）氏名（　　　　　　　　　　）

【課題】

右表はある中学校の３年生男子のハンドボール投げの記録（単位：m）です。この表から、母集団の平均値をよりよく推定する方法を考えよう。

(1)　計算をせずに母集団の平均値を予想しよう。

(例)
予想：　25.0　(m)

(2)　(1)の予想を確かめるため、班ごとにア～エのいずれかに従い、乱数表を用いて標本を無作為に抽出し、標本平均を求めます。これを20回繰り返し、20個の標本平均の分布について、ヒストグラムと箱ひげ図を作成しよう。

ア：標本として４人抽出する（標本サイズ4）
イ：標本として８人抽出する（標本サイズ8）
ウ：標本として12人抽出する（標本サイズ12）
エ：標本として20人抽出する（標本サイズ20）

表：中学３年生の男子80人の記録(m)

	記録(m)		記録(m)		記録(m)		記録(m)
1	18.0	21	20.0	41	27.0	61	26.0
2	28.0	22	21.0	42	26.0	62	28.0
3	24.0	23	22.0	43	25.0	63	27.0
4	27.0	24	20.0	44	25.0	64	27.0
5	23.0	25	24.0	45	25.0	65	22.0
6	30.0	26	25.0	46	22.0	66	22.0
7	25.0	27	26.0	47	23.0	67	19.0
8	32.0	28	27.0	48	23.0	68	22.0
9	31.0	29	30.0	49	21.0	69	21.0
10	22.0	30	28.0	50	27.0	70	23.0
11	21.0	31	24.0	51	26.0	71	23.0
12	22.0	32	19.0	52	24.0	72	22.0
13	19.0	33	26.0	53	25.0	73	18.0
14	20.0	34	25.0	54	21.0	74	22.0
15	24.0	35	22.0	55	16.0	75	21.0
16	25.0	36	19.0	56	20.0	76	19.0
17	24.0	37	29.0	57	19.0	77	31.0
18	26.0	38	29.0	58	23.0	78	29.0
19	30.0	39	28.0	59	28.0	79	35.0
20	24.0	40	22.0	60	21.0	80	31.0

ア　標本サイズ４の実験結果

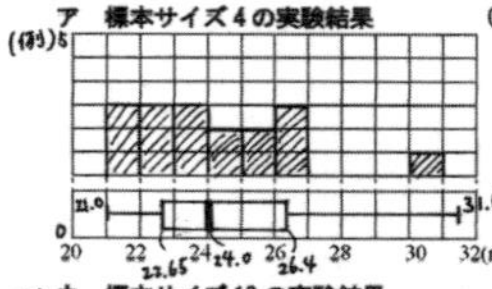
(例)
5
0
21.0
31.5
20　22　24　26　28　30　32(m)
23.65　24.0　26.4

(例)　イ　標本サイズ８の実験結果

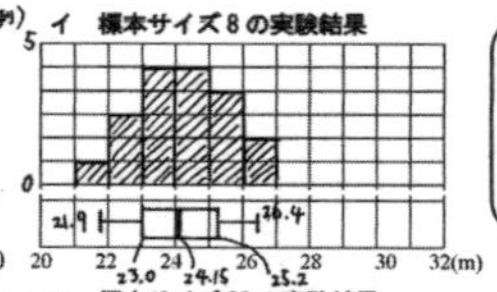
5
0
21.9
26.4
20　22　24　26　28　30　32(m)
23.0　24.15　25.2

(例)　ウ　標本サイズ12の実験結果

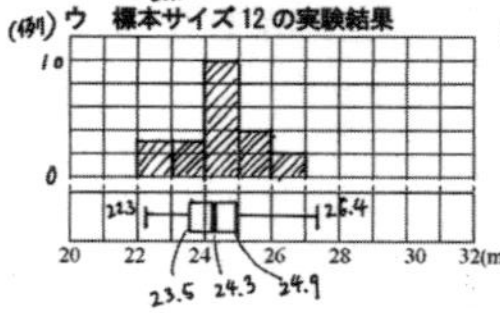
10
0
22.3
25.4
20　22　24　26　28　30　32(m)
23.5　24.3　24.9

(例)　エ　標本サイズ20の実験結果

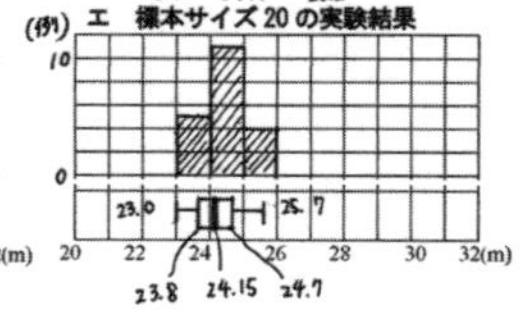
10
0
23.0
25.7
20　22　24　26　28　30　32(m)
23.8　24.15　24.7

軸の値を決めて、
上にヒストグラム、下に箱ひげ図を書こう！

(3)　母集団の平均値を実際に求め、実験結果と比べよう。標本平均の分布の比較を通して、標本から母集団の平均値を推定できる理由について、どんなことがわかったかまとめよう。

<わかったこと>

母集団の平均値：　24.2　(m)

No.49

数学パズル　ピラミッド計算にチャレンジ！

クラス（　　　）　番号（　　　）氏名（　　　　　　　　　　）

右のようなピラミッド状の積み木があります。
最下段には１桁の異なった１～９の数字が入ります。
隣り合う２つの数の和を上の段に記入していきます。
<例>最下段に１、２、３が入ると、右の図のようになります。

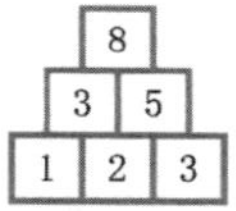
8
3　5
1　2　3

【初級】最上段が30になるとき、最下段に入る数は何でしょう。

(例)

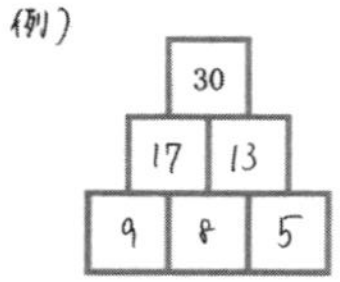
30
17　13
9　8　5

答えは１通りだけではないよ。
いろいろ試してみよう！

【中級】最上段が100になるとき、
最下段に入る数は何でしょう。

(例)

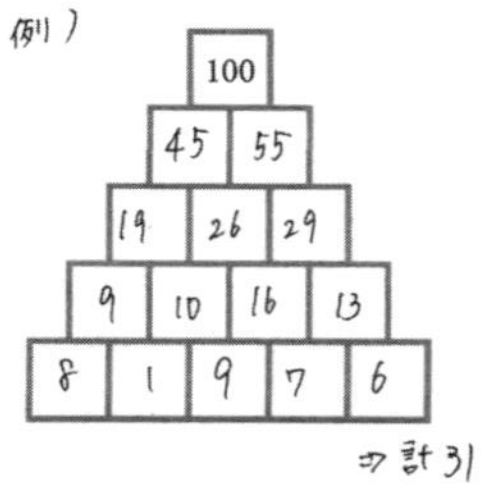
100
45　55
19　26　29
9　10　16　13
8　1　9　7　6
⇒計31

【上級】最上段が100になり、
最下段の数の和が最小になるとき、
最下段に入る数は何でしょう。

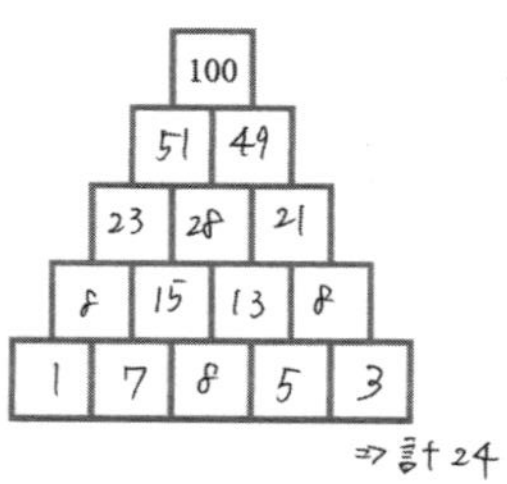
100
51　49
23　28　21
8　15　13　8
1　7　8　5　3
⇒計24

《今日の授業の振り返り・感想》

数学パズル “虫食い算”・“覆面算”にチャレンジ！

クラス（　　　）　番号（　　　）氏名（　　　　　　　　　　　）

【虫食い算】

次の□に適切な数（0から9）を入れ、計算が成り立つようにしよう。

① □7□6□×7＝3□29□6

（手書き：4　5　8　3　7）

②

```
   □□
 ×2□
 ───
 □□□
+ □□
 ───
□□1□
```

（手書き：34 ×29 986 +25 1011）

答えが１通りだけでない問題もあるよ。楽しく考えよう！

【覆面算】

次の計算で、同じ文字には同じ数が入ります。

適切な文字の値を求め、計算が成り立つようにしよう。

①

```
  ABC
+BAC
─────
 CACA
```

（手書き：291 +921 1212）

②

```
   TREE
+  LIKE
───────
  BIRDS
```

（手書き：7522 +3062 10584）

「鳥は木が好きです」言葉遊びになってるね。

【特別な虫食い算】

次の□には、1から9までの数字が1回ずつ、すべての数字が入ります。

計算が成り立つように、□に適切な数を入れよう。

①

```
  □□
×  □
 ───
  □□
+□□
 ───
  □□
```

（手書き：17 ×4 68 +25 93）

②

```
  □□□
−□□□
 ────
  □□□
```

（手書き：891 −637 254）

《今日の授業の振り返り・感想》

「中学数学ラクイチ授業プラン」タイトル・領域および観点一覧

1年生

No.	授業プランのタイトル	領域	観点		
			出会う	深める	広げる
1	いろいろな民族の昔の数字を学ぼう！	正の数・負の数	○		
2	長方形のナゾを解け！	正の数・負の数	○		
3	「ビリヤード台」の法則を見つけよう	素因数分解		○	
4	「指数マニア」を目指せ！	正の数・負の数		○	
5	一次式のペアを探そう！	文字と式			○
6	この方程式の解から何の言葉ができるかな？	方程式		○	
7	姉妹の日記の秘密を探ろう！	方程式			○
8	暗号文を解読しよう！	座標			○
9	垂直な比例のグラフの法則を見つけよう	比例・反比例		○	
10	正方形と円でできる面積は？	図形の移動			○
11	【こ】の謎をすべて解決しよう！	円とおうぎ形			○
12	「麻の葉」ジャングルで図形探し	図形の移動		○	
13	点を結ぶと何種類できる？	直線と図形		○	
14	多面体マスターになろう！	立体の構成			○
15	位置関係を完成させよう	立体の構成		○	
16	あなたはどちらの乾電池を選ぶ？	データの活用			○

2年生

No.	授業プランのタイトル	領域	観点		
			出会う	深める	広げる
17	計算まちがい探し	式と計算		○	
18	ビリヤードの球の面積を文字式で表すと？	式と計算			○
19	中国の算術に挑戦だ！	連立方程式	○		
20	太郎さんは正直者？	連立方程式			○
21	運動でカロリーを消費して、健康な身体をつくろう！	連立方程式			○
22	グラフは何でも知っている	関数	○		
23	解けない連立方程式？	一次関数		○	
24	私に合うお得な料金プランは？	一次関数			○
25	格子点を結んでできる図形の面積を求めよう！	一次関数		○	
26	令和版「超速！桃太郎」の大冒険	一次関数			○
27	トレカの模様の角の和は？	図形		○	
28	図形で筋トレ！	図形		○	
29	こんなところに平行四辺形！？	図形			○
30	星形の図形に隠された秘密をあばけ！	図形		○	
31	ビリヤードの球を命中させよう！	図形		○	
32	誕生日を当てる予言者になれるかも！？	式と計算			○
33	2個の“変なさいころ”	データの活用		○	
34	3都市の夏の暑さを比べよう！	データの活用			○

3年生

No.	授業プランのタイトル	領域	観点		
			出会う	深める	広げる
35	楽をして計算しよう！	式の展開と因数分解		○	
36	式の展開・因数分解カードゲーム	式の展開と因数分解		○	
37	平方根の魔方陣	平方根		○	
38	発見！マッチ棒の規則	二次方程式			○
39	二次方程式を図で解こう！	二次方程式	○		
40	友達に荷物を送る配送料を考えよう！	いろいろな関数			○
41	グラフに潜む暗号を読み解け！	関数		○	
42	表を完成させよう！	関数		○	
43	角の大きさが等しくなる線を引こう！	円周率の定理		○	
44	折り紙で数学？数学で折り紙？	相似		○	
45	正方形をかいてみよう！	三平方の定理			○
46	三平方の定理をいろいろな方法で証明しよう！	三平方の定理	○		
47	よりよく三角形の面積を求めよう！	三平方の定理		○	
48	実験！母集団の平均値を推定しよう	データの活用		○	
49	数学パズル　ピラミッド計算にチャレンジ！	数と式		○	
50	数学パズル　“虫食い算”・“覆面算”にチャレンジ！	数と式	○		

●「中学数学ラクイチ授業プラン」執筆者（◎は執筆代表、☆はシリーズ編集代表）

※所属は執筆当時です。

〈１年生〉

◎玉置　崇　岐阜聖徳学園大学教育学部　教授

浦田　幸奈　愛知県小牧市立味岡中学校

塩澤　友樹　岐阜聖徳学園大学教育学部　専任講師

芝田　俊彦　愛知県小牧市立味岡中学校

西村　禎子　神奈川県横浜市立荏田南中学校

武藤　寿彰　静岡県静岡市立城山中学校

〈２年生〉

◎水川　和彦　岐阜聖徳学園大学教育学部　教授

伊藤　雅生　岐阜県瑞穂市立穂積中学校

大坪　光　岐阜県大垣市立江並中学校

小川　達也　岐阜県岐阜市立島中学校

小栗　公介　岐阜県瑞浪市立瑞浪中学校

神戸　伸晃　岐阜県美濃加茂市立東中学校

塩澤　友樹　岐阜聖徳学園大学教育学部　専任講師

竹田　浩大　岐阜県可児市立中部中学校

林　賢治　岐阜県中津川市立神坂中学校

古橋　良一　岐阜県笠松町立笠松中学校

松本　将史　岐阜県岐阜市立陽南中学校

水岡　清彦　岐阜県各務原市立桜丘中学校

水野　剛志　岐阜県岐阜市立三輪中学校

森川　勝介　岐阜県山県市立高富中学校

森　茂夫　岐阜県関市立下有知中学校

山路　健祐　岐阜県瑞浪市立瑞浪北中学校

〈３年生〉

◎鈴木　明裕　岐阜聖徳学園大学教育学部　教授

小林　永児　岐阜聖徳学園大学附属中学校

阪野　史裕　愛知県名古屋市立東港中学校

佐々木裕之　愛知県安城市立安城北部小学校

塩澤　友樹　岐阜聖徳学園大学教育学部　専任講師

安井　裕貴　愛知県名古屋市立高杉中学校

山中　啓　愛知県名古屋市立港北中学校

☆関　康平　開智日本橋学園中学・高等学校

●本書に掲載のワークシートは、すべてダウンロードしてお使いいただけます。
Word データですので、アレンジが可能です。

「中学数学ラクイチ授業プラン」ダウンロード URL
http://www.gakuji.co.jp/rakuichi/sugaku

●ラクイチシリーズ公式フェイスブックページ

「ラクイチ授業コミュニティ」 http://www.facebook.com/rakuichi

ラクに楽しく１時間　中学数学ラクイチ授業プラン

2021年４月23日　初版第１刷

編　者　ラクイチ授業研究会
発行者　花岡萬之
発行所　学事出版株式会社
〒101-0021　東京都千代田区外神田2-2-3
電話　03-3255-5471（代表）　http://www.gakuji.co.jp

編集担当　戸田幸子　　編集協力　高井南帆／横地香音
イラスト　イクタケマコト　　装丁　精文堂印刷制作室／三浦正巳
印刷・製本　精文堂印刷株式会社

ISBN978-4-7619-2702-8　C3037